教师要学苏霍姆林斯基

雷玲 ◎ 主编

华东师范大学出版社

序　向中外大师学习

我经常讲三句话：教育的发展在于改革，教育的改革在于创新，教育的创新在于学习。教育为什么要改革？因为时代在变化，社会在进步，死守过去的教育观念、教育内容和方法，怎么能培养出当代社会所需要的人才？半个世纪以来，人们对教育本质的认识越来越深刻，教育观念不断更新，教育内容、方法更是日新月异，教育处在不断改革之中，只有改革，教育才能发展。教育要改革，但不是走老路，而是另辟蹊径，不断创新。当然，创新不是胡思乱想，别出心裁，而是对过去经验的继承和发展、反思和完善。怎样才能做到教育创新？就在于学习，在书本中学，在实践中学，特别要学习教育大师的理论和思想，学习前人的经验和教训，反思自己的教育思想和行为，领悟教育真谛，增强教育智慧，创造教育风格。

在人类社会几千年的文明发展历史长河中，有过许多教育改革创新的教育大师。他们对教育有精辟的理论见解、丰富的实践经验，这是教育思想宝库中的珍贵财富，是我们今天在教育改革创新中最需要认真学习和领悟的材料。不是说要改革要创新吗？不是说不走老路吗？可是怎么又去学习前人的东西呢？改革创新不是从天上掉下来的，不是凭空想出来的，而是从前人的思想和经验中悟出来的。而且许多教育大师说出了教育的真谛，他们的教育思想是超越时代的，在教育实践中更显光辉。

向大师学习，要领悟他的精髓，不能摘用片言只语，要与自己的思想和实践联系起来，讲启发，想体会，要和大师作心灵的对话，才能真有所获，才能在自己的教育实践中有所创新。

《现代教育报》主编雷玲，选择了几位中外教育大师，征集了校长、老师从吾学、吾行、吾思三个方面来谈他们的心得和体会，谈他们是怎样学习的，思考了什么问题，如何在教育实践中践行，编纂成集。这给广大教师学习做了一个示范，也给我们以诸多启示。

张明远

写于求是书屋

目　录

吾学篇

学校与管理

1. 学校要将苏霍姆林斯基教育思想中国化 / 李镇西 | 3
2. 校长、教师要像医生了解病人一样了解孩子 / 常生龙 | 7
3. 苏霍姆林斯基之校长观 / 王明华 | 11
4. 照亮学校的一座巍峨"教育丰碑" / 张万祥 | 14
5. 重温苏霍姆林斯基：从乡村教师到著名教育家 / 杨光富 | 21

教书与育人

1. 让每个学生都抬起头来走路 / 赵艳琴 | 28
2. 特别的爱给特别的你 / 曾宝俊 | 31
3. 劳动是一种精神培育 / 许云超 | 35
4. 永远的老师 / 程彩娟 | 37
5. 像苏霍姆林斯基那样"叙事" / 杨海燕 | 40
6. 感悟苏霍姆林斯基的教育境界 / 曾宝俊 | 44

教与学

1. 我们要尊重每一个孩子 / 范存真 | 50
2. "不要死背"和循循善诱 / 白　雪 | 53
3. 学生不是学习的机器 / 杨朝莉 | 57
4. 智者的引领 / 程立畅　许织云 | 59

吾行篇

学校与管理

1. 构筑教师专业成长的"快车道" / 钱守旺 | 65
2. 和谐教育中全面发展 / 周步新 | 71
3. 做师生读书的点灯人 / 孙宝华 | 77

教书与育人

1. 红太狼变成了美羊羊 / 何玉霞 | 80
2. 爱情教育也得趁早 / 刘关军 | 85
3. 麦田的守望者 / 唐 科 | 90
4. 做学生的"精神关怀者" / 陈小莹 | 92
5. 成长路上的那盏明灯 / 方西河 | 97
6. 那返回的不足50元钱 / 熊雪芸 | 100
7. 耐心的魅力 / 陈 晨 | 102
8. 张同学与辩论赛 / 蒋美丽 | 105
9. 心会跟爱一起走 / 袁 安 | 107
10. 我们班的班级管理"责任制" / 苏志芳 | 109

教与学

1. 跟苏霍姆林"司机"学"开车" / 赖建平 | 112
2. 一"挤"二"保"三"减"四"推" / 夏 霞 | 115
3. "凸现自主"阅读教学的有效策略例谈 / 马彩芳 | 120
4. 唤醒学生根深蒂固的需要 / 汪久佳 | 125
5. 引领数学阅读，发展数学思维 / 赵云峰 | 128
6. 让课堂教学中多发生一些"意外" / 杨先武 | 132
7. 爱上阅读爱上学习 / 周步新 | 137

8. 关于"交接点"的数学解读／赵红婷｜140

9. 乍看微不足道，却能放出异彩／黄书琴｜144

10. 做一名幸福的教育研究者／陈 健｜151

11. 让沉寂的词语在儿童意识中"欢蹦乱跳"／朱小萍｜155

吾思篇

学校与管理

1. 一个好校长首先是一个好教师／郭孝军｜165

2. 打造名牌学校要从细节入手／袁光仁｜172

3. 苏氏校长观对当前校长专业化之启示／王中华｜177

4. 对学生幸福生活的思考／汪阳合｜184

教书与育人

1. 给学生留下怎样的回忆／熊雪芸｜189

2. 好教师，好校长，好教育家／邓志雄｜192

3. 爱不是一个字／刘成华｜197

4. 拨响"诗人"的琴弦／赵克明｜200

5. "设计人"是教师和家长共同的事业／王付旺｜204

6. 教学生学会做人／李茂春｜207

7. 我对教师角色定位的思考／姚 琛｜211

8. 宽容是金／李昭平｜217

9. 培养"后进生"记忆之"锚"／郭运动｜220

教与学

1. "形"与"神"／俞国平｜223

2. 让学生插上创造的"翅膀"／梁长生｜229

3. 教育研究从小处着眼／郑 立｜233

4. 语文教学是科学也是艺术 / 朱凤然 | 236
5. 找茬找来的启示 / 石 磊 | 240
6. 从记录教学故事开始 / 刘剑华 | 245
7. 好课在于让学生投入情感 / 王明姐 | 253
8. 学生思维处于怎样的状态 / 赵红婷 | 257

吾学篇

  每天不间断地读书，跟书籍结下终生的友谊。潺潺小溪，每日不断，注入思想的大河。读书不是为了应付明天的课，而是出自内心的需要和对知识的渴求。如果你想有更多的空闲时间表，不至于把备课变成单调乏味的死抠教科书，那你就要读学术著作。应当在你所教的那门科学领域里，使学校教科书里包含的那点科学基础知识，对你来说只不过是入门的常识。在你的科学知识的大海里，你所教给学生的教科书里的那点基础知识，应当只是沧海一粟。

——苏霍姆林斯基

（摘自《给教师的建议》，第7~8页，教育科学出版社2000年版）

学校与管理

1. 学校要将苏霍姆林斯基教育思想中国化

>   一切为了孩子，为了孩子的一切，为了一切孩子。
>
>   ——苏霍姆林斯基

（摘自《给教师的建议》，第341页，教育科学出版社1984年6月第2版）

作为前苏联最为杰出的教育理论家和教育实践家，苏霍姆林斯基被誉为"教育思想的泰斗"，他对中国当代基础教育的影响也是非常深远和巨大的。我认为，苏霍姆林斯基的著作中有些技术性的东西，至今仍可以"拿来就用"；还有一些教育观点，也可以在今天赋予新的内涵，继续对我们的教育产生指导意义。但今天和20世纪60年代不同，中国也不是苏联（乌克兰），全盘照搬、依葫芦画瓢显然是不行的。我认为，今天我们学苏霍姆林斯基，不在于什么显赫隆重的形式，而在于是不是真正沉下心来阅读苏霍姆林斯基的著作，研究他哪些思想可以用于今天中国的教育实践，并在实践中创造性地将苏霍姆林斯基的教育思想中国化。我认为，一所学校最关键的是要学习苏霍姆林斯基四个方面的教育教学思想。

（1）学习苏霍姆林斯基对孩子、对教育真诚而持之以恒的爱。这是最为根本的，教师要学习他对孩子、对教育几十年如一日始终保持一颗纯真透明的赤子之心。苏霍姆林斯基是一个纯真的人，面对纯真的孩子，从事着纯真的事业，他从未想过要借教育名扬天下、流芳千古，但他的名字却因教育而不朽。他对孩子没有半点私心，从未想过要通过孩子来发财，他对教育没有半点功利之心，从未想过要通过教育来谋取教育以外的东西。教育就是他的宗教，孩子就是他的上帝。他对孩子的爱，不是一种教育艺术，更不是一种教育策略或技巧，而是从心底散发出来的人性芬芳。

（2）学习苏霍姆林斯基独立思考、勇于坚持真理的高尚品格。苏霍姆林斯基是一名真正的布尔什维克，是共产主义理想的坚定信仰者。但他同时又是一位真诚的人道主义者，是忠于真理且富有社会责任感的知识分子。因此，教育对他来说，不是为了应付上面的差事，而是实现自己的社会理想——培养有高尚情操且终身幸福的真正的人。他当然要执行国家的教育方针，但他首先忠于的不是上级的文件，而是学生的心灵。当二者发生冲突的时候，他首先选择孩子。因为痴情于孩子和教育，他赢得了包括共和国列宁勋章在内的荣誉；同样因为痴情于孩子和教育，他多次对违背教育规律、侵犯儿童心灵的指令予以坚决抵制，同一切形式主义的"教育"作毫不妥协的斗争，因此而遭到官方粗暴的批判，在他去世前三年，这种批判达到了高潮。但他毫不屈服，依然"我行我素"，在远离莫斯科、远离喧嚣的帕夫雷什中学走自己的路。为此他付出了沉重的代价，差点被开除党籍。

"一切为了孩子，为了孩子的一切，为了一切孩子。"这在今天的中国几乎成了每一个学校最响亮的口号，可在苏霍姆林斯基那里，不是口号，而是贯穿他一生的每一天的具体实践。追求真理、忠于心灵、坚守良知，这是苏霍姆林斯基作为教育者最宝贵的品格。

（3）学习苏霍姆林斯基"目中有人"的教育观。"教育，这首先是人学。"这是苏霍姆林斯基对教育下的一个独特的定义。孩子在苏霍姆林斯基眼中，不是学习的机器，不是考试的机器，不是分数单，不是录取通知书，而是一个精神的宇宙。"每一个儿童，都是一个完整的世界。"在苏霍姆林斯基从事教育的20世纪五六十年代，苏联普遍流行的说法是，当今是

"科技时代"、"数学时代"、"电子世纪"、"核子世纪",苏霍姆林斯基则鲜明地提出,当今首先是"人的时代"、"人的世纪"!因此,他所有的教育研究、探索和实践,都是对准人的心灵,都是为了人的全面而和谐的发展。让每一个从自己身边走出去的人,都拥有终身幸福的精神生活,这是苏霍姆林斯基的教育理想。这里说的"终身幸福的精神生活",当然包括道德因素,即只有给别人以爱和幸福的人,自己才能获得爱和幸福;但也不仅仅是道德因素,同时也有智力因素。

苏霍姆林斯基认为,不论是未来的科学家、思想家、艺术家、工程师、技师、医生,还是未来的钳工、车工、农机手、拖拉机手,乃至泥瓦匠、炊事员,都应该具备一个共同特点——以智慧和创造性思想在劳动中起主导作用。他们都应当善于创造性地思考,应当是富有智慧的人。在这里,我们可以看到,苏霍姆林斯基眼中的人,绝不只是少数有可能成为科学家、艺术家等名人的天才少年,而更是包括了未来只能成为普通劳动者的孩子。有人曾经质疑"苏霍姆林斯基为什么没有培养出同他一样赫赫有名的杰出人才",进而怀疑苏霍姆林斯基教育思想的伟大。我认为,这种想法是偏颇的。一个人能否成为科学家甚至获得诺贝尔奖,更多的是和他的天赋以及家庭教养有关(和学校也有关,但关系不大)。如果我们只盯着学生是否获得了这样或那样的大奖,是否考上了清华、北大或哈佛、耶鲁(甚至为达到此目的而不择手段地挖别人的优等生),而忽略了培养无数善良、勤劳、富有智慧的普通劳动者,这是教育的悲哀!对比当今中国的教育实际,苏霍姆林斯基的"人学"有着强烈的现实针对性。

(4)学习苏霍姆林斯基实事求是的科研精神。现在,中国的教育科研不可谓不热闹,应该说,绝大多数都是脚踏实地、面对实际的真科研,但为装潢门面脱离实际甚至自欺欺人的"假科研"也不在少数。我们应该学习苏霍姆林斯基,不能总把教育科研的目光盯着"上面的精神",而应该把教育科研的目光对准具体的学生,对准学生的心灵。苏霍姆林斯基告诉我们,教育科研不是上面下达的任务,而是教育实践本身提出的课题。

今天看来,苏霍姆林斯基的许多教育思想有着相当的超前性,如关于人性的教育、关于创造能力的培养、关于职业技术教育、关于研究性学习等。但这些观点都是苏霍姆林斯基面对教育实际自然而然得出的结论，他的教育科研是"真教育"。他的教育科研不是孤立的研究，而是充满感情的投入，是全身心的实践。对他来说，教育科研和教育实践不是两件事，而是一回事。教育科研不仅仅是坐在办公室里的苦思冥想的脑力劳动，同时也是与学生一起摸爬滚打、和学生心心相印的体力劳动。因此，他身为校长，始终兼教语文教学，几十年不断地研究这门课的教学问题。比如，他曾试办6岁儿童的预备班，接着又从一年级到十年级，连续担任这个班的班主任，在10年内跟踪观察和研究了解学生在童年、少年和青年期的各种表现。他能指名道姓地说出25年中178名"最难教育的"学生的曲折成长过程。他去世后，人们从他的笔记本上看到，他先后为3700多名学生做了观察记录——我不知道，古今中外还能不能找到第二位这样的教育家！另外，他的教育科研成果的展现形式更多的是案例，是教育手记。所以他的著作非常平易近人，可读性强，而且富有文学的魅力。苏霍姆林斯基的著作告诉我们，经典之所以是经典，不是因为深奥而是因为深刻，而这"深刻"又往往是通过非常朴素的形式表达出来的。

少年马克思在作文中曾这样写道："我们的事业并不显赫一时，但将永远存在。面对我们的骨灰，后世高尚的人们将洒下热泪。"这也可以作为苏霍姆林斯基和他事业的写照，因为苏霍姆林斯基做到了。今天，我们最应该向苏霍姆林斯基学习的是——怀着一颗纯净朴素的心，从事纯净朴素的教育！

（四川省成都市武侯实验中学　李镇西）

2. 校长、教师要像医生了解病人一样了解孩子

只有把教育和教学以及研究和了解儿童这些学校工作中最本质的东西放在第一位，他才有可能成为一个好的领导者。

——苏霍姆林斯基

（摘自《苏霍姆林斯基选集（第4卷）》，第575页，教育科学出版社2001年版）

大家都熟知医生诊疗病人的情景：每一个病人走进医院时，医生总是会动用各种手段对其进行检查，询问过往的病史，了解疾病产生的根源，推测病情发展的可能性。然后通过药物手段对疾病进行控制，并通过观察病情来分析这种控制是否有效，判断有没有必要调整治疗计划，从而加强治疗的针对性。对一些患有疑难杂症的病人即使长年累月地不见好转，医生也并不气馁，总是坚持自己的治疗方案或者进一步修改治疗方案，期待奇迹的出现。

学生不是病人。但每一个孩子走进学校，我们都要让他充满激情地参与到学习中来，并得到最大可能的发展，从这一层意义上来讲，教师就应该像医生那样，认真研究孩子心智发展的特点，依据他的心智特征确定教育方案。苏霍姆林斯基就是这样一位医生般的教师。《和青年校长的谈话》一书，既是写给刚走上领导岗位的青年校长的，也是写给每一位教师的。在这本书中，苏霍姆林斯基用自己的教育实践，讲述着教师的责任和使命。那循循善诱的话语，犹如打开了一扇天窗，给读者带来了有关教育的宏大视野和激情。

（1）把了解学生放在首位。苏霍姆林斯基认为，校长"只有把教育和

教学以及研究和了解儿童这些学校工作中最本质的东西放在第一位，他才有可能成为一个好的领导者"。《和青年校长的谈话》这本书，非常清晰地向我们传达了这样的信念——没有学会研究学生，不能算是学会了教育。

研究学生，可以通过一个个专题加以落实。每年举行的理论研讨会，是帕夫雷什中学针对学生脑力劳动方面的研究专题。学生顺利掌握知识的能力究竟是什么？能力的高低优劣应如何解释？为什么有些学生理解、记忆和掌握教材非常快，感到毫不费力，而有些学生则困难重重？怎样才能使全体儿童的能力都得到发展，才能使"机敏"的这个智力品质不断发展和完善？针对这些问题，教师们从教学实践和学生的行为表现中去探索、思考，提炼出自己的观点，在专题讨论会上进行交流，形成共同的信念。

研究学生，要关注学生的心理特征。帕夫雷什中学举行的"学校心理学讲习班"是研究儿童的伟大创举。在他们学校，大约一个半月就会举行一次，由某一个班主任作题为"对某一学生的教育鉴定"的详细报告。在这个报告中，要分析儿童的健康状况、身体发育情况以及对儿童全面发展的条件的评定。其中非常受重视的一个项目，就是对儿童智力发展的个人特点的评定：孩子如何感知周围世界的事物和现象？他的概念是怎样形成的？他的言语特点是什么？他如何记忆？他的形象思维和抽象思维发展得怎么样？他说话的情感色彩如何？他的一般情感修养水平如何？这样的一种鉴定，与医生对病人进行诊断的情景是何其相似。

研究学生，就要研究学生在学校求学期间，应该掌握的最重要的技能和技巧是什么，这些技能和技巧应该在哪个学期就要确保掌握，以保证孩子后续学习的顺利进行。苏霍姆林斯基按照顺序给出了学生在基础教育阶段应该掌握的最重要的技能和技巧：①会观察周围的世界；②会思考，即会类比、比较、对比，找出不同的东西，提出疑问；③会表达自己对所看见、所观察、所做和所思考的东西的想法；④能流利地阅读，并理解所读的东西；⑤能流畅、迅速而正确地书写；⑥能划分阅读材料的各个相对独立的部分，并找出各部分之间的联系；⑦能找到同所要了解的问题相关的书籍；⑧能在书中找到自己所需要的有关材料；⑨能对阅读材料进行初步的逻辑分析；⑩能听懂教师的讲解，并做好简明扼要的记录；⑪能阅读原文并同时听懂教师关于如何理解课文的讲解；⑫会写作文，即能把自己在周围看到的、观察到的事物叙述出来。

不仅如此，苏霍姆林斯基还通过研究，明确了每一个重要技能、技巧应该熟练掌握的年段，让教师的教学从"跟着感觉走"向"教育科学"的方向迈出了坚实的步伐。

（2）把了解学生落在实处。苏霍姆林斯基说："了解孩子——这是教育学的理论和实践的最主要的结合点，是对学校集体进行教育领导的各条线索的集结点。"我们平时的教育教学工作，绝大部分时间是花在教材和教法的研究上的，是花在课程体系的构建、教学经验的交流和总结上的，而对学生的智力发展状况的研究却非常少。我们评判学生的标准，往往是根据考试的分数判断——考试分数高的学生就是好学生。分数同时被赋予了道德的含义。

每个学校都有一些学习成绩不好的学生。学生的学习成绩为什么会不好？我们马上可以想到的理由就是：没有养成良好的学习习惯、平时学习不刻苦、学习不能专心致志、上课经常开小差等。当我们给学生戴上这些"帽子"的时候，我们是否认真询问过学生，他们是否同意"佩戴"呢？

苏霍姆林斯基对学生学习成绩不好的情况作了四年的跟踪研究，他发现，造成儿童学习成绩不好的原因有很多，其中必定有一个主要原因，一旦能够排除掉这一原因，那么其他原因的影响就会减弱，儿童的学习成绩就会有明显的提升。

有的孩子的学习成绩不好，是因为家庭的原因造成的。苏霍姆林斯基在书中介绍了一个铁路工人的孩子，这个孩子从小被寄放在聋哑的奶奶家里，由奶奶负责照料。奶奶没有办法和孩子沟通，只能给他提供衣食，将他圈养在一个狭小的空间里。孩子有一肚子的"为什么"，但没有人能够给他讲解。直到5岁的时候，这个孩子才被允许走出家门，这个时候他和同龄孩子之间已经有了很大的差距了。这种差距体现在对事物之间最细微的差别的感知和辨别上，而这样的观察能力正是孩子进行学习的基础。

有的孩子学习起来感到困难，是由于他的身体状况。他在班级里听课的时候，前面的15分钟听课的效率还是很高的，也能够听得明白。但过了这段时间之后，由于身体的原因，大脑供血不足，就不能保证他正常的学习了。有的家长和老师不了解其中的缘由，看到孩子的学习成绩不好，还要将孩子留下来加班加点再进行辅导和补习，岂不知这样做根本就没有抓到点子上，反而让孩子的身心都受到更大的伤害。

有的孩子在学习的过程中困难重重，是由于教师没有让学生掌握某种重要的技能和技巧。比如说学生的阅读能力，在其学习过程中是一种非常关键的技能，所有学科的学习都需要学生在掌握阅读技能的前提下进行。教师在教学中一定会注意到：给学生一个问题，让学生站起来复述一下这一问题，然后讲述自己的观点，经常会有一些学生在复述问题时会感到困难，不会准确地断句、不能正确地表达一些词语的意义。这样的学生其实就是阅读能力出现了障碍。要想让这类学生提高其学习成绩，给他们再次讲解学过的知识、多布置习题的做法是不可取的，而应该做的是对其进行阅读能力方面的训练。

教育现象是非常复杂而且微妙的。很多表面上看起来很简单的现象，其背后说不定有很复杂的关联。只有具备敏感之心，才有可能洞察秋毫，才能找出问题的症结所在。

（3）像医生那样去了解学生。中医看病，讲究"望闻问切"；教师研究学生，也应该如此。

物理学家研究微观粒子，有两种基本的途径：一是用波去照射要研究的物体，通过波和物质作用之后所形成的图样，来推测微观粒子的形状特征。DNA 双螺旋分子结构的发现就是一个典型的示例。二是用放射源放出的 α 粒子作为"炮弹"，去轰击要研究的物体，通过作用之后炮弹的轨迹变化、产生新的粒子等情况，来推测微观粒子的构成、形状等。像原子结构的发现、中子和质子等的发现，都是其中的代表。

学生的心智就是一个看不见的世界，但正如物理学家对微观世界的研究那样，每一个施加到学生那里的刺激，都会使学生产生一种反应，而对这些反应的记录、分析和研究，就是我们了解儿童心智的重要途径。教师要善于从多渠道搜集有关学生的各类信息，善于从这些信息中揭示本质性的规律。这是一件对学生非常有益的工作，教师自己的专业成长，大概也在于此吧。

（上海市虹口区教育局　常生龙）

3. 苏霍姆林斯基之校长观

> 对学校的领导，首先是教育思想的领导，其次才是行政的领导。
>
> ——苏霍姆林斯基
>
> （摘自《苏霍姆林斯基选集（第 4 卷）》，第 608 页，教育科学出版社 2001 年版）

前苏联著名教育家苏霍姆林斯基从 1948 年起到 1970 年间，一直担任帕夫雷什中学的校长，积累了丰富的学校管理工作经验。

他认为，校长不能陷入事务的漩涡，也不能靠官腔官调的行政命令来领导。他说"对学校的领导，首先是教育思想的领导，其次才是行政的领导"。苏霍姆林斯基通过自身的教育实践和对教育经验的总结，形成了一系列的教育理论，包括《把整个心灵献给学生》、《给教师的一百条建议》、《和青年校长的谈话》、《帕夫雷什中学》等著作。在这些教育著作中，包含着丰富的关于做一个什么样的校长、怎样做一个好校长的思想。笔者发现，可以从校长的知识观、校长的管理观、校长的教师观、校长的学生观和校长的学校文化观等五个方面来认识苏霍姆林斯基的校长理念。

（1）校长的知识观。苏霍姆林斯基认为，校长首先是一个好的组织者、好的教育者和好的教师。作为校长，不仅需要懂得广泛的科学文化知识，还要有扎实的专业学科知识；不仅需要精通教育科学知识，掌握一些能影响儿童和青少年的艺术，还要懂得有关教育艺术和教育心理学方面的知识。

（2）校长的管理观。对于学校管理，苏霍姆林斯基提出要抓住五项工作：一是开展学校校务会议。苏霍姆林斯基主张，学校的校务会议由教师、少先队总辅导员、图书馆管理员、长日班教导员、校医、课外小组辅导员、校长、教导主任、总务副校长、5~7名家长委员会委员以及共青团组织的代表组成。校务会议是学校集体处理各种问题的一种重要方式，它能解决学校生存与发展的问题。二是用说服的方法来解决教师之间的矛盾和问题。苏霍姆林斯基认为，校长是学生和教师的教师，对于教师之间的矛盾，可以进行个别的、亲切友好的、推心置腹的谈话，谈话是校长做好教师思想工作的主要方法。三是帮助教师完善教育技巧。苏霍姆林斯基认为，校长需要具备帮助教师完善教育技巧的能力。四是学校领导之间需要进行明确的分工。苏霍姆林斯基主张，校长与教导主任之间的分工需要明确，一定要分清哪些是校长的事务、哪些是教导主任和其他教育管理人员的职责。这样一来，学校领导之间的管理职责明确，有利于顺利开展学校工作。五是形成教师集体。苏霍姆林斯基认为，一个学校需要形成和谐、健康的教师集体，全体教师团结一致是教育教学工作成功的保证。

（3）校长的教师观。苏霍姆林斯基认为，要办好一所学校，没有一支优秀的教师队伍是不行的。作为学校领导，应该关心爱护教师，尽量减轻教师的负担。他说："教师要精力充沛地工作，就需要休息；要提高教学质量，就需要有自由时间，以供读书和研究。自由支配时间是根，它滋润着教育艺术的枝和叶。"他对学校里的每一名教师都了如指掌，做到知人善任、用其所长。苏霍姆林斯基认为，教师要想提高教育素养，必须精通自己所教学科的内容，懂得心理学、教育学和教学法等教育科学知识且有较高的文化素养和工作激情。他是这样说的，更是这样做的。因此，他被人们尊称为"教师的教师"是当之无愧的。

（4）校长的学生观。在苏霍姆林斯基的观点中，校长应该有这样的学生观：第一，深深热爱孩子，有跟孩子们在一起的内在需要，有深刻的人道精神，有深入到儿童精神世界中去了解和觉察每个学生的个性的能力。第二，这种能力是一个人在参与公共生活的过程中，在与他人的相互关系中发展起来的。第三，跟孩子们交往是一种幸福和快乐的事情。第四，尽可能充分地满足孩子们多种多样的兴趣和企盼。这样他们才会向我们敞开心怀,我们才能了解到需要了解的东西。第五,了解孩子的精神世界。用善意、关注、爱抚、温柔、关怀、关注去抚慰孩子的伤痛甚至仇恨。第六,相信孩子。只有当教育建立在相信孩子的基础之上时,它才会成为一种现实的力量。如果缺乏信心,全部教育智谋和教学方法都将像纸牌搭小房一样瞬间倒塌。第七,成为孩子的朋友。忘记自己是教师,深入到孩子的兴趣中去,与他们同欢乐、共忧伤。第八,分析和研究儿童入学前的生活环境,了解学生的身体健康状况。

(5)校长的学校文化观。苏霍姆林斯基认为,学校文化应该包括两个层面:第一,物质文化建设。包括学校自然环境、课堂教学和课外活动的环境建设。苏霍姆林斯基认为,学校的物质基础(我们把学生周围的一切陈设也包括在内)是一个完备教育过程必不可少的条件,又是对学生精神世界施加影响的手段,是培养学生的观念、信念和良好习惯的手段,因此需要绿化校园,学校校园里到处都是树木花草,还成立绿色实验室。第二,精神文化建设。苏霍姆林斯基认为,校长和教师需要把同情、友爱、集体主义带进学校的精神生活。苏霍姆林斯基主张布置教室,让墙壁说话,主张在教室挂名人名言等标语牌,把深刻的思想渗入学生的精神生活,引起相应的感受。

(北京市芳古园小学 王明华)

4. 照亮学校的一座巍峨"教育丰碑"

培养美好情感和品质是学校教育的起码目标。

——苏霍姆林斯基

（摘自《苏霍姆林斯基选集（第4卷）》，第247页，教育科学出版社2001年版）

苏霍姆林斯基的教育思想是一座照亮学校巍峨的"教育丰碑"，永远屹立在世界各国教师的心中。对苏霍姆林斯基的教育思想，我有以下几点感受。

感受一：苏霍姆林斯基的教育巨著以其经典性给人以震撼

几十年间，苏霍姆林斯基的《怎样培养真正的人》、《给教师的建议》、《帕夫雷什中学》、《和青年校长的谈话》等著述走上了一代代教师的案头，走进了世界上千千万万教师的心里，这些教育著述成为教师心目中的教育经典。他的许许多多教育论述被广为引用，成为广大教师镌刻于心的经典名言。

这样的教育经典名言在其著作中比比皆是。例如，关于教育的作用，他说："教育才能的基础，是深信有可能成功地教育每个儿童。我不相信有不可救药的儿童、少年和男女青年。要知道，我们面前的这个人才刚刚开始生活在世界上，我们可以使这个幼小的人身上所具有的美好的、善良的、人性的东西不受压制、伤害和扼杀。因此，每个决心献身于教育的人，应容忍儿童的弱点。如果对这些弱点仔细地观察和思索，用脑子、用心灵去认识它们，就会发现这些弱点是无关重要的，不应对它们生气、愤怒和加以惩罚。"

关于爱国主义教育，他说："热爱祖国，这是一种最纯洁、最敏锐、最高尚、最强烈、最温柔、最无情、最温存、最严酷的感情。一个真正热爱祖国的人，在各方面都是一个真正的人……"

他对孩子们的认识，已成为经典性的认识，他说："在思想、对周围世界的理解以及在智慧、意志和性格的个性特点方面，没有完全相同的孩子。每个孩子都是一个独特的'世界'。只有在了解了这个'世界'，了解了它的全部奥秘以后，培养个性、形成人的精神风貌才会成为可能。"他强调："能激发出自我教育的教育，才是真正的教育。"

关于怎样认识教育工作的性质，他的诠释也成为经典。他说："教育不仅是一门科学，而且是一门艺术，而教育艺术的全部复杂性，是要善于感觉到一个人身上那种纯属个性的东西。"

关于怎样引导学校形成读书的氛围，他的名言是："一所学校，第一件事就是应该有书籍。"

关于教学的论述，大多教师耳熟能详。他说："教师上好一堂课要作毕生的准备。我们这行职业和劳动工艺的精神基础和哲学基础就是这样：为了在学生眼前点燃一个知识的火花，教师本身就要吸取一个光的海洋，一刻也不能脱离那永远发光的知识和人类智慧的太阳。"他还说："每个教师应当成为自己学科的出色专家。他应密切注视所授学科的科学'前沿'。"

几十年前苏霍姆林斯基所说的话，现在看来依然符合教育规律，依然生机勃勃，处处时时开花结果，闪耀着教育经典的光辉。

感受二：苏霍姆林斯基的教育巨著以其全面性给人以教诲

苏霍姆林斯基广泛地研究了各种具体问题，包括学生的智育、德育、美育、体育问题，劳动教育问题和综合技术教育问题，教学理论、孩子家庭教育、自育与自学等问题，教师的职业技艺问题，普及教育的实施、学校的管理问题。苏霍姆林斯基的著述涉及教育的方方面面：正面的论述、反面的告诫、理论的研究、实践的探索……极其丰富，教师、学校领导者、学者以及学生的父母都可以找到可资借鉴的宝贵的精神财富，形成了一套教育理论体系，完全可以称之为"教育百科全书"。

对许多重要的教育问题，苏霍姆林斯基进行全面的思考，提出全面性的理论认识。在探讨"怎样认识教育的力量"这个至关重要的问题上，他提出这样的观点——"培养美好情感和品质是学校教育的起码目标"。那么，美好情感具体指哪些情感呢？苏霍姆林斯基进行了全面分析，他说："需要培养细腻的感情"、"特别重要的是启迪青少年的良心"、"要激起孩子们为别人创造幸福的愿望"、"要培养孩子们的欢乐和善心"、"要在青少年的思想意识中播下善良的种子"、"真正的精神力量表现在善良、敏锐和宽宏大量上"、"疾恶如仇的情感是需要培养的"、"要培养青少年的耻辱感"、"力求使学生从童年早期起就怜悯和同情一切有生命的东西"、"要让学生体验到为天下人之忧而忧的心情"、"青少年要从爱母亲做起培养爱自己身边人的情感"、"要培养孩子满腔热情地去敬爱老人"、"让学生迷恋上祖国"……这些教育理论，都将给教师以教诲。

感受三：苏霍姆林斯基的教育巨著以其现实性给人以借鉴

1945年8月25日，苏霍姆林斯基在一份名为《突击劳动》的报纸上发表了第一篇教育文章《在新学年之前》，1970年9月1日，他发表了生前最后一篇文章《致学生们的一席话》。苏霍姆林斯基的教育思想产生并发展于20世纪40年代中期到60年代末期。历史已经证明，苏霍姆林斯基的教育思想对当时的苏联教育具有很大的指导意义。对时代的要求极其敏感，总是考虑社会与科学进步的前景，善于根据今天与明天的条件及其教育任务来把过去最重要的成果予以现实化、予以创造性地运用——这应该是苏霍姆林斯基教育思想的特点。

今天，苏霍姆林斯基的教育论断仍具有很强的现实意义，对今天我们正在进行的教育改革具有很强的指导作用。

例如，他说："只有当每个少年从教育者那儿得到'活水'时，他们的才干才能发挥出来。没有'活水'，素质就会枯竭、衰退。智慧培养出智慧，良心培养出良心，有效地为祖国服务并培养出对祖国的忠诚。"他一再号召："必须让少年经常去接触大自然，让他们在大自然中生活。"他痛心地说："有时由于教师把教育看成是尽量多地往孩子头脑里灌输知识，孩子正常的生活就被打乱。看到孩子的正常生活不仅在上课时而且也在长日班里遭受破坏，不能不令人的内心感到极大的痛苦。遗憾的是，有这样的学校，孩子们上过5~6节课之后还要留在学校4~5个小时。留校不是让他们做游戏、休息和在大自然中活动，而是又坐下来念书。孩子在校的时间变为漫无止境的、令人生厌的上课。绝不能再这样下去了！"他指出："真正的人是具有和谐的、多方面精神生活的人。"这些话语几乎是针对当下的教育情况而发的。

如今，我们常常为德育低效而困惑，殚精竭虑于提高德育的实效性，苏霍姆林斯基的教育著述就为我们提供了怎样"开展思想品德教育"的方案，具有很强的现实性，从理论和实践两个角度提出了以下观点："道德教育是一项专门的具有特殊性的教育工作"、"先进的进步的思想和观念是个人优秀品质的源泉"、"人要有一种精神是道德教育的红线"、"引导学生把兴趣的中心放在做人上"、"让学生迷恋上祖国是教师的教育理想"、"应该从发展的观点来看少年的思想成长"、"要教育人珍惜生命，也就是珍惜人、爱护人、保护生命"、"要使孩子意识到他是明天的成年"、"要培养女孩子的道德尊严"、"要使男孩成长为真正的男子"、"要使学生养成良好习惯和预防不良习惯"、"教育工作的目的是使每个青年男女作好劳动的准备"、"告诉青少年忘恩负义是一种最恶劣的行为"、"对美好事物的向往需要灌输"、"要让每一个少年想去做似乎难以做到的事"等。

再如，"要最大限度地发展每个学生的天赋"、"教育必须保护孩子们的欢乐和幸福"、"应当使年轻一代生活得艰苦一些"、"教育者应当成为真正的大写的人"、"教育日记是一笔巨大的财富"、"教师要善于总结和勤于学习教育理论"、"应引导孩子们进行积极活动"、"分数不是唯一的标准"、"教育不是包治百病的灵丹妙药"、"形式主义给教育工作带来极大的危害"、"不要为青少年树立某种神话了的偶像"、"无需向少年繁琐絮叨地阐述十分了然的东西"、"教育不存在小事"等,这些振聋发聩的观点都是苏霍姆林斯基几十年前思考解答的教育问题,也是我们今天正在孜孜以求的教育问题。看到他的论述,我们会有豁然开朗的感慨。

感受四:苏霍姆林斯基的教育巨著以其尖锐性促人以反思

苏霍姆林斯基敢于正视现实,从不掩饰问题,在他的经典著作《帕夫雷什中学》一书中,他直言不讳地号召:"对于现实不要去粉饰,不要去掩盖。"所以他总是以犀利的文笔尖锐地批评教育中的弊端,针对一些老教师不思进取、安于现状的情况,他尖锐地批评道:"遗憾的是,有些具有多年教龄的教师,说得形象些,就像干枯了的花朵:仅仅在外形上像朵花,实际上早已失去了鲜艳的色彩和芳香,失去了生命的气息。这种现象虽然令人不愉快,却实际存在着。""如果教师死抱住一个教案,'以不变应万变',那么他是什么也做不好的。更确切地说,他将使学生变得无知。"

针对教师疏于读书的情况,他尖锐地指出:"书籍和个人藏书,对人民教师来说有如空气般重要。没有书,没有阅读的渴望就不成其为教师。阅读乃是教师思想和创造的源泉,乃是生活不可或缺的部分。没有读书的需求,整个教育制度就会垮掉。"

针对学校管理上存在的弊端,他尖锐地指出:"如果校长不定期去听课,或因忙于开会和其他事务性的工作而无法走进教室,去接触教师和学生,那么他的其他一切工作都会失去意义,无论是开会还是干其他工作,都将毫无价值。"

对教育上形式主义泛滥的问题,他尖锐地批评道:"哪里把精力全都花费在各种突击的活动上,哪里的教育工作就要失掉远景目标。""谈论道德的响亮辞藻,儿童是难以理解的。要少使用这种辞藻,多关心人道行为的磨炼和优良习惯的培养。""那些认为对共产主义的建设者进行道德规范教育只要照搬我们现成的道德规范的条文,每天跟他们谈谈话就万事大吉的人,大错特错了。""让孩子们不要经常去空谈崇高的理想,让这些理想存在于幼小心灵的热情激荡之中，存在于激奋的情感和行动之中，存在于爱和恨、忠诚和不妥协的精神之中。尤其不能教孩子们去说他们还没有理解的词语。否则，那些为人们视为神圣的东西会因此而变为毫无意义的空谈。"

针对苏霍姆林斯基的尖锐批评，我们难道不应该进行反思吗？结合他的批评，我们的反思必定会入木三分。

感受五：苏霍姆林斯基的教育巨著以其实用性教人以方法

实用性是苏霍姆林斯基教育思想的重大特点。他的教育思想来自现实，服务于现实。即使几十年过去了，他总结的一些教育做法还是行之有效、立竿见影的。因为它的实用性，所以其具有旺盛的生命力。

在"如何塑造美好的心灵"这个至关重要的问题上，苏霍姆林斯基提供了诸如："要让伟人的形象铭刻在少年的头脑和心灵中"、"童话、游戏和幻想是儿童思维活动、情操和志向的源泉"、"要使男孩子能赞赏女孩子"、"要发展儿童笑的能力"、"用书籍和智慧去驯服桀骜不驯的学生吧"、"别让教室的四壁把儿童与斑斓绚丽的世界隔开"、"班主任要善于利用艺术作品"、"要保护儿童力图通过好好学习而给父母带去快乐的心愿"、"重要的是让每个孩子都有一个亲近的知心朋友"、"要引导每一个青年男女都找到一本在他们心灵中终生留下深刻痕迹的书本"等措施，这些都是具体可行的实用方法措施。很多困惑我们的症结，都可以从苏霍姆林斯基的教育著作中找到切实可行的解决方案。

感受六：苏霍姆林斯基教育巨著以其深刻性给人以启迪

他的教育思想是深刻的、入木三分的。例如，对爱孩子这个观点的提出与深入，他说："如果有人问我，生活中什么是最重要的？我可以毫不犹豫地回答说：爱孩子。"他没有停留在口头上，而是继续说明为了爱孩子，就必须了解孩子，就必须深知孩子们的精神生活及其发展特点。然后，他又指出，没有抽象的孩子。每个受教育者除普遍、典型的品质之外，还固有特殊的、不重复他人的个人特征。从这个意义上讲，每个孩子都是独一无二的世界。继而，他进一步论述孩子们的教育者应行使明智的权力、应善于珍视孩子们的信任、应善于怜惜孩子们的无力自卫等思想。他还语重心长地告诫教师不应把孩子们理想化，必须从他们上学的最初日子起就向其提出准确的、清晰的、硬性的要求，首先是行为文明方面的要求。他还从反面劝告说，不可在所有的场合都把儿童的淘气和顽皮视为心怀恶意地破坏秩序、把儿童的注意力不集中视为懒惰、把儿童的健忘性视为不诚实。

在众多场合，苏霍姆林斯基一再强调必须尊重人格、提高人品。这样阐述"爱孩子"的教育思想走出了肤浅，走进了深刻。

苏霍姆林斯基的教育巨著以其经典性、全面性、现实性、尖锐性、实用性、深刻性构成了这座"教育丰碑"，显示了强大的生命力，成为当之无愧的"教育百科全书"，成为全人类共同的宝贵的教育财富。如果我们认真学习苏霍姆林斯基的教育巨著，就一定会体味教育情结、激发教育灵感、反思教育行为、提高理论素养、引发深层思维、生发教育智慧、提升教育质量、创造教育的辉煌。

（天津市德育特级教师　张万祥）

5. 重温苏霍姆林斯基：从乡村教师到著名教育家

经常听课的校长才真正了解学校的情况。如果偶然想起来才去听几节课，老是忙于开会和操心其他事务，使你走不进教室，不接触教师和学生，那么校长的其他工作都失掉了意义，开会等的事就会一文不值……

——苏霍姆林斯基

（摘自《苏霍姆林斯基选集（第4卷）》，第814页，教育科学出版社2001年版）

帕夫雷什中学是乌克兰境内一所普通的乡村学校。这里有一位校长20多年如一日，每天早晨5~8点在他那间小小的办公室里静静地写作；8点准时走出办公室，迎接来上学的学生；白天则亲自上课、听课和当班主任，巡视全校，深入各部门；晚上便整理笔记，思考一天工作中所遇到的各种问题。他一直坚持对四五个"最难教育的学生"进行重点观察和教育，全校29个班级的700多名学生都成了他观察和研究的对象；他整整花了10年时间，跟踪观察和研究了学生从童年到青年的各种表现，对3700多名学生做了观察记录，积累教学资料2000多本；他还广泛阅读国内外各种教育著作，对理论学习有着浓厚的兴趣。在他短暂的一生中，先后完成了40多本专著、600多篇论文和2000多篇儿童读物，为后世留下了丰富的教育遗产。他就是前苏联著名的教育家苏霍姆林斯基。现在让我们走进帕夫雷什中学，看看他是如何领导这所普通的中学，并使它成为世界上著名的实验学校的。

（1）让墙壁也能说话。苏霍姆林斯基认为，作为一名校长，应该努力营造一个良好的学习环境,从而能对学生的精神世界产生潜移默化的影响。1947年,当年轻的苏霍姆林斯基来到帕夫雷什中学时,它只是一所窄小而荒芜的乡村学校。他充分利用农村的地理条件,取长补短。经过全校师生的共同努力,帕夫雷什中学校园里到处都是树木花草,完全处于绿色包围之中。

除了学校的绿化外,他还利用学校的墙壁来加强学校的文化环境建设。他说:"孩子们在他周围——在学校走廊的墙壁上、在教室里、在活动室里——经常看到的一切,对于精神面貌的形成具有重大的意义","我们要努力做到使学校的墙壁也说话"。因此,帕夫雷什中学的每一堵墙都被他充分地利用起来了。

一进教学主楼,迎面墙壁上的那块色彩鲜艳的标语牌就映入眼帘:"你们在学校应当探索的最主要的东西就是生活的目的。请你认真思考这些杰出人物的卓越见解。"标语下面悬挂着一些杰出人物的画像,旁边是他们的语录。另外,还有一块关于劳动的标语牌,四周装饰着麦穗、葡萄果、橡树叶子等。标语牌下端写着:"鼓起勇气努力干吧,为别人创造幸福才是你的幸福之源……"在"列宁室"里,列宁半身塑像背后的墙上悬挂着为祖国献身的少年英雄们的肖像,标语牌上的话犹如英雄在对年轻的朋友倾心交谈。一楼前庭设有"母亲专栏",标题是高尔基的一句话:"没有母亲,就既没有诗人,也没有英雄",下面陈列着列宁等知名人物的母亲的肖像,肖像下面写着:"母亲给了你生命,向你揭示了世界……要做一个能使母亲为你骄傲的人。"即使在学校的角落里,也有为高年级学生布置的题为"友谊和爱情"方面的组画,名人肖像旁边写着他们关于友谊和爱情的语录。除此以外,以"青年岁月的功绩"为标题的标语栏下,列举了在青年时代就取得杰出成绩的科学家、作家和社会活动家。如:"美国伟大的发明家爱迪生还是年仅15岁的少年时就出版发行报纸。"

关于自我道德修养的名言警句,在学生的许多必经之处都随处可见,时时警醒着人们。学生置身于这样一个弥漫着浓厚的科学文化气息的校园里,耳濡目染,由此受到了潜移默化的思想道德教育。

(2)切实减轻学生负担。苏霍姆林斯基指出:"真正的学校并不仅仅

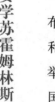

是儿童获取知识和技能的场所,而是儿童集体丰富多彩的精神生活。"可在现实中,学校的主要精力是对学生进行知识的传授。为了改变这个局面,切实减轻学生负担,苏霍姆林斯基规定:不允许低年级学生一天在室内进行3小时以上的脑力劳动,不允许12~15岁的少年每天花四五个小时做家庭作业。他认为,过重的作业负担"会摧残少年,使他的健康终生遭受不良影响,会损坏他的美,使脊柱弯曲、胸廓狭窄、眼睛近视"。

在帕夫雷什中学,学生通常只在上午上文化课,下午和晚上都安排各种内容丰富、形式各异的兴趣小组活动,在仅有643人的学校里就有兴趣小组120余个。学生自愿选择各种课外活动,如游戏、旅行参观、游览散步、徒步行军、阅读文艺和科普书籍,进行文娱活动等。

他非常重视教师对兴趣小组的指导作用。生物教师萨姆科夫对那些在植物栽培、园艺等方面的天才少年进行个别培养,吸引他们参加各种农业科学小组活动。另一位教师斯捷潘诺夫教学生如何育种,并让学生亲自育种,让他们从收获的第一捧粮食中获得自豪感。而涅斯捷连科所指导的学生,一二年级时就懂得植物怎样积蓄淀粉。

为了开展课外活动,学校还建立了两公顷的教学实验园地,还有生物专用教室、养兔场、温室等,甚至在各个教学楼都设有生物角,供学生们栽培花草、进行土壤实验。集体农庄的养牛场、大田里也有师生们的实验室。劳动与科学设想的结合,使单调的农业劳动过程成为富有吸引力的研究过程,学生从中体会到探索的乐趣。

兴趣小组活动也能促进后进生转化。该校有一名叫巴甫里克的所谓的"后进生",同班同学已经能够把字母拼成音节并大声朗诵出来,他却还分辨不出一个字母与另一个字母的区别,所以对他必须一遍又一遍地教。但自从他参加植物兴趣小组后,情况发生了变化。他不但能够巧妙地给果树嫁接,还提出不通过嫁接就直接培育树苗的想法,并自己建造了一个温室,培育出树苗,总结出从树的哪部分取下的枝条能活、哪部分取下的枝条不能活的经验……慢慢地,巴甫里克在学习上的恐惧心理消失了。几年过去后,他培育出了一些抗寒的果树品种,后来考上了农学院。

(3)做孩子们读书学习的榜样。苏霍姆林斯基指出:"促使孩子热爱知识的重要源泉就是教师的知识。"为此，他从自我做起，开始研读物理、数学、化学、地理、生物、历史，三年内自学完了学校所有科目的教科书和主要教学参考书。为了尽量清楚地了解孩子身体的健康状况，他还专门研读了医学方面的著作。他说："对教师来说，懂得学生身上所发生的内在的生理、心理、年龄、性机能发展等过程是多么重要，许多事情都有赖于这些知识。"他还抱着极大的兴趣阅读遗传学、自动化技术、电子学、天文学等方面的科学著作。在他的办公室桌子上放着一本本笔记本，每门科学或一个科学问题各有一个厚本子，笔记本里有成千上万条期刊摘录和剪报。

为了让学生随时可以阅读到适合自己的书籍，教学主楼的每层楼和其他三幢楼（帕夫雷什中学有四幢教学楼）都设有阅览室，里面有许多不断更新的书刊。楼道里也设有书籍陈列架，陈列着适合相应年级学生阅读的书籍。除此之外，学校还有学科专用室、教学研究室、少先队室、共青团室、思想教育室，这些地方都配备了许多相应的书籍。

学校还开辟了许多书籍角。比如英语角，学生在这里可以阅读外国报纸、外国杂志的剪贴资料；美术角，这里有介绍世界上一些最重要的博物馆收藏品的美术画册和书籍；女生角，这是一个小房间，里面摆放着有关人体解剖学、心理学以及妇女卫生方面的书籍和小册子，允许女学生拿走后不归还。

苏霍姆林斯基十分重视教师的读书。学校来了新教师，他总会举行赠书仪式表示欢迎。他常对新来的教师说："请你带着对未来的充分自信点燃知识之火。"他对教师要求的口号是："读书，读书，再读书。"学校尽量为教师提供更多的自由支配的时间，目的主要是保证教师有时间去读书。首先是学校里为教师提供了大量的图书，其次是教师自己有个人藏书。帕夫雷什中学 35 位教师，平均每个教师拥有 1400 册书，苏霍姆林斯基和他的妻子共有 1.95 万册藏书。

（4）深入教学工作的第一线。苏霍姆林斯基认为，一个好的校长首先必须是一个优秀的教师，自己必须会上课、上好课。作为校长，他从未间断过第一线的教学工作。他当班主任，还担任着一些班级的语文教学工作。他从事这些具体的工作,不仅在于了解学生,提高自己的教学能力,而且在于自己从中发现问题,总结经验,指导并带领教师们一起搞好教学教育工作。

另外,他还坚持听课,了解教学情况。他说:"经常听课的校长才真正了解学校的情况。如果偶然想起来才去听几节课,老是忙于开会和操心其他事务,使你走不进教室,不接触教师和学生,那么校长的其他工作都失掉了意义,开会等的事就会一文不值……"为此,他每学期坚持听每位教师15节课,并认真做笔记,并加以指导。

通过听课,校长既可以了解教学情况和学生的学习情况,又可以找出教师上课中的缺点和不足。他诚恳地与教师一起研究改进的方法,从而提高教师的上课能力和教育素养。有一次在一个班级听课,任课老师叫起一个成绩较差的学生,教师对这个学生独立造的一个句子感到不满意,她便挥了一下手,一句话也没说,这个孩子却为此哭了一晚上……苏霍姆林斯基课后找到这位老师谈话,向她说明她这一挥手间反映了她的教育观点——对待学生的态度冷漠,不相信这个学生能做出什么好事,默认坏学生永远是坏学生这一传统观点,并最终说服了这位老师。

(5)提供学校对家庭教育的指导。苏霍姆林斯基十分重视学校对家庭教育的指导,他多次指出:"教育的效果取决于学校和家庭影响的一致性。如果没有这种一致性,那么学校的教学和教育过程就会像纸做的房子一样倒塌下来。""不关心家长的教育修养,任何教学和教育任务都是不可能解决的。"为此,他在帕夫雷什中学创办了"家长学校"。

家长学校有三种类型的班,第一类是为尚未有孩子的年轻夫妇办的;第二类是为即将入学的学生家长办的;第三类是为学校各年级学生的家长办的。家长们在自己的孩子入学的两年以前就报名参加家长学校,在那里听课,直到他们的孩子从中学毕业为止。家长学校按照孩子的年龄,把家长分为五个组:①学前组(5~7岁儿童,也包括尚未有孩子的年轻夫妇);②一、二年级组;③三、四年级组;④五至七年级组;⑤七至十年级组。每组每月活动两次,课程由校长、教导主任和优秀教师担任。在这长达13年的学习中,家长学习心理学和教育学方面的课程竟达250学时,这比师范学校的课时还要多。为了讲好课,苏霍姆林斯基还专门撰写了一部《家长教育学》,把心理学和教育学的理论知识跟家庭教育的实际紧密地联系起来。

可以看出,他的"学校—家庭教育体系"的范围并不限于学龄期,而已延至学龄前。该校的研究认为,"孩子在2~7岁期间所处的道德、智力和审美的环境十分重要",所以必须让每个幼儿——未来的小学生能在人际关系中最大限度地得到他能得到、看到、发觉到和感受到的一切。正是出于这种认识和实践,使帕夫雷什中学在后继的实施全面发展的教育方面深得益处。可以说,这方面是苏霍姆林斯基给后人留下的一份最为珍贵的教育遗产,也是帕夫雷什中学为我们提供的一条成功的教育经验。

(6)善于继承创新、敢于坚持真理。苏霍姆林斯基之所以成为世界瞩目的教育家,其中重要的一点是他善于独立思考、求真务实,敢于坚持真理,敢于与权威论道,不盲从。

苏霍姆林斯基是在马卡连柯教育思想的影响下成长起来的。他在学校工作的32个年头里,竭尽努力从马卡连柯的实践里探索各种理论,结合自己时代的特点、具体的教育对象,创造性地发展了马卡连柯的教育思想。苏霍姆林斯基说:别人的思想不管如何明智,也不能取代自己的思考。除了马卡连柯以外,他还十分崇敬克鲁普斯卡娅;而且,我们也不难看出乌申斯基、卢梭对他的强烈影响。他是一位善于继承、善于创新的教育家。

特别值得一提的是,苏霍姆林斯基敢于坚持自己经过实践和深思熟虑的信念,不随波逐流。他在劳动教育问题上所持的态度,就足以说明这一点。1955年以前,苏联学校完全取消了劳动课。而苏霍姆林斯基认为,劳动教育是全面发展教育的重要方面。因此,他仍一如既往地对学生进行劳动教育,并从1947年起授予帕夫雷什中学毕业生"职业证书"。他坚持认为,孩子应从小养成为社会和人民劳动的习惯,"不能让孩子由于报酬而爱劳动","不要把欢乐现成地施予孩子,要让孩子体会创造的幸福"。

苏霍姆林斯基的一些教育理念曾一度被批判,然而,真理终将经实践检验而被承认。苏霍姆林斯基在国内的声誉不断提高,在国际上的影响也在不断扩大。他所领导的一所偏僻的乡村学校,成了享誉世界的教育实验中心,他也由一个乡村教师变成了当代世界瞩目的教育家。

(选自《上海教育》2006年第7B期,收入本书略有改动)

(华东师范大学教育学系 杨光富)

教书与育人

1. 让每个学生都抬起头来走路

让每个学生都抬起头来走路。

——苏霍姆林斯基

（摘自《给教师的建议》，第 27 页，教育科学出版社 1984 年版）

"让每个学生都抬起头来走路。"这是前苏联著名教育家苏霍姆林斯基教育观中的一个闪亮的观点。自从教以来，无论是担任教师还是担任校长，苏霍姆林斯基在实践中总结了很多影响一代又一代教育工作者的教育观点。对于教育的目的是什么，他曾从多角度加以论述，提出了"培养共产主义建设者"、"全面发展的人"、"聪明的人"、"幸福的人"、"合格的公民"等观点。其中，最集中也最深刻的一个观点是要把青少年培养成为"全面和谐发展的人，社会进步的积极参与者"。而培养这种人需要实现全面发展的教育任务，即应使"智育、体育、德育、劳动教育和审美教育深入地相互渗透和相互交织，使这几个方面的教育呈现一个统一的完整的过程"。

（1）关于德育。他明确指出，"和谐全面发展的核心是高尚的道德"。

特别强调要使学生具有丰富的精神生活和精神需要,认为"精神空虚是人的最可怕的灾难"。要求教师和家长尊重儿童的人格,全面关心儿童。他说:"如果有人问我,生活中什么是最主要的呢?我可以毫不犹豫地回答说:爱孩子。"他提出了"要让每个学生都抬起头来走路"的主张,并努力创设良好的教育环境,"让学校的墙壁也说话"。同时指出,爱不等于无原则的溺爱,应该用严格的纪律和道德规范去要求儿童,并注重通过集体教育培养学生的道德品质。

(2) 关于智育。他认为智育就其本质与任务来说,包括给学生以系统的科学知识、形成科学世界、发展智力等方面。智育是在获取知识的过程中进行的,通过传授,帮助学生形成科学的世界观,并发展他们的智力。他是知识与智力的统一论者,提出学生的知识要建立在广阔的"智力背景"上。他创造了许多新经验,其中包括给儿童上思维课、开展课外读书、按自己的兴趣和爱好参加课外小组活动等。在帕夫雷什中学,所有学生整个下午都参加各种课外小组活动,小组多达到100多个。

(3) 关于体育。他说:"对健康的关注,这是教育工作者首要的工作。孩子的精神生活、世界观、智力发展、知识的巩固和对自己力量的信心,都要看他们是否乐观愉快,朝气蓬勃。"并响亮地喊出了"健康、健康、再一个还是健康"的口号。他不允许低年级儿童在室内进行三小时以上的脑力劳动,反对让12~15岁的少年每天花费四五个小时去做家庭作业。他带领师生在校园内外种植大量的植物,为孩子们建立天然的"氧气厂"。在教室内,注意合理采光,定期检查课桌椅与学生身高之间的适合程度,注意学生合理的营养等。他钻研了15年之久,为帕夫雷什中学制定了新作息制度,保证劳动和休息、活动与睡眠的恰当交替。

(4) 关于美育。他指出:"美是道德纯洁、精神丰富和体魄健全的有力源泉。"在青少年整个受教育的过程中,必须抓紧美育的实施。他十分注重培养学生美的情感和塑造他们美的心灵,并提出了进行美育的多种多样的途径和手段,如通过观赏大自然感受美、通过文学艺术作品鉴赏美、通过动手劳动创造美等,还要求儿童重视衣着美和仪表美。总之,在整个美育过程中,美育应随时随处进行。

（5）关于劳动教育。他明确指出："劳动以外的教育和没有劳动的教育是不存在的，也不可能存在。"他认为，如果一个学生进行十年制教育，仅仅教给他科学基础知识，从不让他接受劳动训练，而在他毕业时把一把铲子交给他让他开始劳动，那么这对于学生来说"是一个悲剧"。因为他在十年过程中脱离了劳动、脱离了生活，精神生活是空虚的，没有劳动技能，没有做好生活准备，特别是没有劳动情感，这无论从社会对青年一代的期望来说，还是对青少年的个性发展来说，都是一种失败。因此，在他的教育实践中一向重视劳动教育的实施。

苏霍姆林斯基对教育的论述，既提出了明确的教育目的，又提出了具体的五育任务。在论述五育时，既强调了各育的相对独立职能，又明确了在实施过程中必须相互联系、相互渗透、相辅相成。

（北京市私立汇佳学校 赵艳琴）

2. 特别的爱给特别的你

　　教育才能的基础，是深信有可能成功地教育每个儿童。我不相信有不可救药的儿童、少年和男女青年。

——苏霍姆林斯基

　　（摘自《苏霍姆林斯基选集（第2卷）》，第537页，教育科学出版社2001年版）

一、挽救"困难生"

　　在苏霍姆林斯基领导的帕夫雷什中学，形成了这样一个观念——相信所有的孩子都能被教育好。在帕夫雷什中学没有"差生"的概念，只存在"困难学生"或"难教育的学生"的说法。在教育实践中，对这类学生一般不单纯由某个教师去教育，对他们进行教育往往是整个集体的义务。苏霍姆林斯基一生中曾教育过178名"难教育的学生"，这178名学生都有一个艰难的教育过程。每周苏霍姆林斯基都要走访"困难学生"的家庭，以便深入了解他们道德形成的最初环境，他跟家长们、家长的邻居们，教过这些孩子的老师们进行交谈。

　　这一天，他来到了小学生高里亚的家。这个"家"给他留下了这样一个印象：高里亚是个非常不幸的孩子，他从小失去了父亲，母亲在他刚满周岁时，又犯了严重的罪行，被判处十年徒刑。高里亚从小住在姨母家，姨母把他看成额外的负担。于是，高里亚成了一个典型的"难教育的学生"，这就是他的家庭背景。

　　原来，高里亚从上学一个月后，大家就对他产生了一个鲜明的印象——这是一个懒惰成性、常会骗人的学生。在短短的一段时间里，他就表现出了"难教育"的特点。秋天，当高年级学生植树时，他有意破坏了几株树苗的根部，并向全班同学夸耀自己的"英雄行为"。有一次课间，他把手伸进别人的书包，拿出课本，用墨水把它弄脏，再放回原处，并以天真无辜、泰然自若的态度来欺骗教师审视的眼光。还有一天，他们班去森林远足考察，他一路上撞这打那。当班主任故意不理睬他，继续向其他学生讲解山谷、丘陵、山和冲沟的有关知识时，他走到全体学生面前，做出滑稽动作，还登上峭壁往下看。老师旁敲侧击地提醒："同学们，不能走近冲沟边缘，跌下去很危险！"他突然高声喊道："我不怕！这个冲沟我滚下去过！"说着就卷起身子滚了下去……

苏霍姆林斯基根据家访的情况，找来班主任等有关教师共同分析高里亚上述行为产生的原因。他提出了自己的看法——高里亚对自己的行为所抱的态度，是故意装出来的、不自然的。家庭环境的影响，使高里亚对人们失去了信心。对他来说，生活中没有任何神圣的、亲切的东西。苏霍姆林斯基的看法对教师们的思想触动很大。大家一致认为，高里亚之所以不好，是因为过去只看到他恶劣，放荡的一面，而没有主动关心、挖掘他身上闪光的地方。这个学生表现出来的缺点，是在向周围的人对他漠不关心、冷淡无情的态度表示抗议。这样的分析增强了教师们的同情心、关注之情，提升了教师们的教育敏锐性和观察力。

一次，苏霍姆林斯基发现这个孩子单独玩耍，好像很随便的样子，他把高里亚请进了生物实验室，要高里亚帮忙挑选苹果树和梨树的优良种子。虽然高里亚装出不屑栽培树苗的样子，可是孩子的好奇心还是占了上风，他们两人一起做了两个多钟头，直到很累为止。这件事引起了高里亚的极大兴趣，当班主任再次去高里亚家时，发现他正在施肥栽树。此后班主任老师因势利导，在班级栽树活动中，让高里亚指导别的孩子们。及时的发现和鼓励温暖着这个孩子的心灵。虽然后来高里亚曾多次反复出现不良倾向，老师们却着眼于长善救失，循循善诱。"功夫不负有心人"，在这个教师集体的共同教育下，这个孩子在三年级时，光荣地加入了少先队，以后还经常帮助有困难的其他同伴，为集体默默地做好事。高里亚好像变成另外一个人了。

从这里可以看到苏霍姆林斯基的一个教育信念：热爱、关心、尊重孩子，相信所有的孩子在教育中都能够向好的方面转变。

二、"特殊奖励"

苏霍姆林斯基在对学生的教育过程中，善于因势利导，进行积极的鼓励，激发学生心灵的火花。人们把这赞为"特殊奖励。"

一次，苏霍姆林斯基把12岁的儿子谢廖扎叫到跟前，给了儿子一把新铁锨，并对他说："儿子，你到地里去，量出一块长宽各一百个脚掌的地块，把它刨好。"儿子很高兴地拿了铁锨，来到地里就刨了起来。

在没有用惯铁锨之前，谢廖扎感到很费力。随后干得越来越轻松了。可是当他用铁锨准备翻出最后一锨泥土时，铁锨把折断了。

谢廖扎回到家里，心里感到忐忑不安——父亲一旦知道铁锨坏了会怎么说我呢？"爸爸，您可别怪罪我"，儿子说："我让家里失掉了东西。"父亲问："什么东西？""铁锨坏了。"这时，苏霍姆林斯基并没有责怪孩子，而是问："你学会刨地了没有？刨到最后，是觉得越来越费劲还是越来越轻松了呢？"

孩子回答："刨到最后，越来越轻松了。"这时苏霍姆林斯基说："看来你不是失，而是得。"孩子疑惑不解。他继续说："愿意劳动了，这就是最宝贵的收获。"这时孩子一颗忐忑不安的心顿时放松了。这不仅是精神上得到了一种愉悦，而且孩子从中看到了劳动的价值，树立起了良好的劳动观点。

还有一次，一年级女学生季娜的祖母病得很重。季娜想给祖母采一朵鲜花，使她在病中得到一些欢乐。但是时值严冬，到哪里去找鲜花呢？这时她想到学校的暖房里有许多菊花，其中最美的一棵是全校师生都极为喜爱的那朵蓝色的"快乐之花"。季娜一心想着重病的祖母，忘记了学校的规定，她一清早就走进暖房，采下了那朵"快乐之花"。

这时，苏霍姆林斯基走进了暖房，当他看到季娜手里的菊花时，大为吃惊。但是他很快注意到了孩子眼里那种无邪的、恳求的目光。他向季娜问明了情况后，非常感动地说："季娜，你再采三朵花，一朵给你，为你有一颗善良的心；另外两朵送给你的父母，为他们教育出了一个善良的人。"

（江苏省江阴市华士实验学校　曾宝俊）

3. 劳动是一种精神培育

  我可以讲述我们的几十个学生的类似的生活道路的故事。对这些人来说，劳动已经像读有趣的书、欣赏音乐、和朋友聚会一样成为需要。他们热爱劳动，因为劳动从童年起就进入了他们的精神生活，成了他们的理想，唤起了他们的最深刻的欢乐感——发现世界、进行创造的欢乐感。

——苏霍姆林斯基

（摘自《给教师的建议》，第519~520页，教育科学出版社1984年6月第2版）

  拜读苏霍姆林斯基的教育故事时，这句话给我的印象最为深刻："我可以讲述我们的几十个学生的类似的生活道路的故事。对这些人来说，劳动已经像读有趣的书、欣赏音乐、和朋友聚会一样成为需要。他们热爱劳动，因为劳动从童年起就进入了他们的精神生活，成了他们的理想，唤起了他们的最深刻的欢乐感——发现世界、进行创造的欢乐感。"

  苏霍姆林斯基十分注重对学生进行劳动教育。他相信学生的智慧在他的手指尖上，劳动在学生的智育中起着极其重要的作用。因为热爱劳动的学生，往往能够形成好钻研和吃苦耐劳的精神。他曾经鼓励一位叫塔马拉的女孩，亲手栽种艳丽的玫瑰作为80岁奶奶的生日礼物。经过几个月的灌溉、施肥、精心修剪花枝，塔马拉从中感受到了劳动的乐趣。当她小心翼翼地剪着花枝，看着枝头上正盛开着极其罕见的蓝色花朵，花朵上还有晶莹的露珠时，苏霍姆林斯基记录下这一幕："姑娘的眼里闪耀着欢乐的光芒，这熠熠的光芒永远留驻在我的心坎。我爱这姑娘，这是爱她在那个多露的早晨我看到的模样。"我们可以感受到那一刻苏霍姆林斯基内心的激动,感受到劳动带来的巨大的教育力量,他的这种教育方式是一种精神的培育。

苏霍姆林斯基建立了"农业新技术和小型机械化研究室",让孩子们在那里研究和制作一些能够减轻农业体力劳动的新机械,让每一个孩子都能掌握一种通用的劳动工具,力求使之成为一个劳动能手。他引导孩子们为自己的亲人种下葡萄和苹果树、栽下蔷薇和玫瑰,当孩子们将自己亲手劳动所得的成果送给亲朋好友分享时,孩子们心中一定会涌出一种巨大的欢乐和幸福,这种欢乐和幸福是做任何一件事都无法换来的。为了这一刹那的幸福感,一个人要劳动几天,甚至几个月。在这期间洒下了他们辛勤的汗水,也留下了他们的欢声笑语,辛苦并快乐着,受益匪浅,这就是劳动带来的巨大教育力量。这一刹那,不仅使孩子在情感和道德发展上获得提升,而且在孩子的心中留下了深深的痕迹。孩子们感受着那最美好的一瞬间,也深刻地感悟了"赠人玫瑰,手有余香"的道理。的确,劳动不仅是一种教育手段,它更是一个极其宝贵的教育过程。

比较而言,在我国当今的学校教育中,劳动教育严重缺失,曾出现过大学生因生活不能自理而被学校退学的现象。现在有些家长只让自己的孩子好好读书,自己再苦再累也不想让孩子因做家务而浪费学习的时间,殊不知这样在温室里长大的花朵是经不起风吹雨淋的。

对于人的培养,如果只有纯粹的知识教育而没有劳动教育,那么将在很大程度上丧失其教育的意义,因为教育归根结底是人的教育,而且从本质上说,一切教育方法、手段和智谋本身就是劳动教育,所取得的教育效果也必须以劳动教育为基石。一个人的健康成长在童年、少年时代对劳动的体验是极其宝贵的,那种对劳动的鄙薄与忽视将在成年之后成为冷漠、懒惰、不思进取甚至走上歧路的根源。

苏霍姆林斯基的这种"用心"在教育的精神深深地影响着我,在今后的教书育人生涯中,我将把苏霍姆林斯基看成一座指向光明彼岸的灯塔,他将在前方召唤着我、指引着我,在教育这条路上永远向前,永远向着光明的方向前进。

(浙江省台州市黄岩区江口街道中心小学 许云超)

4. 永远的老师

在小孩子身上看到明天的成年人。

——苏霍姆林斯基

（摘自《苏霍姆林斯基选集》中《给儿子的信》，第238页，教育科学出版社2001年版）

《给儿子的信》只有7万多字，算不上鸿篇巨制，但它所涵盖的内容可谓包罗万象，如生活、劳动、理想、志向、做人、真理、情操、自律、爱国、爱情、友谊、审美、自尊、学习和育人等方方面面的内容。全书始终贯穿着"如何做一个充满爱心的幸福而高尚的人"这一主题，字字珠玑，博大精深，给读者以无限的教育和启迪，同时，也给我的教育工作以巨大的指导与益处。以下几方面，尤其让人铭记。

（1）关注孩子的未来。苏霍姆林斯基指出，要"在小孩子身上看到明天的成年人"。这正是今天的教育者们，包括家长在内的多数人都应该具备的眼光和思想。苏霍姆林斯基非常关注孩子的长远发展和未来成长，告诫人们不可目光短浅、急功近利，要培养孩子的创新能力、开放思维，促使孩子全面成长，不要一味地死盯着分数不放，而这正击中了时下教育的弊端，真是振聋发聩、催人警醒！

（2）呵护孩子的人格。"孩子是神圣的和纯洁的，即使在强盗和鳄鱼那里，他们也在天使的位置上。"他教导儿子，千万"不能把孩子当做自己情绪的玩具，忽而温存地亲吻，忽而狂暴地脚踢。专横的爱还不如不爱的好。专横的爱，这是一种可怕的摧残儿童的力量。"但苏霍姆林斯基所描绘的这样的情景却在我们的身边不断地上演着，甚至是变本加厉地进行着。君不见,每当孩子考试得了满分,竞赛获了奖,或是家长、教师有了赏心悦目的事情时,便大张旗鼓地对孩子进行表扬与无微不至的疼爱;而当孩子成绩不理想或是做错了事以及家长、教师心情郁闷时,对孩子则棍棒交加、大发雷霆,孩子备受"摧残"。也就是说,孩子的喜怒哀乐要伴随家长、教师的心情、脸色而"阴晴"有别。殊不知,这是违背教育原则与规律的,须知,孩子永远处在"天使的位置上",容不得教育者"随心所欲"啊!

(3) 拥有高尚的品德。苏霍姆林斯基说,"美,这是人性的深刻体现","人是最高尚的美的化身"。他语重心长地对儿子说,5年大学能培养一个工程师(他儿子学的是无线电物理专业),但学会做人需要一辈子。苏霍姆林斯基同时指出:"自己要做自己的主人。要珍惜自己的尊严——这是人的真正的、美的源泉。"反观我们现在的情况,却是"重智育,轻德育"大行其道,似乎高分数、高升学率就能一俊遮百丑,能够抵消掉品性上的种种劣迹,这是多么危险的教育观啊,要知道,"有才无德"是"危险品"的道理啊!

(4) 培植友谊的人性。苏霍姆林斯基一针见血地指出:"友谊是培养人的感情的学校。我们之所以需要友谊,并不是想用它打发时间,而是要在人身上,首先在自己身上培养美德。"苏霍姆林斯基将友谊上升到培养美德的必然要求的高度,而非可有可无的"点缀"、"装饰"与"矫情"。他进一步阐述道,"要使每个人从少年和青年早期起就对人的高尚精神深怀赞美,产生敬爱之心。"只有这样,有了对人性美的信任,人才不会精神空虚。相反,"心灵空虚的人不会有真正的朋友,他体会不到友谊中的人性"。但是这一方面却往往被我们所忽视。

(5) 劳动成就的志向。在论及"劳动"与"志向"时,苏霍姆林斯基告诫儿子:"只有通过劳动,人的志向才能跨上智慧的、创造的、科学的大道。"也就是说,人的志向和人生的幸福,必须通过劳动才能实现。尊重和热爱劳动,做一个能为社会创造财富,为自己、为他人创造幸福的人,才是最有意义、最有价值的人生。而那种养尊处优,过着衣来伸手饭来张口,只有索取与享受,没有创造和奉献回报生活的人,何谈志向与理想呢?"天堂和人世只有一点不同,那就是在天堂每个人都为自己的志向工作。"这才是我们今天教育孩子需要走向的目标——劳动着是辛苦并快乐着的过程!

从苏霍姆林斯基的《给儿子的信》中我们分明读懂了他高屋建瓴的教育思想和富有醍醐灌顶益处的指导理念,希望他的教诲能够深入到每一位教师、家长的心中,并付诸行动,结出丰硕的果实来。

(安徽省蚌埠市淮上区华圩中学 程彩娟)

5. 像苏霍姆林斯基那样"叙事"

必须了解儿童，了解他的精神，体会他的思想和内心感受，小心翼翼地去触动他的心灵。了解儿童——这是教育学的理论和实践的最主要的交接点，是对学校集体实行教育领导的一切线索的汇集之点。

——苏霍姆林斯基

（摘自《苏霍姆林斯基选集》，第 632 页，教育科学出版社 2001 年版）

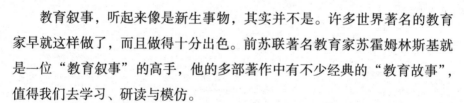

教育叙事，听起来像是新生事物，其实并不是。许多世界著名的教育家早就这样做了，而且做得十分出色。前苏联著名教育家苏霍姆林斯基就是一位"教育叙事"的高手，他的多部著作中有不少经典的"教育故事"，值得我们去学习、研读与模仿。

苏霍姆林斯基比较多的是对后进学生的观察，而且往往将这种观察与教师教育的问题联系起来考虑，以帮助教师改进教育教学。他在《我怎样写教育日记》一文中介绍说："我对米嘉——一个身材矮小、长着一双黑眼睛的五年级学生，已经进行了半年的观察。他在学习上感到非常困难。"苏霍姆林斯基不仅在课堂学习中观察这位学生，而且还到少年植物栽培家小组活动中继续跟踪观察，发现"米嘉在尽量把自己的那一小块地弄得更好看些"。他没有停留在对现象的观察上，他写道："我看着他在工作，一边在想：大概，教育的实质就在于使一个人努力在某件事上表现自己，表现出自己的优点来。在某种好的东西中认识自己——善于支持人的这种高尚的志向是多么重要啊！教育者那么长久而痛苦地寻找的那种自我教育的强大推动力，不是就在这里吗？应当在心理学讨论会上提出这个问题：人的表现问题。……对米嘉来说，他要在学习上（更确切地说，单单在学习上）表现自己是多么困难啊。他还应当在别的什么事情上表现自己。而且像米嘉这样的学生，不止是他一个人啊。"

苏霍姆林斯基认为，搞好教育的前提是了解儿童。他说："……必须了解儿童，了解他的精神，体会他的思想和内心感受，小心翼翼地去触动他的心灵。了解儿童——这是教育学的理论和实践的最主要的交接点，是对学校集体实行教育领导的一切线索的汇集之点。"他不仅给教师提出了观察儿童的要求和方法，并且身体力行地带头观察，一生写下了 3700 多份观察笔记。这些观察笔记，比起我们时下某些教师所谓的"教育叙事"不知要高明多少倍！因为这些观察笔记的字里行间渗透着苏霍姆林斯基在心理教育方面的丰富经验和科学理念。

苏霍姆林斯基对学生巴甫里克长达 10 年的观察、教育及对教师的引导，堪称经典的教育案例。这个孩子入学不久就被一些教师认为"没有能力掌握知识"，但苏霍姆林斯基却在这位学生与动植物打交道的过程中观察到"这孩子有一种觉察到乍看起来不易察觉的事物和现象之间的相互联系的能力"。教师并没有接受苏霍姆林斯基的观点，始终将巴甫里克视作"差生"。到了五年级，巴甫里克遇到了一位重视动手实验的植物学教师，"直到这时，全体教师才第一次听说，原来巴甫里克是一个非常聪明好学的学生，而他的智慧——用自然学科教师的话来说，是'表现在手指尖上'。"

有一次，这位植物学老师带领全班同学到生物实验室去参观。巴甫里克不像别的孩子那样兴高采烈、充满兴趣，而是闷声不响地站在一边，心不在焉地朝远处的什么地方望着。后来通过交谈，老师发现他并不是对眼前的事物不感兴趣，而是在思考更为深层的问题：西红柿的茎能否像葡萄藤那样弯弯曲曲的，结的果实也是一串串地悬垂着；要是能在学校园地里培育出 10 棵这样的西红柿，它们长成一排，结出的果实也像葡萄那样是一串串的，该有多好呀！从此，巴甫里克感觉生命变得更有意义了。他渐渐地对课堂产生了兴趣，尤其对植物课特别感兴趣。

教师这样说他,"这个五年级学生会做的事,是有经验的园艺工也很少能做成功的"。他在植物的嫁接方面的突出表现让老师觉得"他是一个真正的试验者,是未来的学者,天才的园艺家"。教师的肯定,使巴甫里克觉醒,他努力弥补过去荒疏的东西,他积极地进行一些高难度的栽培试验。他的成绩一年比一年好,中学毕业后,他考上了农业学院,后来成了一名农艺师。

关于巴甫里克(帕夫洛)的教育叙事只是苏霍姆林斯基教育叙事的一个缩影。作为帕夫雷什中学的校长,从1948年到1970年,苏霍姆林斯基跟踪观察和研究了来自29个班级的共700余名学生从入学到毕业整个10年学习期间的生活。根据大量的实际材料,分析了这些学生在童年、少年和青年时期在德、智、体、美、劳各方面的成长过程,揭示了他们的知觉、思维、情感、兴趣、需要、意志的心理发展和言语的不同特点。

透过一个个教育故事,我们会得到很多启示,也能获得很多教育的策略。比如,苏霍姆林斯基的《帕夫雷什中学》中有这么一个经典教育故事:

帕夫雷什中学一年级有一个女孩子季娜,她的祖母病很得重。季娜想给祖母采一朵鲜花,使她在病中得到一些欢乐。但是,时临严冬,到哪里去找鲜花呢?学校的暖房有许多菊花,其中最美的一棵是全校师生极为喜爱的那朵蓝色的"快乐之花"。季娜一心想着病重的祖母,忘了学校的一切规定,大清早走进暖房,采下了那朵"快乐之花"。正在这时,苏霍姆林斯基走进了暖房。他看到季娜手里的菊花,大为吃惊。但是,他注意到了孩子眼里那种无邪的、恳求的目光,问明情况后,苏霍姆林斯基感动地说:"季娜,你再采三朵花,一朵给你,为了你有一颗善良的心,另外两朵送给你的父母,为了他们教育出一个善良的人。"

透过这个故事,可以让我们想到很多。比如,教师如何树立角色互换意识,对孩子的行为"移情性理解"——即尽量设身处地地站在学生的立场上,从他们的角色意识出发,进行比较客观的审视,看看在此时此刻,此情此景,学生的所作所为是否有些道理,想想你若处于他们的角色位置,是不是也会有相近的想法、做法,而不是用教师的标准及主观判断来"框套"学生。这种教育,贴近了学生的生活,走进了他们的心灵世界,使他们从看似平淡实则蕴含着美好情感的人和事中,懂得了做人的道理。如果我们没有注重教育的细节,看见这种现象,不问青红皂白地责备学生,其结果是可想而知的。

善于理解学生是一种教育境界,也是教师自身的一种涵养,表现了教师个人的精神价值。正如苏霍姆林斯基所说:"一个好教师意味着什么?首先意味着他是这样的人,他热爱孩子,感到跟孩子交往是一种乐趣,相信每个孩子都能成为一个好人,善于跟他们交朋友,关心孩子的快乐和悲伤,了解孩子的心灵,时刻都不忘记自己也曾是个孩子。"

老师们,让我们像苏霍姆林斯基那样去进行教育叙事吧!在日常教育中,细心捕捉教育教学的点点滴滴,努力把自己的教学经历叙写下来,并从教育故事中提炼出自己较为理性的想法、方法与策略。这样,我们才能看得更高、走得更远,让教育生活充盈"智慧"。

(江苏省苏州工业园区星港学校东港校区　杨海燕)

6. 感悟苏霍姆林斯基的教育境界

教育技巧的全部奥秘就在于如何爱护学生。

——苏霍姆林斯基

（摘自《苏霍姆林斯基选集（第4卷）》，第25页，教育科学出版社2001年版）

笔者并未读完苏霍姆林斯基全集，所以并不能完全了解他的全部的精神内涵，这里只能简单说说我自己的读书体会。

感悟1：爱心——教育技巧的全部奥秘

前苏联教育家苏霍姆林斯基在《把整个心灵献给孩子》一书中写道："我生活中什么是最重要的呢？我可以毫不犹豫地回答说：爱孩子。"热爱学生是教师应有的品质，是做好教育工作的前提。这是古今中外教育家共同的思想，也是为教育实践所证明了的一条极为重要的教育原则。

在苏霍姆林斯基看来，"爱"是教育中最重要的因素，是一种发自内心的热情，是教师教育学生的前提，也是教师的一种教学艺术和能力。"教育者最可贵的品德之一就是对孩子深深的爱，兼有父母的亲昵、温存和睿智的严厉与严格要求相结合的那种爱。"这种爱是世上最崇高、最无私、最理智的爱。教师热爱学生，学生就会产生积极的情感反馈并唤起相应的情感。这样，教师和学生的思想感情和谐一致，教师才能完成教学的各项任务。

苏霍姆林斯基说："要成为孩子的真正教育者，就要把自己的爱心奉献给每一位孩子。"教师只有爱学生才能取得学生的信赖，使学生乐于接受教育。实践证明,没有真诚的爱,就没有真正的教育。关爱学生,把爱洒向每个学生的心田,让学生真正感受到教师爱的温暖。教师的爱需要真正落实到教师的言行中,这种爱的前提是:要理解、信任与尊重学生。

除此之外,教师教育学生,还必须严与爱相结合,做到严中有爱、严中有度。在尊重和体贴学生的前提下,以严肃的态度对学生以严格的要求,其本身就是对学生的一种负责精神,是一种更到位、更认真的爱,这种爱应该倍加珍视。

感悟2:和谐——心灵交往的最高境界

苏霍姆林斯基认为,教育是一个完整统一的过程。作为一个有机的整体,要求在教学中协调、平衡各种要素与教学环境之间的关系,从而使学生全面发展。这其中哪怕只是忽略了一个环节,都不会达到理想的教育效果。要培养出全面和谐发展的人,就必须采取全面和谐的教育方法。

人的全面和谐发展是苏霍姆林斯基教育思想体系的核心。他说:"所谓和谐教育,就是如何把人的活动的两种职能配合起来,使两者得到平衡:一种职能就是认识和理解客观世界,另一种职能就是人的自我表现,自己的内在本质表现,自己的世界观、人生观、信念、意志力、性格在积极的劳动中和创造中以及在集体成员的相互关系中的表现和显示。"所谓全面和谐发展的人,用他的话来说,就是这种人是精神生活丰富、道德纯洁和体格健全三者和谐结合在一起的新人,是高尚的思想信念和科学文化素养融为一体的人,是把对社会的需求和为社会劳动和谐统一起来的人,是在各方面都很饱满的有教养、有文化、成熟和坚强的人。

苏霍姆林斯基强调,和谐是教育体系中的一种指导思想。尤其是在课堂教学中,它能直接影响到教学质量。在课堂教学中,教师与学生是教学过程中两个最主要的要素,两者之间的和谐是最重要的。苏霍姆林斯基在他的《教育的艺术》一书中说:"课堂上一切困惑和失败的根子,在绝大多数场合下,都在于教师忘记了:上课这是学生和教师的共同劳动。这种劳动的成功,首先是由师生间的相互关系来决定的。"愉快和谐的课堂气氛，可以激发师生双方的积极性和创造性，提高课堂教学的效率。苏霍姆林斯基完整地描述了和谐发展的人的形象："就是指他是公民——社会主义祖国的爱国主义者，是祖国大地的英勇的保卫者，是为实现理想而斗争的坚定的战士，是诚实的、干练的、热爱自己工作的劳动者，是集体主义者，是能享受生动完满的欢乐和人生乐趣的、有教养的人，是忠实的父亲和丈夫，是有爱心的母亲和妻子……"他所说的全面发展，是指每一个人在他所从事的领域的全面发展。他说："远非每个人都能成为学者、作家、演员，远非每个人都能发明火药，但每个人都应当成为自己行业上的能手——此乃全面发展的重要条件。"可见，苏霍姆林斯基所说的全面发展的真谛就在于儿童"道德的、智力的、劳动的、审美的、身体的完善"，在于各个方面的和谐发展——即相互渗透、相辅相成的发展。

苏霍姆林斯基把成功转变"差生"称为"思维的觉醒"，转变"差生"的关键是"和谐教育"。教育"差生"的第一步，就是使他们成为"可教育的人"。如果"差生"自暴自弃，失去了自尊和自信力，长此以往，他就是一个"不可教育的人"。苏霍姆林斯基认为，"差生"教育就是形成"可受教育的能力——使一个人对自己的成就和挫折非常关心"，即帮助学生找回自信力，唤醒他们沉睡的思维。在苏霍姆林斯基看来，转变"差生"需要有足够的耐心并且是一个长期的过程。他说："千百次的观察使我们得出结论：在儿童感到惊奇、赞叹的时刻，好像有某种强有力的刺激在发生作用，唤醒着大脑，迫使他加强工作。"因此，他主张让"差生"走出课堂，到大自然中去"旅行"。

苏霍姆林斯基说："教育技术的顶峰就是师生间心灵交往的和谐境界。"他认为，教师面对的是极易受到伤害的，极其脆弱的灵魂，如果认为我们的学生都是"能够顽强地克服困难的英雄"，未免太天真了。因此，理解学生，尊重学生，帮助学生树立自尊心和自信心是至关重要的。他说，做到"师生之间心灵交往的和谐境界"是教师教育技巧的顶峰。那些经常给"差生"的作业判两分的教师是不人道的。那样只会给学生带来这样的心理负担："我得的是两分，我什么都不行，我是一个毫无用处的人。"他于是就会耍滑头，说谎话，把记分册看成一条鞭子。苏霍姆林斯基从来不给学生判两分,他经常告诉"差生":"你试一试重做一遍,只要下点工夫,你就一定能做好。现在还没有给你打分数,你再努点力,就一定能得到好分数。要是你有哪一道题不懂,明天上课前到学校来,咱们一起想一想。"他的体会是:"要像爱护最宝贵的财富一样,爱护儿童对你的信任这朵娇嫩的花朵。它是很容易被摧折,被晒枯,被不信任的毒药摧残致死的。"

苏霍姆林斯基认为,要使儿童的个性得到全面和谐的发展,必须对他们实施全面和谐的教育,"没有和谐的教育工作,就不可能达到和谐的发展"。而全面和谐发展的教育应该包括德育、智育、体育、美育和劳动教育五个方面。这五个方面既是互相联系、互相依存、互信制约的,又都有自己相对独立的职能和作用,不能互相代替,更不能取消哪一育或哪几育,要在全面发展的整体思想指导下,发挥各育的作用,把它们放在恰如其分的位置上。

感悟3:人文——"良师益友"的和谐统一

苏霍姆林斯基说:"教育,这首先是人学!"

人文教育观主张教育者融进教育对象之中,注重体验和心灵的息息相通,在教育的实践过程中,以一颗爱心去投入工作,以爱换爱,以善取善,晓之以理,动之以情。教师要做学生的"良师益友",在做良师时别忘记了做"益友";在做益友时,别忘记了做"良师"。他说:"教育学的人道主义精神就在于,要使一个在绝大多数儿童来说能够胜任而偏偏在他来说不能胜任的儿童,不要感到自己是一个不够格的人,要使他体验到一种人类最崇高的乐趣。"

苏霍姆林斯基的教育信念就是:"要培养真正的人!"

让每一个从他手里培养出来的人都能幸福地度过自己的一生,这就是他的教育理念。他认为,教育对象的心灵绝不是一块不毛之地,而是一片已经生长着美好思想道德萌芽的肥沃的田地。因此,教师的责任首先在于发现并扶正学生心灵土壤中的每一株幼苗,让它不断壮大。他提出,教育者的使命,就是让孩子在各方面和谐地发展;而且,这种和谐发展的前提是对每一个学生个性的尊重。优秀教师与学生的关系,总是"良师益友"双重角色的和谐统一。

和一般的教育家不同,苏霍姆林斯基用充满真诚的人道主义情怀,把自己的一腔激情洒向他的每一位学生。"差生"被苏霍姆林斯基称为"后进生"或"学习有困难"的学生。他说:"在我们的教育工作中,对'后进生'的工作是最难啃的'硬骨头'之一,这样说没有哪一位教师是不赞同的。"但是纵观他的著作,真正被认定的"差生"是很少的。他善于从心理学和哲学的高度对一般认为的"差生"进行分析,从而形成了独特的"差生"观。他认为,一般认定的"差生"有三种类型。一类属于思维尚未觉醒的学生。如他在《谈谈对"后进生"的工作》一文中提到的一个叫费加的学生,费加"最大的障碍是算术应用题和乘法表",是对乘法表的迅速遗忘,因此被定位为"差生"。而正是这个"差生",后来成为一名物理学专家。苏霍姆林斯基说,费加是一位思维尚未觉醒的学生,教师的任务是"激发它的觉醒"。第二类属于天赋面纱尚未揭开的"差生"。巴甫里克就属于这类学生。他曾被判定为"没有能力掌握知识"的学生,直到他的生物老师发现了他具有植物学方面的天赋。苏霍姆林斯基在文中这样描述教师的反应:"直到这时,全体教师才第一次听说,原来巴甫里克是一个非常聪明好学的学生,而他的智慧——用自然学科教师的话来说,是'表现在手尖上'。一位教师在校务委员会的会议上说:'这个五年级学生会做的事,是有经验的园艺工也很少能做成功的。'"后来巴甫里克进了农学院,成为农艺师。第三类属于"理解力差和头脑迟钝"的"学习有困难"的学生。在苏霍姆林斯基看来,前两类"差生"实际上并不是差生,只不过他们的潜力或天赋暂时没有被教师发现罢了。

用人文的环境影响学生的成长。

苏霍姆林斯基强调环境对人的熏陶作用,"环境美就是要达到天然美与人工美两者的协调,这种协调能激起人们的喜悦感。我们力求使孩子们在校园里到处看到天然美景,并使这种美景在孩子们精心护理下显得更加绚丽。"营造校园的育人文化,让校园的一切环境都充分发挥它的育人功能,从方方面面塑造学生美好的心灵。所以苏霍姆林斯基说:"要充分发挥环境的育人功能,使校园的每一面墙壁都会讲话。"

我们今天所提倡的"校园成为师生的精神家园"和孩子们"同心、同行、同乐"这个"环境育人"的思想根本就取自于20世纪的苏霍姆林斯基的教育思想。他说:"用环境、用学生自己创造的周围情景、用丰富集体精神生活的一切东西进行教育,这是教育过程中最微妙的领域之一。"在苏霍姆林斯基所写的教育理论的文章中,他工作领导达22年之久的帕夫雷什中学的校园环境时常出现,帕夫雷什中学的整个校园巧妙地利用和改造自然环境,成为利于学生全面发展的典范。

以上只是我刚刚开始研读苏霍姆林斯基教育巨著时的一些粗浅认识。事实上,与一些枯燥的理论相比,苏霍姆林斯基教育理论的真正价值或许更在于那些蕴含着丰富的人性的教育细节中,而这些教育细节布满苏霍姆林斯基的所有著作,撑起了苏霍姆林斯基的教育之树,树起了一个大写的"人"字,建起了世界教育史上真正的丰碑,让每一个走近他的人都能得到丰富的精神滋养。

(江苏省江阴市华士实验学校 曾宝俊)

教与学

1. 我们要尊重每一个孩子

每个学生都各自是一个完整特殊的、独一无二的世界。

——苏霍姆林斯基

（摘自《给教师的建议》第294页，教育科学出版社2001年版）

《给教师的建议》是苏霍姆林斯基专为中小学教师而写的。苏霍姆林斯基不愧为教育理论大师，给教师提的每一条建议，既有生动的实际事例，又有精辟的理论分析，所提的教育建议涵盖了教育的方方面面，可谓读此一书，等于读了一本教育学与心理学合编。读了这本书，只觉得思绪万千，受益匪浅，特别是文中"要让每个学生都抬起头来走路"，这句话深深地触动了我的心灵。

"要让每个学生都抬起头来走路。"这就是告诉我们一定要尊重学生的主体地位，尊重学生的人格。新一轮基础教育的课程改革，从全面育人的高度出发，着重培养学生的创新精神和实践能力，促进学生主动地、富有个性地学习，使每个学生都能尝试成功，使每个学生的个性得到充分的发展。要使这项工作收到实效，我们老师必须做到尊重、关心、理解与信任每一个学生。学生的成长，不是靠压制，而是靠鼓励；不是靠打击，而是靠扶持；不是靠阻挠，而是靠推动。因此，作为新课标的德育工作者，更应该把"扬起自信的风帆"作为学生成长和前进的不竭动力！

《给教师的建议》一书中几乎处处渗透着苏霍姆林斯基培养学生信心的思想。如第76条中面对上了三年级的彼特里克没有独立地（即在没有同学或教师帮助的情况下）解出过任何一道应用题的情况，苏霍姆林斯基对他没有丝毫的嘲笑和放弃，而是坚信这个孩子是能够学会思考的。于是他带领彼特里克一起到自然中去，让彼特里克注意人们在劳动过程中解决的那些许许多多的应用题。终于，彼特里克明白了应用题里说的究竟是怎么一回事。苏霍姆林斯基说："虽然他的解释是断断续续的，但是我看得出，以前像是被迷雾遮住一样的东西，终于在这孩子的眼前变得清晰起来了。彼特里克非常高兴。我也轻松地舒了一口气：这一天终于等到了。这孩子连放学的时间也等不及，就跑回去跟母亲分享他的快乐。妈妈不在家，他就高兴地对奶奶说：'我自己解出了应用题！'彼特里克为自己的进步感到自豪从而产生了自信。而纯洁的道德的自豪感，这是人的尊严的源泉。没有为自己的劳动而感受到自豪感，就谈不上培养出真正的人。"

是啊，在平时的教学中，我们教师多给学生一个信任的微笑、一个肯定的颔首、一个激励的眼神、一句鼓动的话语，就能驱散学生积聚在心底的阴影，从而找回他们的自信，并且唤醒他们早已尘封的潜质、潜能，诱发他们心里萌芽中的创造冲动，让他们充分发挥聪明才智。

记得我们班上有一个学习非常用功但成绩总是不很理想的学生，每每考试后总是灰心丧气。我真想对他说："人的智力确实有三六九等，考第一名的人，脑子就是比别人灵，你不必太难过。"可是如果这样说了，他的心情就能好吗？我很庆幸没有说这样的话！有一次，学校组织了"海边一日游"活动，看着别的同学都在兴高采烈地嬉戏游玩而他却孤单地坐在那里望着海边争食的鸟儿出神，我走了过去，与他并肩坐下，然后指着海鸟说："你看那些鸟儿，当海浪打来的时候，小灰雀总能迅速地起飞，它们拍打两三下翅膀就能飞入天空；而海鸥总显得非常笨拙，它们从沙滩飞入天空总要很长时间，然而，真正能飞越大海、横渡大洋的还是它们。"

我发现他的眼里充满了亮光,我知道自信重新回到了他的身上。此后,他更加努力地学习,终于取得了优异的成绩。

苏霍姆林斯基说过:"每个学生都各自是一个完整特殊的、独一无二的世界。"这需要教师具备敏锐的洞察能力,善于寻找和挖掘学生身上积极上进的火花,给予充分的肯定,帮助他们克服自卑感、调整心理状态,使他们的优点和积极因素得到发扬光大,从而增强他们的自信。有的学生写作能力强,就安排他参加征文比赛;有的学生毛笔字写得好,就安排他参加书法比赛,让每个学生都觉得"我能行"。我们班里有个学生有很强的组织能力,体育成绩也很突出,但就是有时纪律性差些,我有意安排他担任体育委员。他担任体育委员后,第一次上体育课整队,无论他怎么喊叫同学们就是不听指挥、不肯安静下来。课后他气呼呼地来找我说:"老师,我不干了,同学们都不听我的话。"我反问:"同学们怎么会不听你的指挥呢?"我耐心地与他一起寻找大家不服从他的原因,许久他才低声承认:"我平时不遵守纪律,在班里调皮捣乱,大家才学我的样子。"经过这次谈话后,他处处严格约束自己,遵守学校的纪律,工作认真负责,慢慢提高了自己的威信,也使班级的体育工作顺利开展。在他的带领下,我们班在学校举办的运动会上取得了优异成绩。在工作中他体验到了成功的自豪与喜悦,看到了自己的能力,于是他渴望再次成功。在这种精神力量的支配下,学生会不断进取、奋发向上。

我相信,当学生意识到自己被赏识、被重视时,都会积极地配合我们的教学工作,努力学习。我们要多给学生创设机会,送去信任,在每个学生的心底种下一粒自信的种子,让阳光洒在每个学生的心里,使每一个学生都能微笑着抬起头来走路。"抬起头来"意味着对自己、对未来、对所要做的事情充满信心。假如一个学生能有这样的心态,他肯定能不断进步,成为德智体全面发展的好学生。

(摘自《中国体卫艺教育》2009年第10期,收录本书略有改动)

(山东省龙口市第二实验小学 范存真)

2. "不要死背"和循循善诱

要思考,不要死背。

——苏霍姆林斯基

(摘自《给教师的建议》,第416页,教育科学出版社2001年版)

一、"不要死背"

苏霍姆林斯基担任校长之后,曾多次提出"要思考,不要死背"的口号,然而人们却很少知道,触发他产生这一思想的契机,却是在一次听小学低年级语文教师讲课的课堂上。

一天上午,苏霍姆林斯基同往常一样,去听一位小学低年级语文教师的课。课堂上的最初几分钟,学生们正紧张地思索着老师提出的一个个问题。这位青年教师开始叫学生回答问题,苏霍姆林斯基认真地记录下了学生的回答,可是学生们的回答并不能让他感到满意。他发现学生使用的许多词和词组,在他们的意识里并没有很鲜明的表象,跟周围世界的事物和现象联系不起来。学生们仅仅是重复别人的思想,让人听到的仅仅是一些被学生硬挤出来的、笨拙的、背诵下来的句子和词组。它们的意思是什么,似乎学生并没有搞清楚。苏霍姆林斯基想:"为什么学生的回答总是那样贫乏、苍白无力、毫无表情呢?为什么在这些回答里常常缺乏儿童自己的活生生的思想呢?"这时课正在进行中,只听见教师提示学生:"课后要复习,词意、句式一定要记住,下节课提问……"听到这里,苏霍姆林斯基皱起了眉头,思维再也集中不到听课上了。

他想到，难道教学摆在学生面前的唯一任务就是识记、保持和再现？看来自己的工作还存在缺陷，自己在实践中已经解决了的问题还没有被及时推广到广大教师中间。这时，一年级学生娜塔莎的一篇作文在他头脑中再次清晰地映现出来："这是夏天的事儿，刮了一阵大风，大风把一粒长着毛茸茸翅膀的种子带到了草原上，种子落到了草原上的青草丛里，青草惊奇地问：'这是谁呀'，种子说：'我是带翅膀的花儿。我准备在这儿，在草丛里生长。'青草高兴地欢迎新来的邻居。冬去春来，草儿发青了。在种子原来落下的地方，露出了一根粗壮的茎，在它的顶上，开出一朵朵黄色的花儿，它是那么鲜艳，就像一个小小的'太阳'。'啊！这原来是蒲公英呀！'青草说。"

这是苏霍姆林斯基带学生观察了花的形状、颜色，各种花不同的特点之后，引导学生把闪烁的阳光、白色的花瓣、忙碌的蜜蜂、颤动的树枝、悠闲的小蝴蝶等这些事物之间相互联系起来看，然后让学生充分想象，编出来的各种有关花的故事就是学生所写的作文。学生能写出这样的作文，说明词已经进入了学生的精神生活，虽然在表达上还带有给他们所讲的童话故事的影响，但这是他们自己的语言，会思考已成为这类孩子的显著特点。对于学习效果差的学生，总听到一些教师议论说愚笨、学习不努力。现在看来，不能不说教师惯用的传统教学思想造成了孩子智能的局限，从而导致学生不会学习——不会观察、思考、推论，只好依靠死记硬背。现代学校的整个教学体系需要加以科学改进，应当建立在三根支柱上，即建立在鲜明的思想、活生生的语言和儿童的创造上。所以教师在课堂上不仅要教给学生一定范围的知识，还要加强学生的思维训练……

"铛！铛！铛！……"下课的铃声打断了苏霍姆林斯基的思考，可是现在他已想好了下次校务会议上的一个议题——"如何让学生学会思考"。他将向全校师生提出"要思考，不要死背"这个口号。

二、循循善诱

苏霍姆林斯基对小学生的教育，在方法上灵活多样。他把运用民间童话故事作为自己在学校教育的方法之一,并且收到了良好的效果。我们仅从他运用的这一方法的众多教育实例中撷取其中的一小个片段:

这是暑假后的一天,苏霍姆林斯基所带的三年级甲班准备去野营训练。考虑到所带东西较多,其中一个学生建议:"两个人结成一对,有的东西可以合用,这样可以减轻旅途负担。"建议受到班主任苏霍姆林斯基的赞扬,孩子们开始自由组合,呈现一片欢乐的场面。大家都有了对子,唯独平时自以为是而妄自尊大的学生安德烈卡没有对子,他在一边哭泣着。

苏霍姆林斯基把安德烈卡叫到一边,问明原因之后,苏霍姆林斯基深知这个学生的天性,认为这是一个很好的教育时机,便直截了当地对安德烈卡说:"你要明白,安德烈卡,最困难的就是迫使自己去感觉。你迫使自己去感觉,那你就会以另一种目光看你的同学、去看人。如果你老是认为,你是最聪明的人、最有才能的人、最好的人,那么到头来你就会成一个最孤立的人……"

"但是,实际上我就是在解题上比谁都强,并比谁都快地背会诗歌……多少次您自己都说:'好样的,安德烈卡,安德烈卡学习了,现在就懂了……'我比谁都懂得多,这难道是我的错?"孩子哭得更伤心了。

苏霍姆林斯基还能用什么语言再去解释呢?说教显然对这个孩子没有多大效果。他思索着如何对这个男孩进行解释,才能让他懂得、认识并相信……

"安德烈卡,咱们找个荫凉的地方坐下,我给你讲一个故事,这个故事与我们这件事十分相似,愿意听吗?"安德烈卡点点头。他们来到大橡树的树荫下,坐在一条长凳上,苏霍姆林斯基讲了一个"菊花和葱头"的故事:"在一个农村老大娘的住处旁,长着一株菊花。菊花老是沾沾自喜:'你们瞧,我多美啊!在这地方我是最美的',在菊花旁边长着一棵葱头,一颗普普通通的葱头。夏末,葱头熟了。绿色的茎叶蔫了,葱头散发出辛辣的气味。菊花扇动鼻子。'呸,你发出一股多难闻的味道呀!'它对邻居说道:'我真感到奇怪,人们干吗要种这种植物呢?想必是为了薰跳蚤……'葱头没有作声，它把自己视为灰姑娘。这时，大娘从屋子里走出来朝菊花走去。菊花屏住了呼吸。她想：大娘马上就会说，她的花多美啊。菊花由于心满意足，已经感到有点飘飘然了。大娘走近菊花却弯腰拔起了葱头。大娘端详着葱头，惊呼了一声：'多好看的葱头啊！'菊花感到困惑了：难道葱头会被认为是好看的吗？"听完了这个故事，安德烈卡的眼泪已经干了，从这个故事中他好像悟出了一个道理：人各有所长，各有所用，不能自作聪明，看不起同学。他羞愧地低下了头，一言不发。

苏霍姆林斯基采用这种讲童话故事的方法，使小学生易于接受，并从类比中受到了应有的教育。这无疑是一个伟大的创造。

(北京市海淀区科迪中学　白雪)

3. 学生不是学习的机器

教育，这首先是人学。

——苏霍姆林斯基

（摘自《把整个心灵献给孩子》中"快乐学校"校长章节，第15页，天津人民出版社1981年10月版）

"教育，这首先是人学。"这是苏霍姆林斯基对教育下的一个独特的定义。孩子在苏霍姆林斯基眼中不是学习的机器，不是考试的机器，不是分数单，不是录取通知书，而是一个精神的宇宙。因此，在读苏霍姆林斯基的书时，我认为，可以给教师的教育教学带来以下启示。

（1）给学生自我表现的机会。苏霍姆林斯基认为，和谐的教育就是把人的活动的两种职能平衡地配合起来：一种职能是认识和理解客观世界；另一种职能就是自我表现，自己的内在素质的表现，自己的世界观、人生观、意志力、性格在积极劳动和创造中以及在集体成员的相互关系中的表现和显示。人人都有表现自己的愿望，都希望按自己的方式表现自己。人的天赋、能力和爱好是无可限量的，而每一个人在这些方面的表现又都是独一无二的，自然界里没有完全相同的两个人。和谐的教育应给每一位同学表现自己的机会，帮助每一个孩子打开眼界，使他看见、理解和感受到自己身上的自豪感，他就会在其他活动领域（包括学习的领域）中找到克服困难的力量和志向，从而成为一个精神上坚强的人，成为维护自己尊严的不可战胜的战士。

（2）不以分数作为衡量学生的唯一标准。苏霍姆林斯基指出："现在我们的许多弊端其根源就在于学生表现的片面性。在许多学校里，学生表现的唯一领域就是分数,以致形成了一种习惯观点,得了好分数那就是好学生,得了坏分数那就是毫无出息。"他说,即使在那些考2分的学生身上也蕴藏着教师没有看到的其他方面的天才。因此,和谐的教育要求不要以分数取人,不要只用一把尺子去衡量学生,学生的学习能力是有先天差别的,但学习能力差并不代表学生的其他方面的能力也差,教师应当善于发现并鼓励他们在特长方面努力发展,使每一个人在他的天赋所及的领域中最充分地表现自己,使每个学生都在原有基础上得到提高。如果单纯地以分数衡量学生,学习成绩不好的学生在心灵上会蒙上失败和耻辱的阴影,进而影响他们的全面发展。有可能导致他们进入社会也会缺乏心理和技能方面的必要准备。

(3)给学生自由支配的时间。苏霍姆林斯基从让学生个性得到充分和谐发展的思想出发,提出在学校里应当给学生安排出相当充裕的能自由支配的时间。如果学生的学习日被学校的各种功课塞得满满的,那么给学生留下的思考时间就越少,他的负担就越重,学习落后的可能性就越大。

学生的自由时间一方面来自课堂,另一方面是根据作息制度的安排所决定,一个明智、善于思考的教师能给学生赢得时间(教师要提高课堂教学效率),学生自己也应主动赢得时间(学生要提高学习效率)。在下半天的自由时间中,给学生创造丰富多彩的精神生活,如学生可以读课外书,参加科技小组活动,在野外劳动,观察自然界的现象和人们的劳动等。学生这时进行的脑力劳动,应当是知识的扩充和转化,同时促使学生的各个方面得到不同程度的发展。

苏霍姆林斯基的全面和谐发展的教育思想,展示了他对年轻一代的发展和教育问题的全面而深邃的思索与钻研,而他的切切实实的实践经验是他的博大精深的教育思想的源泉。

(江苏省苏州工业园区新城花园小学　杨朝莉)

4. 智者的引领

读书、读书、再读书——教师的教育素养的这个方面正是取决于此。

——苏霍姆林斯基

（摘自《苏霍姆林斯基选集》第四卷之《和青年校长的谈话》，第646页，教育科学出版社2010年版）

在古今中外的教育家中，苏霍姆林斯基显然是熠熠生辉的一位。他的教育思想与教育实践，无疑是全人类教育工作者可师可学的典范。

（1）读书的收获。古人曾对读书的必要性做过深刻的阐述——士大夫三日不读书则面目可憎，腹有诗书气自华等。因此，对教师来说，尤其应该读书，读书是教师必不可少的工作之一。

自从走上这三尺讲台开始，我就拜读了众多知名教育专家的著作和文章。当读到苏霍姆林斯基有关教师读书的箴言名句时，对自己专注于读书、钟情于读书的做法和信念更加笃定了。苏霍姆林斯基说："读书、读书、再读书——教师的教育素养的这个方面正是取决于此。""真正的教师必是读书爱好者：这是我校集体生活的一条金科玉律，而且已成为传统。"所以读书是教师素养培育的诉求，是教师职业的必然。

"一些优秀教师的教育技巧的提高，正是由于他们持之以恒地读书，不断地补充他们的知识的大海。""读书不是为了应付明天的课，而是出自内心的需要和对知识的渴求。""书籍和个人藏书，对人民教师来说有如空气般重要。"读书，让我体会到苏霍姆林斯基的真知灼见。

（2）专业的素养。教师必须具有专业素养，才能够无愧于教师职业的神圣称号。正如苏霍姆林斯基所说:"教师不深刻了解他所教的基础知识所属的那门科学,就谈不上教育素养。""教师的教育素养的一个很重要的因素,就是要懂得各种研究儿童的方法。"基于这样的认识,我先后参加了研究生课程班的学习和学科知识的专业培训。

通过不断提升专业素养,不仅使我们在教学成绩、课堂教学评比、科研课题研究、课程开发、论文发表与获奖等方面都取得了比较显著的成绩,还让我们对"每个教师应当成为自己学科的出色专家"这句话有了更为深刻的理解;对"真正的教育是从教育者的素质开始的"有了更为清晰的认识,并将一如既往地在增强自身专业素养的道路上阔步前行。

(3)教师的职责。通过学习苏霍姆林斯基的教育著作,我对教师的职责更为明确,对肩负的使命感到更加重大、深远。"教育不仅是一门科学,而且是一门艺术。"这在我的班主任工作中体现得非常突出。

比如,对考试不及格的学生的"处理"上就要讲究艺术。其实,在很多考试中,谁都不能保证每次成绩都出类拔萃,但如果是屡次考试都不理想,分数下降了,老师就不应该隐瞒家长,应与家长取得联系,商量如何才能更好地解决问题。不能一味批评、指责孩子。

我的做法是:让学生本人传递信息。就是通过书信的形式,把学生近来考试的情况向家长通报:该生与之前相比,成绩有了波动,是不是家里有什么情况影响了他的学习,如果是这样的话,就请家长尽快处理好,以免造成不应有的损失;如果是孩子自身的原因,也请家长与老师一起来更加关注他,让他迎头赶上。并且表态,老师对学生有信心,相信家长与孩子也都有必胜的信心,让我们共同努力,共同期待着。

借助这样"迂回"的艺术形式,目的就是让学生通过这封没有封口的信,走向自我教育,达到无声胜有声的成效,让学生感到老师不是在一味地责备他,而是在关心他、帮助他。这比直接向家长"告状"效果要好得多。

我的另一种做法是先给学生机会。这是指教师直接与学生进行沟通,静观其变。当然要根据平时所掌握的情况而定:如果是豁达个性、容易知错善改的学生,不可声色俱厉,只需稍加点拨,就可取得实效;如果是屡教不改者，告诉他下不为例——给他一点震慑力，限期"整改"，促其奋起直追。

学习苏霍姆林斯基的教育思想，让我收获颇丰。

（安徽省五河县张集中学　程立畅　上海市闵行第二中学　许织云）

吾行篇

促使儿童学习,激发他的学习兴趣,使他刻苦顽强地用功学习的最强大的力量,是对自己的信心和自尊感。当儿童心里有这股力量的时候,你就是教育的能手,你就会受到儿童的敬重。

——苏霍姆林斯基

(摘自《给教师的建议》,第407页,教育科学出版社2000年版)

学校与管理

1. 构筑教师专业成长的"快车道"

> 如果你想使教育工作给教师带来欢乐,使每天的上课不至于变成单调乏味的苦差,那就请你把每个教师引上进行研究的幸福之路吧。在这里,校长对教师进行个别工作有着广阔的天地;在这里,有收获和发现,也有快乐和苦恼。谁能感到自己是在进行研究,谁就会更快地成为教育工作的能手。
>
> ——苏霍姆林斯基
>
> (摘自《苏霍姆林斯基选集》之《和青年校长的谈话》,第85~86页,上海教育出版社1983年版)

教书育人是一项需要激情、需要参与者全身心投入的活动。没有教师在本职岗位上的"自我实现"的成就感、满足感和幸福感,也就不会有真正的教育。为了使教师拥有充实而富有意义的教育人生,让教师的职业生涯更有价值和意义,除了教师自身积极主动的追求外,还需要学校为教师提供生存和发展的良好生态环境,为教师追寻幸福的教育人生提供外部支撑条件。近年来,人大附小在这方面进行了探索。

探索1：让工作成为一种愉快的带薪学习

为了提升教师的人文修养，学校开展了广泛的教师读书活动。除书报费外，学校每学期都为教师购置并推荐教育教学专著书目，指定必读书目，帮助教师培养起读书的习惯，品尝读书的乐趣。

为了给老师们营造良好的读书学习氛围，学校在新建成的蓝天阁的三、四层办公室设立了教师阅览室和教学资源室，每个阅览室都有舒适的沙发、现代化的复印设备和供教师休闲的按摩器。走进教师阅览室，给人的感觉是温馨、舒适。图书管理员每周将各种教育刊物和各种报纸摆在教师阅览室，教师可以随时阅览。报纸每周一更新，教育刊物每月一更新。教师看到自己喜欢的文章可以免费复印下来，作为资料保存。

学校鼓励教师在各级刊物上发表文章，学校发放与稿酬相等的奖金，学期末校长还要给予专门奖励。为了检验老师们读书的效果，我们每学期都要召开一次教师读书汇报会。汇报会的形式丰富多彩，有表演课本剧的，有表演情景剧的，有朗诵的，有演讲的，老师充分发挥自己的聪明才智，展现自己的魅力风采。教学资源室有除国内各种版本的教材外，还有我国香港地区教材、台湾地区教材，另外还有我校对外交流时从国外带来的新加坡教材、日本教材、韩国教材等。这些教材开阔了老师们的视野，提供了新的教学思路，对老师们理解和把握教材非常有帮助。去年，我校石秀荣老师参加海淀区基本功比赛，"小数除法"一课的讲课设计就是受到了新加坡教材的启发，我们把"数和形"进行了巧妙结合，受到评委们的一致好评，后来很多专家在报告中都提到了我校的这种设计思路。

学校还成立了"彩虹桥"教师读书俱乐部，读书俱乐部的宗旨是：学习先进的教育思想，促进成员的个人发展，营造校园文化氛围，推进学校学习型组织的建设。以平民化的方式，用教师喜闻乐见的形式探索"研训一体化"的校本研修特色，逐步建立一支会研究、会操作、会评价的学习型教师团队。

开学前的集中培训已经成为人大附小校本研修的一大亮点。每学年第一学期开学前，我们都要组织一次全员性的教师培训，培训时间一般为三到五天。在培训活动中，我们邀请各领域的专家来校做报告，开阔教师视野，让教师获得政治、理想、信念、法律、经济、文学、历史、金融、心理、健康、创造力、职业形象设计等多方面的知识信息，拓展教师的知识外延，深化教师的知识内涵。近年来，学校先后邀请了魏书生、肖川、张梅玲、周玉仁、吴正宪等全国著名教育专家、特级教师、各界名流来校为教师讲学。这些专家的报告，理论联系实际，观点新颖，理念先进，对教师的专业成长起到了积极的引领作用。

每位专家的报告对老师都是一种心灵的洗礼和精神的震撼，很多老师在督导反馈表中道出了自己参加培训的收获和体会。于铭老师是今年刚参加工作的音乐教师，他这样写道："本次培训会我已无法用感触良多、受益匪浅来概括和形容。因为对于我这样刚刚踏出大学校门的年轻教师来说，真可谓改头换面、焕然一新。我荣幸于自己参加了这次培训，并在每场会议后反复咀嚼、细细品味。我想我所收获和体会到的不仅是记在本子上的表面内容，更有使我在教育之路上所走的长远的精神内涵。"

现在，"学习，才能有效地工作"的理念已经深入人心，学习成了许多教师的生活方式。正是通过学习获得的广阔的文化视野和积累的文化底蕴，使教师的综合素质有了质的飞跃。

探索2：让研究成为一种自觉的工作状态

同伴交流与合作是我校队伍管理的一大特色，我校每个学期的备课都采取"三步走"的流程，即假期里的分单元主备—开学初的各年级组对口互备—开学后的教师个人复备。

假期分单元主备，就是每学期放假前，由教研组长把全册书的备课任务以单元为单位分给每位教师。该教师根据自己对教材的理解，参考相关资料写出教学预案。

开学初各年级组对口互备，就是教过这套教材的老师下到没有教过这套教材的老师所在的年级组进行经验传授，包括每个单元教学的重点、难点、关键点是什么,在学习各部分时学生会遇到哪些困难,会出现哪些典型错误,教师教学中应该注意哪些问题,自己的一些好的做法和成功经验等。在认真听取这些一线教师实践经验的基础上,各单元主备教师进一步修改完善自己的教学预案,最后由教研组长对全册教学预案进行汇总,拷贝给每一位任课教师作参考。

开学后教师个人复备,就是在他人备课的基础上,教师根据自己的教学风格和对教材的进一步理解,结合本班学生的特点,对教学预案进一步细化,以增强教学指导的针对性和有效性。其中,教师个人复备包括课件的制作和修改。

教研组集体发表课,是我校原创性的一种教研方式。以前,老师们的教研形式比较单一,不是学习教育理论,就是组内的一两位教师上课,然后评课。教研组活动对老师没有太大的吸引力。作为教研主体的教师仅仅是单兵作战,而其他老师则处于教研边缘的位置。为了培养教师的创新精神,给每一位教师搭设成长的平台,展示教研组的团队研究的能力,我们创造性地开展了一种新的校本研修方式——教研组发表课。这种发表课不同于以前的教研组研究课,它要求全组教师共同参与选题和备课,共同参与上课,共同展示集体的智慧。

在各年级组教师的共同努力下,语文组老师们首开先河,用他们的聪明才智给全体教师展示了各具特色的发表课。一年级《青字歌》,二年级《有趣的对联》,三年级《新学期第一课》,四年级《可爱的小豆豆》,六年级《古诗积累与运用》。其中,三年级和四年级的发表课最为精彩,教师们突破了传统的课堂设计思路,大胆创新,展示了团队的巨大研究潜力。

四年级语文组尝试围绕"可爱的小豆豆"这一知识进行多学科融合"发表课"研究,打开了学科之间的壁垒,打开了课内外的壁垒。多学科老师一起进行教学研究,加强了多学科教师间的研讨、探究,提升了教师专业化素质,校本教研更具实效性,也开辟了一条教育、教学相结合之路。"小课堂"与"大课堂"的融合研究,也为学校所有老师进行课改实践打开了一扇窗。在语文组的启示下,本学期我校数学组也开始进行发表课的研究，一年级组开学第一周，就以"人生第一节数学课"为题，为上学仅5天的一年级孩子上了发表课，短短的40分钟激发了孩子们的学习兴趣，让孩子们感受到了数字产生的历史，感受到了数学的神奇与魅力。

学校的教育教学研究会是我校的学术组织，我校现已成立了"数学教学研究会"、"语文教学研究会"和"班主任工作研究会"三个研究会。在人大附小有一个不到20人的数学教学研究会，他们由特级教师和各级骨干教师组成。每学期他们都有自己的研究专题，他们先后就面积单元的教学和计算教学进行了专题研究，他们的研究最大的亮点是有深度。为了获得第一手资料，研究会成员通过多种途径搜集相关的论文、论著、教学设计、课堂录像、专家评课等文献资料，然后组织大家集体学习。由于平时工作忙，很多时候他们都是在下班以后主动留下来，十几个人围坐在一起，你一言、我一语，彼此交流，共享研究的乐趣。

探索3：让课堂成为教师专业成长的大舞台

我校开展的教学研究形式多种多样，概括起来有名师引领课、骨干教师示范课、师徒展示课、青年教师亮相课、年级组发表课、"彩虹杯"教师基本功教学比赛、"手拉手"学校联合研究课。

（1）师徒结对，共同成长。为了促进我校青年教师迅速成长，贯彻落实海淀区教师培养的421计划（特级教师带徒4人，市骨干教师带徒2人，区骨干教师带徒1人），培养各学科教学骨干，全面提高教师的综合素质，打造一支高素质的教师队伍，形成骨干教师梯队。自2008年教师节起，我校实施了新一轮"骨干教师培养工程"，并签署师徒承诺书。

（2）行政领导集体听课。学校坚持每周五集体听课制度，包括后勤服务中心在内的所有领导都要参加，学校教学干部没有特殊情况一律不许请假，每周五上午前三节课听语文、数学、科任课各一节，从第四节开始集体评课，主管领导主评，其他领导补充，年级组内的老师也要充分发表意见，上课教师在评课过程中可以就自己的教学设计进行说明和合理辩护。很多时候领导们评课都要到下午1点钟，虽然辛苦，但老师们觉得收获很大。现在，很多老师都主动报课请求学校领导现场指导。每学期我校教学干部的听课节数都远远超过海淀区要求的节数，人人都是近百节。

（3）"彩虹杯"教学基本功大赛。我们每年都要举行彩虹杯教师基本功大赛，全员参与，分年龄段，设立个人奖的同时设立团队奖。

竞赛分为初赛和复赛两部分。初赛包括：专业素质测试（20分）、现场评课（20分）、说课比赛（40分）和板书比赛（10分）。

决赛进行课堂教学展示，最后根据成绩评出一、二、三等奖和优秀团队奖。

（4）跨区域教学研讨活动。近年来，学校一方面加强与本地同类学校的协作，同时放眼全国乃至国外，积极主动地与周边地区的知名学校加强联系和沟通，互相学习和促进。我们已经和江西九江小学、厦门实验小学、温州实验小学、清华附小、彩和坊小学、唐家岭小学、树人学校联合举办了六次教学研讨活动。活动的主要形式有：同课异构、送课下校、互动研讨、专题研究、主题沙龙等。未来几年，我们还将成立"彩虹联盟"，让老师们走出去，与更多学校的老师进行学术交流。

这种跨地区之间的交流，能够最大限度地分享名校的教改经验，发挥名校的辐射作用，拉动薄弱学校教师水平的迅速提升，是一种值得推荐的校本教研方式。

只有幸福的教师才能造就幸福的学生，先有快乐的教师后有快乐的学生。没有高质量的教育生活，就没有良好的教育幸福指数。教育的幸福即人的幸福，当学生感到幸福的时候，教师才能真正感到幸福；当学生不能感受到学习生活的幸福时，教师收获的只能是教育的烦恼；当学生感到幸福的时候，教师的幸福将是几十个学生的幸福总和，一辈子教书下来，一辈子有那么多学生的幸福叠加，那种教育的幸福，将随着教师职业生命的延长而更加灿烂辉煌，人大附小的老师们正在专业成长的"高速路"上不断追逐着这种幸福。

（中国人民大学附属小学　钱守旺）

2. 和谐教育中全面发展

> 有一样东西是任何教学大纲和教科书,任何教学方法和教学方式都没有做出规定的,这就是儿童的幸福和精神生活。
>
> ——苏霍姆林斯基
>
> (摘自《给教师的建议》,第473页,教育科学出版社1984年版)

一遍遍地读着前苏联教育家苏霍姆林斯基撰写的有关书籍,一次次感受着苏霍姆林斯基在教育管理上的思想、实践、经验。我发现,苏霍姆林斯基设计的教育目标是要培养人的和谐全面发展。

他说:"我们时刻不能忘记,有一样东西是任何教学大纲和教科书,任何教学方法和教学方式都没有做出规定的,这就是儿童的幸福和精神生活。""我认为教育的理想就在于使所有的儿童都成为幸福的人,使他们的心灵由于劳动的幸福而充满快乐。"要做到这一点,就需要把学校各方面的工作结合起来——我们不妨理解为要构建学校的全面育人系统。

苏霍姆林斯基不仅把"和谐教育"说、"精神生活"说和"互相渗透"说引进到"全面发展"理论之中,而且实际构建了一个体现这些学说的施教模式,这是一个为"全面发展"教育服务的模式。这个模式拥有一个复杂的结构系统,其中起骨架作用的是以下三个子系统。

系统1:构建由学校、家庭、社会组成的整体施教系统

苏霍姆林斯基认为,学校是施教系统中起"指挥作用"的主导机构,它引导家庭、社会按照学校的教育意图和计划,完成各自无可取代的特殊

教育任务。为了调动社会方面的教育积极性，苏霍姆林斯基把学校与村镇、学校与工厂、师生与居民的关系搞得亲密无间，社会成为学校教育的参与者、大环境、支持者。

系统2：建设由空间、时间、爱好构成的创造活动系统

苏霍姆林斯基的独到做法是：建立数目众多、种类多样的课外活动小组，建立了下半天让学生自由支配的制度，引导学生在此空间和时间内突出三项爱好，即最喜爱的学科、最喜爱的读物、最喜爱的劳动创造项目——引导学生做他最喜爱的事情，也就找到了全面发展的突破口。

系统3：建设由教师为主导、学生为主体的师生合作系统

苏霍姆林斯基的教育实践证明，通过教师的主导作用，能把学生引向"突破口"，导入自我教育，走上全面发展的轨道；通过学生的主体地位，则能自主自律地沿着创造性的、全面发展的道路迅速成长。

在学习苏霍姆林斯基的过程中，基于对这些理论的思考与实践的反思、结合，在多年从教又担任小学校长的工作之后，我也在教育管理上进行了一些实践与探索。

探索1：学校、家庭、社会多方携手，建设母亲素养工程

"家庭教育在未成年人思想道德建设中具有特殊重要的作用，要把家庭教育与社会教育、学校教育紧密结合起来。"我现在执教的宁波市泗洲路小学，是宁波市江北区城市中心地块的一所完小。随着近年来实施旧城改造以及外来民工的大量进入，原所在辖区内的许多城市居民迁出，同时外来民工子女入学逐年增加，教师们一致感到很有必要对学生家长进行教育引导。记得幼稚教育创始人、德国教育家福禄贝尔曾这样说："国家的命运与其说是掌握在当权者的手中，倒不如说是掌握在母亲的手中。"可见，母亲在家庭教育、孩子教育中的作用是非常重要的。因此，在借鉴苏霍姆林斯基构建的由学校、家庭、社会组成的整体施教系统时，我着力打

造了"母亲素养工程",具体做法分为以下几个几步。

（1）与一年级家长学校相结合。我们把每年的一年级家长学校开学式与这一届学生的"母亲素养工程"的启动仪式相结合。会上,作为校长,我向全体家长介绍了开展"母亲素养工程"的目的和主要内容,让家长们了解"母亲素养工程"。在家长学校活动中,我们还多次邀请了多位区教研员、小学学科教学专家、辖区内医院中的医学专家、有经验的心理学、儿童教育专家等为妈妈们进行家教理论、妇幼保健、女性礼仪、孩子教育教学辅导等课程教育,同时也请班级中在孩子教育上比较成功的家长代表与各位母亲进行面对面的指导、交流。妈妈们深受启发,并学习运用成功的经验教育自己的孩子。

（2）与学校期中家长会相结合。在期中家长会上,班主任老师、任课老师与妈妈们相互交流、沟通,互相了解孩子在另一半时间和空间里的情况,并告诉妈妈们学校的现状和有关政策规定,有针对性地介绍了家长们普遍关注的热点问题,让各位妈妈有机会倾听其他家长的教子经验与困惑,共同分析孩子将要面对的问题,以便联手处理好即将来临的事情,同时对部分妈妈不妥的教育方式,提供相关的案例,一起探讨纠正,引导她们用更合理的方式教育和管理孩子。这样的期中家长会,进一步加强了家校的沟通,提高了家长教育的实践能力。

（3）与家长开放日相结合。为了让妈妈们能进一步了解学校的管理与发展趋势,了解课堂教学的效果,从而更好地配合学校的工作,共同关注每一个孩子的健康成长,我们把她们请进孩子的课堂,把教师与孩子的课堂真实地展现在各位妈妈眼前。老师们通过生动精彩的课堂展现,提高母亲家庭教育的实践能力。

（4）与学校书香校园活动相结合。我们还结合学校书香校园建设、家校互动来提高母亲素养,动员家长为每个孩子布置一个独立的阅读、学习的空间。邀请妈妈到校参与"亲子阅读课堂",共同享受阅读的快乐,并引导家长在家辅导孩子有效阅读。为每个孩子设立一个阅读成长档案,动员妈妈一起收集相关材料,如阅读情景的照片,每个月内认识的字的记录,家庭亲子阅读时孩子所说的精彩语录,与亲朋好友交流时孩子说出的精彩语录等等，与特色班级展示活动相结合，做到班班有特色，人人有特长。结合班级特色展示活动，将妈妈请进学校，和全校师生一起感受孩子的进步，在感慨孩子的出色的同时，也起到提高母亲素养的目的。

（5）与社会、网络相结合。学校还和社区委员会、街道居委会等建立固定联系，争取社会力量支持和参与学校德育工作。自从我校与白沙街道共同携手成立了新市民学校以后，开展了一系列行之有效的活动，深受新市民们的欢迎。同时也在班级建立妈妈QQ群、家教博客，让家教经验、育儿信息得到快捷有效的分享。

探索2：基于学生、教师特色、需求，构建"泗洲明星"社团活动课程

苏霍姆林斯基提倡"让每一个学生都有自己的爱好，就是使每个人在他的天赋所及的一切领域中最充分地表现自己"。为此，我们将学校的兴趣小组课程定义为"泗洲明星"社团活动课程。基于学生的需要、学校的特色、教师的特长，我们进行了一些尝试。首先进行全校范围的学生、教师、家长的调查问卷，然后根据学生的需要、教师特长及家长要求等，进行调整设置、全面实施。在每周三下午，学校师生全面开展校本社团活动课程。做到让学生人人有社团，社团促人人。教师们全员参与课程的设计、教学、教材编写等活动，教学教研水平得到了很大的锻炼和提高。

（1）基于学校特色。学校以"尚文、励志"为校训，本着"让社会满意、让家长放心、让学生成才"的教育理念，努力完善平民教育、小班教育，不断开发校本资源。针对学校近年来在书法、阅读、羽毛球、国际象棋、少年军校等特色教育上，均取得不错的成绩，如学校曾经成立全市第一所少年团校、少年军校、少警中队。1996年4月，学校被定为江北区唯一的省级书法实验基地学校，2006至2010年又连续4年被评为宁波市书法教育先进学校。我们研究学校的传统项目，在教师、学生中进行多次问卷调查，集思广益之后，把相关内容进行有重点的选择，列入校社团课程项目中。

（2）根据学生需要。从学生的需要出发，培养对学生的终身学习和发

展具有较高的价值能力与品质是开发校本课程的依据。为此，我们先对全校学生进行问卷调查，了解学生的兴趣、爱好、需要、特长等，以促进课程的有效开发。

在问卷调查的基础上，学校号召全体教师努力从学生的基本特点出发，思考怎样的课程才能为本校学生的个性发展提供保障，努力尊重主体的差异，把握社会发展的趋势，回应社会发展的要求，防止对学生权利的剥夺和损害。确立了着力培养泗洲学子乐学、善学的良好学习习惯及创造精神与实践能力这样的基点。

经过多次调整，在2009学年、2010学年，学校共开设了包括书法、摄影、礼仪、儿童画、合唱队、国际象棋、玩转魔方、电脑绘画、校园广播站等18门社团课程，深受学生的欢迎。

（3）发挥教师专长。校本课程的开发要充分挖掘学校内部的资源，包括老师的特长。

在充分发挥教师专长的前提下，经过多次调整，学校开设的18门社团课程由老师们共同自主承担了课程开发、教材编写的任务。教师在开发校本课程的同时，也实现了自身专业的变革与发展。部分直接参与和领导特色校本课程开发的教师，其潜能和专长首先得到了充分的挖掘与发挥，而其他教师则在校本课程的实施以及学校文化的塑造中，获得了专业素质的普遍提升。

学生的兴趣特长更是得到了促进和全面发展。比如，仅2010年第一学期，就有不俗的成绩：苗莹同学获得浙江省学生舞蹈大赛金奖；在宁波市城市雕塑绘画作品比赛中，绳云凤、童谣同学分别获一等奖、优秀奖；还有肖梦婷、茅亦佳等同学被评为市阅读之星；在区、市国际象棋比赛中，学校的国际象棋兴趣社团再次蝉联全区第一，获市两个团体第三、一个团体第四、一个团体第五等好成绩；书法社团的王佳宜同学获市小学规范字比赛楷书组三等奖；在区小学生"玩转魔法"比赛中，陈浩同学获一等奖、李昂、程扬同学获得二等奖；在区书香征文评比中，吴妍、程扬、舒步芳分别获一、二、三等奖。

学校通过这样的校本社团课程的设计、开发及实施，凝练学校发展的核心价值和共同愿景，创造了一种具有深刻影响力和内在约束力的文化和传统。

在学习苏霍姆林斯基的教育思想的过程中，我也越来越觉得值得实践探索的天地无限宽广。唯有爱，唯有坚持理想，唯有脚踏实地地行动反思，才能让梦想在充满激情与创造的和谐教育中实现永恒。

（浙江省宁波市泗洲路小学　周步新）

3. 做师生读书的点灯人

> 读书，每天不间断地读书，跟书籍结下终生的友谊。潺潺小溪，每日不断，注入思想的江河。
>
> ——苏霍姆林斯基

（摘自《给教师的建议》，第7—8页，教育科学出版社2001年版）

在2004年以前，我和我校的老师们一样，除了读点教育杂志和小说外，平日里很少读书，教育名著更是离我们很远，也没有撰写教育随笔的想法和习惯。没有读书的教育生活，我们从没有觉察到为师的日子里缺少什么。

"学校应当是书籍的王国。""读书，每天不间断地读书，跟书籍结下终生的友谊。潺潺小溪，每日不断，注入思想的江河。"2003年，我在北京师范大学参加骨干校长研修班时，阅读了苏霍姆林斯基的《给教师的建议》一书，书中有40多条建议与读书有关。就这样，书开始走进了我的生活，于是我开始通宵达旦地用心读书。我就像一只饥饿的毛毛虫，每天都在乐此不疲地吸纳着书中的营养。书读得多了，我发现名家名师的许多思想正是自己的所想，他们的所写正是自己想说却又无法表达的。或许这就是阅读的魅力吧！当我的想法、我的实践与名家名师的思想相互印证时，很多名词、很多思想在心中觉醒，慢慢地转化成了我的心智模式、言语方式和行动策略。

校长是一所学校的灵魂和关键人物，校长的变化必然引起教师的改变。当我每天拿起一本书静静地阅读的时候，当我和老师们一起交流读某一本书的体会的时候,当老师们经常读到我撰写的读书心得的时候,当老师们渐渐感觉我的教育思想越来越先进的时候,我发现有越来越多的老师也开始捧起了书。就这样,我们经常被一本书感动、为一本书牵挂、为一本书而行动。一本本好书把我和老师们的心紧紧地编织在了一起,一起读书的日子更给了我们飞翔的力量。

为了激发老师们的读书热情,我经常给老师们推荐读书书目,向老师们赠书,让老师们有书读;成立了"东篱教师读书俱乐部",让老师们在"学习共同体"中感受读书的魅力;创造条件邀请名家名师走进学校为老师们做读书报告,用名家名师效应助推老师们读书的动力;本着"骨干带动、整体推进"的原则,充分发挥书香教师的引领作用,让他们通过现身说法和每天阅读的姿态感染、带动身边的同事,吸引更多的老师加入到读书的队伍中来;每学期都举办"读书沙龙"、"同读一本书·读书交流会"和"书香教师"评选活动,让老师们彼此分享读书的故事,体验读书的成功;我们还经常把老师们的读书心得编辑出版,如《有书相伴的日子》、《人生最美丽的相遇》等4本书正是我和老师们几年来读书的故事和印记。

我又引领老师们开始把书的种子在每个孩子的心田播撒,做学生读书的点灯人,一起做一件让世界变得更加美丽的事情。我们坚信,书籍是孩子的学校,一个从小喜欢读书的孩子一定是生活幸福的孩子,一个从小喜欢读书的孩子一定是心灵丰润的孩子。"孩子,老师在书中等你!"成了我们和每个孩子之间最美丽的约定。于是我们与孩子们一起拿起一本书静静地阅读,借助一本本优秀的书籍引领每个孩子走进书的世界,让书香弥漫于孩子们生活的空气中,让读书成为每个孩子最美丽的姿态。

悠悠七载读书路,郁郁书香入怀来。"读书兴校"已成了我们大家共同的价值观,已深深地融到我们的思想和行为中,每个人都能给学校的书香文化带来变化,每个人都在这种变化中改造着自己、提升着自己、超越着自己。正如崔燕老师在读书会上所说:"无论是老教师还是年轻教师,一批又一批自觉地加入到读书活动中来,享受着读书的乐趣,读书已经融入老师的生活之中。静心读书,快乐教书已经成为我和同事们工作的主题。人活着太需要从书中寻找支撑我们生命的东西,寻找为我们每一天的生活得到鼓励和依据的东西，寻找自己为人处世的原则、信念乃至方式。""读书的孩子最美丽"已变成了一种神奇的力量，沉醉着孩子们渴求的心灵，丰厚着他们不断成长的羽翼。作为校长，看到师生们每日读书的身影，阅读着师生们的读书故事，我心中无时不泛起幸福的涟漪和成功的自豪感。

　　徜徉书香的岁月，使我们的教育旅程漫舞着希望，总在一个温暖的季节里激扬心灵的飞越。在未来的日子里，我会和我校的老师们、孩子们继续沉醉在左手常拿书、右手勤动笔的日子里，一起阅读我们的生活，共同书写我们的传奇，让书籍装点生活，让文字装点人生。

（山东省垦利县第一实验小学　孙宝华）

教书与育人

1. 红太狼变成了美羊羊

其实，在每个孩子的心中最隐密的一角，都有一根独特的弦，拨动它就会发出奇特的音响，要是孩子的心同我讲的话发生共鸣，我们自身就需要同孩子的心弦对准语调。

——苏霍姆林斯基

（摘自《苏霍姆林斯基选集（第5卷）》，第577页，教育科学出版社2001年版）

一个有着和谐阳光的早上，我早早地来到教室。教室里一片嘈杂，有好几个同学都非常生气，说是有人在他们的凳子下面写了骂他们的话。我心里想怎么会有这种事呢？我在刚接这个班的时候就告诉大家："我们是一家人，所有同学都应该像兄弟姐妹一样相互关心、相互帮助，要相亲相爱，要像真正的一家人。"最近孩子们表现不错，我觉得他们还是很懂事的。不知为何，今天居然发生这样的事情，真是让人难以接受。我没有说话，但是我已经猜到了是哪些人的所为。因为她们三个昨天在教室里办板报，回去得最晚，应该是她们；还有，就是其中的一个女孩被其他同学称为"小魔女。"

据说这"小魔女"收拾起男生来那是有一套的,不是狠狠地骂一顿,就是来一个夺命掐,要么就是来个疯狂魔女掌。许多男生都怕她三分,她的脾气我也是见识过的。有时候如果批评她了,她不高兴就会翻白眼、摔东西,嘴上还不时嘟囔着什么。许多老师都不太喜欢她这一点。但她除了脾气不好外,其他都很好,人长得漂亮,古灵精怪,学习好,字写得好,作业做得好,会办板报,而且还是语文课代表,有管理能力,正义感强。

这样一个好孩子,就因为脾气不好而使得好多同学不喜欢她,在评优选先时总是没有她的份,她也有些失望,但是也没有办法。我决定帮她改掉这个坏毛病,但不能硬来,她是不吃这一套的,那就只有感化了。

我先找她谈心,说出她身上的优点,同时指出她的这个缺点,她当时答应要改。我鼓励了她几句就让她回班里了,我说希望看见她真正改掉这个小毛病。结果第二天,我去班上上课,刚下楼梯,看见班里的小鹏往楼上跑,我说:"你跑什么,在楼梯上跑很危险的。"他喘着粗气说:"她,来追着打我。"我一看,"小魔女"正拿着一根棍子在下面追,看见我了,赶快跑回班里去了。上课铃响了,我也不好说什么,于是开始上课。

下课后,我在办公室批阅作业。阅到"小魔女"的作业时,看着漂亮的字迹真的无法和她本人刚刚的行为联系起来。于是我在她的本子上写下这样一段话:"孩子,你是我见到的最美的女孩,你身上有许多的美丽,美丽的外表,美丽的字迹,美丽的成绩,美丽的文章,美丽的心田,但是你打人时的那种行为就不够美丽,它让你看起来不那么美丽了,所有老师都很喜欢你,你也是语文老师的好助手,也是我的好助手,我希望你可以得到更多人的喜欢,让同学们给你投上赞成的一票。只要你愿意,你就可以做到,甚至做得更好。我希望你可以改掉这个毛病,你相信自己吗?在不久的时间里,你会得到同学们的信任,得到大家的认同,成为和班长一样优秀的女生!"放下笔,舒了一口气,希望我的文字可以让"小魔女"有些感动吧。

过了一些光景,"小魔女"的表现有了一些进步,但有时她还会在说话的时候不顾及一些同学的感情。在管理方面,还是比较粗暴,但是有了很大的进步。于是在每次批阅作业的时候,我都会给她写上一段话,要么是表扬她有进步,要么是给她讲一讲应该如何去批评那些不好的现象,同时又让同学们可以接受这些批评。看得出来,她有些改变了,在队伍里批评同学的时候,可以做到小声了,而不是像以前那样大吼一声。每次见到她的时候,我都会夸上她一句,她笑起来的模样真是很好看。

在她的周记中,我们也可以看到她的转变。

上一周学校举办了第三届田径运动会。我也报名了,参加了一项比赛——60米跑。我获得了第二名,领了一个本子和一只中性笔。第一名是五(3)班的。她只比我快半个脚印,决赛中也是这样。我怎么就超不过她呢?下一届运动会,我争取拿第一。

我们可以看出,她是一个积极进取的孩子,在她的骨子里有一种不服输的精神。

"何老师,别把那件事情在家长会上说。"这里提到的"那件事"就是文章刚开始的那段描述。她不想让父母知道,说明她是一个有自尊心的孩子。下面是她写给妈妈的一封信及她妈妈的回信,这也是我布置的一份作业。

我想对妈妈说:妈妈的微笑是世界上最和煦的春风,妈妈的皱纹是服饰有限的刻痕,妈妈的泪水和汗水是世界上最珍贵的钻石,妈妈的画像是最伟大母爱的象征。正如一首歌里唱的:"世上只有妈妈好……"

我真正体会到这一点是在甲流感传染病时期。老师为了防止我们得甲流感冒传染病,让我们戴口罩,连上课都要戴。有一次我忘了戴口罩,正好我们班还有一个人没有戴口罩。我和那个同学去打电话,我打的时候,妈妈说:"我马上给你送过去。"妈妈果然马上送过来了,她无怨无悔,真是世上只有妈妈好。

我真想面对妈妈大声地喊出我的心声:"妈妈,我爱你!"妈妈,你是一首永远写不完的诗,你是支永远唱不完的歌,你是一支蜡烛,照亮别人,燃烧自己。你是一只小船,把我带到书的彼岸,这深似海洋的母爱,我一生报答不完。

妈妈的回信:宝贝,你出色的表现是妈妈的骄傲,无论你做出怎样的事情，妈妈总会想，什么是对的、什么是错的之后再给你开导，对的让你做出选择，错的给你纠正，让你做到最好。

还有，你是一个出色的女孩，在校老师喜欢你，你也乐于助人，但就是脾气太燥，有时连妈妈都接受不了，更不用说同学们了，把你的坏脾气尽量改掉，做个妈妈的好女儿，同学们的好伙伴，老师的好学生。

从写给妈妈的信里，可以看出她是一个感情很浓烈的孩子，她对妈妈的爱是很难用语言完全表达的。我看到这封信的时候，也为之感动。

"何老师，我爸爸妈妈感情不和了，该怎么办呢？我爸爸经常说妈妈这不是，那不是。即使是爸爸错了，他也说是对的。对的是对的，错的也是对的，他们俩快要离婚了，该怎么办呢？我也觉得爸爸很讨厌，很烦人。"

我当时也不知道给她如何出主意，我给她写了这样一段话："孩子，你是爸爸妈妈的心肝宝贝。爸爸妈妈一定最听你的话了，你把爸爸妈妈都召集起来开一个家庭会议，让爸爸说出妈妈的优点和缺点，再让妈妈说出爸爸的优点和缺点，然后你再教他们如何改正缺点，并随时监督他们，如果谁错了，就批评谁。这样你的爸爸妈妈可能会接受你的意见。加油，老师相信你可以做到。"那天我很快把周记本发了下去，希望她可以很快看到，赶紧去解决问题。结果在下一周的周记中我看到了这样一句话："哎，爸爸妈妈真奇怪，又和好了。"看着这句话，我由衷地感到高兴，我不希望孩子们由于家庭的原因生活得不快乐，孩子快乐地成长是我送给孩子们的真心祝福。

经过许多事，在那个月的班级评星中，"小魔女"被大家评为"作业星"，但是其中还有同学不愿意选她，说她不团结同学，比较霸道。于是我把奖状送到她的手里时对她说："这样，你给同学们保证一下，再不说不文明语言和再不打人了，好吗？"她走上讲台，腼腆地做了保证，拿着奖状笑着回到了座位。

现在，"小魔女"变得很温柔了。我给她取了一个好听的名字，叫"美羊羊"。

苏霍姆林斯基说:"其实,在每个孩子的心中最隐密的一角,都有一根独特的弦,拨动它就会发出奇特的音响,要是孩子的心同我讲的话发生共鸣,我们自身就需要同孩子的心弦对准语调。"从"小魔女"的变化中我领悟到,教师要善于拨动孩子的心弦,把握住最佳的教育时机,并根据孩子的性格脾气、思想基础、错误轻重,选择合适的教育方法使之迷途知返。

(新疆哈密石油第二学校 何玉霞)

2. 爱情教育也得趁早

> 请记住：远不是你所有的学生都会成为工程师、医生、科学家和艺术家，可是所有的人都要成为父亲和母亲、丈夫和妻子。假如学校按照重要程度提出一项教育任务的话，那么放在首位的是培养人，培养丈夫、妻子、母亲、父亲，而放在第二位的，才是培养未来的工程师或医生。
>
> ——苏霍姆林斯基
>
> （摘自《苏霍姆林斯基选集（第2卷）》，第294～295页，教育科学出版社2001年版）

凉风习习，秋意正浓。在无限的静谧中，我和孩子们与郭枫的作品一道，忘了世界，也忘了自己，追随一只爬行的小虫在草虫的村落中展开了一次奇异的游历。

"那只英勇的黑甲虫，走进了村子。我看见在许多同类虫子中间，一只娇小的从洞里跑出来迎接远归者。它们意味深长地对视良久，然后一齐欢跃地走回洞穴里去。"当孩子们读到"幸福的迎接"这一细节时，我犹豫了片刻，小心翼翼地问："这只娇小的甲虫，和'游侠'——英勇的黑甲虫之间会是什么关系？你们猜猜看。"

孩子们你望着我，我望着你，都不敢率先接住我抛过来的这个"带刺"的问题。短暂的沉默后，一只小手怯怯地举起来，是高梦蝶——一个内心情感非常丰富的女孩子。"我觉得这只娇小的甲虫可能是游侠的妻子，在家里一直等待着丈夫的归来。"

教室里突然一片死寂，接着开始骚动不安起来。一些孩子露出惊愕的神情，也许谈到了"丈夫"和"妻子"让他们觉得很意外；一些孩子害羞地低下了头，看来他们以为如此突兀地"谈情说爱"很让人难堪；一些孩子则开始窃窃私语，或许成长的欲望此刻正在悄然释放；也有几个孩子左顾右盼着，他们是找不到感情的出口还是在寻找同路人？甚至还有几个孩子在朝高梦蝶"意味深长"地笑着，似乎在意识中竟把许多丑陋卑污的东西同晶莹、纯洁的思想和情感混杂在一起。高梦蝶则用探询的目光倔强地注视着我，那清澈的眸子既干净又充满期待。

已经是小学六年级的孩子了，他们的周围蓬勃发展着复杂而又充满矛盾的生活。他们经常处于各种思想影响的十字路口，而学校、教室、课堂显然也不能人为地产生思想免疫力——在现代社会多元文化的催化下，妻子、丈夫、爱情等字眼在他们青春生长的身体中，早已不那么陌生。从他们"大惊小怪"的举止中，我分明读出了他们的敏感、他们的好奇、他们的不解，甚至他们的疑虑与困惑。

是把孩子们跟"爱情"这扇窗隔绝开来，让他们和社会与人生封闭？还是打一个预防针，在孩子们没有性冲动、没有发生爱情之前，让与之相关的答疑解惑已经全部完成呢？看来这是一个极度敏感的问题。

回避"敏感"的态度无疑是最"保险"的，有那么一瞬间，想到了还是"保险"些好，我对自己说：要不，还是放弃吧？

但"保险"是不是意味着真正地负责任呢？回避自然的东西就意味着加强，而且是以最病态的形式加强对它的兴趣，因为愿望的力量同禁令的严厉程度是成正比的。想到罗素的话，我又不禁为自己刚才的想法感到汗颜。

突然又想起苏霍姆林斯基曾经说过："请记住：远不是你所有的学生都会成为工程师、医生、科学家和艺术家，可是所有的人都要成为父亲和母亲、丈夫和妻子。假如学校按照重要程度提出一项教育任务的话，那么放在首位的是培养人，培养丈夫、妻子、母亲、父亲，而放在第二位的，才是培养未来的工程师或医生。"想到这里，我如释重负。语言不再含混，眼光不再游离，坦然地面对着孩子们各种异样的眼神，我出示了郭枫的原文：

它们的村子散布在森林边缘的小丘。我知道这是虫子们艰巨的工程。英勇的黑甲虫,走进村子,这里很多的黑甲虫,熙熙攘攘地往来,我敢夸口,要不是凭着我心灵的眼睛察看,决不会认出这只黑甲虫的爱人。在许多同类虫子之间,我看见一只娇小的虫子从小洞里跑出来,迎接远归者,意味深长地看着,对看了良久,一齐欢跃地走回洞穴里去。

在孩子们一片惊诧声中,我用赞许的语气,朗朗地说:"高梦蝶真是个细腻、敏感的孩子!她凭着她心灵的眼睛察看,竟然和郭枫先生一样,认出这只娇小的虫子是黑甲虫的爱人。"

几个"不怀好意"的孩子顿时讪讪起来。

"可是在课文中,你怎么就能发现了他们是夫妻关系呢?"教育契机的出现稍纵即逝,无疑我现在最要紧的工作,是引导孩子们沉入词语——在字里行间细读,读出弦外之音,悟出言外之意,引发一种对语言的敏感,引发一种对情感的敏感,也找到一条可以和孩子们对话爱情的道路。

高梦蝶又站起来,骄傲地环视着她的同学们。"我从'跑出来'、'迎接'、'意味深长地对视良久',还有'一齐欢跃'等词语可以看出他们一定是一对恩爱的夫妻。因为当我出门打工的爸爸春节回到家,妈妈和爸爸见了面,也是千言万语不知从何说起,只是良久地对视,然后一起欢跃地走进家里!"听到这里,我不禁为我的明智选择感到庆幸!

"你绝对是个享受家庭温馨的孩子。"我对高梦蝶微微点头。

"这只游侠云游四方数日,历经千辛万苦回来了,和爱人见了面,彼此之间不说话,而是意味深长地对视良久。你们能感受得到这意味深长的对视当中,包含的是什么吗?"我继续追问。

"包含的是好久不见了,真是想你啊!"男生孔智嘿嘿一笑。

"包含了亲情和爱意。"女生蒲雨露若有所思。

"我觉得这个目光里可能还包含了责备。因为游侠出去了很久很久,抛下自己的亲人不管。所以那只娇小的甲虫肯定在责备游侠,为什么不带着我一起出去呢?"胡陈艳毫不掩饰她的激动。

为了引导学生在符号的层面解读爱情,从人类理性的高度主动领会聪明、美好、富有自尊的爱；为了使孩子们心灵那块肥沃的土地不长杂草，于是我决定种上庄稼——继续和孩子们"谈情说爱"。

"'意味深长地对视良久'，这是甲虫夫妻间爱意的流露。男孩子们，如果你是那只英勇的黑甲虫，女孩子们，如果你是那只娇小的虫子，在和爱人意味深长的对视中，你会向对方倾诉些什么呢？"

我坚信一颗播在童年时代早期心灵中的种子，在成年时会长成为一棵大树。看，等待中，这颗种子正在发芽：

"老公，当你离我而去的一瞬间，我的泪水不由自主地流了下来——我知道你是为了我们生活幸福而迫不得已离开我们在外打拼的！往日，你挑水来我浇园，孩子们上学堂，多么幸福。而没有了你，我便仿佛失去了依靠。我是日日盼、月月盼，盼望着你快回来。今天你回来了，我真开心！"听着谈小倩的呼唤，孩子们沉浸在无尽的思念中。

"亲爱的妻子，其实我在远方也挺想你的。你在家里一定吃了不少苦吧！我想大声地对你说：谢谢你！接下来的几天，家务活我就全包了，你就看我如何表现吧！"杨帆是个很有责任感的"丈夫"，女孩子们都会心地笑了。

"老公啊，这一路上十分辛苦吧。累了吧？看，你都瘦了好多，快进屋，喝点我泡的茶，吃点我做的点心，歇会儿，我的饭马上就做好了。失去音信这么多年，今天你可算回来了，真该好好庆祝一下！对了，吃完团圆饭，你可得把你在外的故事讲给孩子们听听。"小胡好看来是个善解人意的"妻子"，她的一番话让男孩子们频频点头。

"亲爱的，好久不见。千言万语都道不尽我对你的思念。对了，我们的孩子还好吗？家里的老人还好吗？我不在家的这几年，你无怨无悔地养儿育女、赡养老人，能够娶到你这样的妻子，是我这一生中最大的荣幸！"艾东的话引来一阵热烈的掌声。

……

精彩迭出的"情话"，不仅没有让孩子们产生一丝杂念，反而让他们在"谈情说爱"中懂得了什么是爱，更重要的是让他们在懂得爱的过程中开始严肃地对待爱情、对待责任，在做人的过程中去拥有人世间这份美好的感情，去获得幸福的人生。

苏霍姆林斯基说过："教育工作在这一方面的主要缺点是，在青少年形成精神面貌时期，爱情教育问题没有完全列入德育之内。"是啊，感情要发育，感情要教育。可是，我们过去往往忽视甚至逃避这个话题。当我们有意或无意地把完整的人类情感知识割出去一部分时，谁又知道这些缺失是否会造成一些孩子未来人生的缺失和苍白呢？

毫无疑问，爱情教育也得趁早。而事实证明，当我和孩子们穿行在语言文字之间，徜徉在开满鲜花的语言之途，沉入词语，慢慢读、慢慢品、慢慢嚼、慢慢赏，我分明发现爱的教育正当时。

（湖北省松滋市麻水小学　刘关军）

3. 麦田的守望者

> 一个好老师意味着什么？首先意味着他热爱孩子，感到跟孩子交往是一种乐趣，相信每一个都能成为一个好人，善于跟他们交朋友，关心孩子的快乐和悲伤，了解孩子的心灵……
>
> ——苏霍姆林斯基
>
> （摘自《苏霍姆林斯基选集（第4卷）》中《帕夫雷什中学》，第21页，教育科学出版社1969年版）

一直以来，老师都被称为园丁，但我觉得，老师更像一位朴实的老农，一个寂寞的麦田守望者。

初为人师的我碰上了一个"差班"，多数学生基础差又不愿意学习。给我印象最深的是一位黄姓同学。他比同龄孩子高很多而衣服总是要短一大截，像是用大人的衣服改的。他的书很少有封面。他上课不听讲，下课常与同学打架，是同学和老师的投诉对象。

一次上课时，他没带书，还睡着了，叫醒后又睡了。我终于忍无可忍，对他大吼一声"出去"。他一言不发，摔门而去。盛怒之下，我没再管他，压住怒火，讲完了这节课。第二天，他没来上学。他爷爷打电话请假，原来他感冒了。冷静下来的我从其他老师那儿得知，他父母离异，都不愿意管他。他与爷爷相依为命。他在课堂上睡觉是因为夜里照顾生病的爷爷太累了。了解情况后，我不禁为自己的冲动懊悔，我并没有真正关心孩子，了解孩子。

几天后他到校上课，我没有急于找他谈心。他上课时不再睡觉了，但还是不听讲，看得出来，对我有明显的抵触情绪。处于这样家庭环境中的孩子往往外表强悍但内心脆弱而敏感。我在等待一个与他心灵沟通的时机。时机终于来了。长跑是他的强项。学校开运动会，他报名参加了3000米长跑。比赛中，他一马当先，而其他选手被远远地落在后面。他领先第二名整整两圈。由于裁判的疏忽，少记了他两圈成绩。当时大家都不知道这个错误。他也要到极限了，我在赛道边递给他一瓶水，并大声为他加油。他没说什么，但我注意到他眼神中的暖意。他坚持又跑了两圈，仍然夺得了第一。班会课上，我表扬了他顽强拼搏的精神。他依然没有说话，但我发现他的眼神很柔和，脸上也有了自信的表情。

天气越来越凉了。我用刚发的薪水为他买了一顶帽子，让一位同学以买大了的理由，先借给他戴，后来他得知了真相。一天在他的作业本中夹了一张纸条，上面写着："老师，谢谢您。"后来在我的英语课上，他总是听得很认真，作业也一次不差。我有意提一些简单的问题让他回答，答错了也给予鼓励，渐渐地他的口语与阅读能力都有了较大提高。英语成绩从班级的下游升到了中上游，但其他科目依然较差。但老师们惊奇地发现，他再也没有和其他同学打过架。

时光流转，十多年的时间匆匆过去。我也从一个初为人师的青年变成一个父亲，一个同事口中的"前辈"。一年一届教过的学生越来越多。往事的记忆已渐渐变得模糊。一天我突然收到一个邮包，打开一看，是一件崭新的军大衣。原来是黄同学寄来的，还附有一封信："知道老师骑电瓶车上班。天冷，给您寄一件大衣挡挡风。那年我没考上大学，后来参军，考上了军校。我那时打架是因为他们总笑我没爹没妈……是您的爱融化了我心中的坚冰。"

读到这儿，我不由想到了苏霍姆林斯基的一段话："一个好老师意味着什么？首先意味着他热爱孩子，感到跟孩子交往是一种乐趣，相信每一个都能成为一个好人，善于跟他们交朋友，关心孩子的快乐和悲伤，了解孩子的心灵……"窗外，不远处是一片麦田，那沉甸甸的麦穗随风摆动，形成道道麦浪。

（江苏省盐城经济开发区中学　唐科）

4. 做学生的"精神关怀者"

尽可能深入地了解每个孩子的精神世界，是教师和校长的首条金科玉律。

——苏霍姆林斯基

（摘自《帕夫雷什中学》，第10页，教育科学出版社1983年版）

伟大的教育家苏霍姆林斯基说过"要尽可能地深入了解每个孩子的精神世界"，因为教育过程首先是一个精神成长过程。"精神关怀"更深刻、更准确地反映了班主任教育劳动的意蕴，体现了以人为本的教育理念，表达了班主任对学生的情感和态度。

故事1

新接一个班，为了了解班级的书写情况，我准备进行一次写字测试，测试前我非常随和地与学生聊了起来……

"你们能不能告诉陈老师，你们班谁的字写得最好？"话音刚落，同学们就七嘴八舌地议论开了，有的推荐张三，有的推荐李四……在热情的同学中，我发现了一位低头不语的男孩，"你说说呢？"我微笑地注视着他。"我……"还没等他说话，一些同学已经叫起来："他？小张！他是我们班写字最差劲的！"随即一阵哄笑声响起。在哄笑声中，那个叫小张的男孩白了其他同学一眼，涨红了脸反驳道："谁说的？"我不动声色地笑了笑说："是吗？"接着我环视一下教室里的同学，说："今天的写字测试呀，老师要请你们中的一位同学来和我一起做评委。"听了这样的话，同学们马上把眼光集中到了几位刚刚被推荐的同学身上。在同学们期待的目光中，我响亮地说出了一位同学的名字："小张！""啊？"在同学们的惊愕声中，小张迷惑地抬起了头，他简直怀疑是不是老师把名字搞错了。"是的，是你，小张同学！"当我向他投去肯定的目光时，小张的小脸已经被兴奋的红晕笼罩了。"你能行的，是吗？""嗯！嗯！"小张激动得连连点头。

于是，一场写字测试就在同学们意外的目光中开始了。教室里，同学们埋头写着，十分认真，而平时对写字十分马虎的小张此刻也是全神贯注……

办公室里，我拿着一叠同学们刚刚完成的写字作业招呼着小张同学坐下。"来，你先评一评同学们的作业。"我诚恳地说道。"老师，您真让我评呀？"小张还是有点不敢相信。"真的！"在我真诚的目光下小张开始拿起同学们的作业，一开始有点拘束的他在一次次的鼓励之下，放开胆子评论起同学们的作业来。"您看，这一横没有写平……""这个，左右搭配得不大好……"在差不多将全班同学的作业评过后，小张拿起自己的作业不好意思地挠着头说："老师，我……我的字写得……很不好……"他红着脸抬起头看了我一眼，我不语只是微笑着看着他，他低头沉默了一会儿突然又充满自信地说："不过，老师，我从现在起会写好字的，一定！"

每一个学生都有着被人重视的渴求，而往往我们容易忽视那些学习中的弱势学生，同样是一个机会，对于长期被忽视的学生来说或许对他的震动足以使他改变对学习的态度。让学生在当评委的过程中，使学生找到了自己与同学的差距，从而自发地产生了要写好字的愿望，而在学习动机中，这种内驱力是一种最重要也是最稳定的动力。

尊重学生的人格，关注学生的个体差异，满足不同学生的心理需要，理应成为班主任的教育的起点。

故事2

"陈老师，小李上课又被老师批评了！""陈老师，小李他上课在玩橡皮大战……"怎么老是这样？我微微皱了皱眉头，不由得升腾起一股怒气。"把他叫过来！"不一会儿，小家伙垂头丧气地出现在我的面前。我用严厉的目光上下打量着眼前的小李，只见他耷拉着脑袋，双手不停地拽着衣角，用一副无所谓的表情来掩饰不安的内心，看来是准备接受一场暴风骤雨式的批评了。哎！是什么使这个仅仅三年级的孩子变得"刀枪不入"呢？这孩子刚转入我的班一个月就麻烦不断，似乎每天都要到我这儿来"报到"，看来要想想其他方法了。想到这儿，我一改以往批评的口吻，心平气和地对他说："怎么啦？小李，为什么你老是犯同样的错误呢？这样吧，今天老师不批评你，让我们进行一次好朋友式的谈话，一起来找找有没有好办法来解决你的问题，好吗？"小李抬起头，用不太信任的目光看着我，似乎为没有受到批评而感到不可思议。我微笑着拉着他的双手，看着他说："怎么，不愿意和我做好朋友吗？"看到我真诚的目光，小李半信半疑地点了点头。接下来的半个多小时里，小李的戒心在一点一点地消失，我们谈了很多……

这是一个被批评打击过太多的孩子，好动的他缺乏一定的自制能力，但他却渴望被重视，因此，他常用反常的行为去吸引别人的注意，于是就出现了一次又一次的被点名批评的情况。这样吧，一个想法在我头脑中形成……

周五的班会课上，我在班中宣布由于检查个人卫生的需要，特在班中设立一个晨检员的岗位，每天早晨负责检查同学们的指甲是否干净。立刻有很多同学纷纷自我推荐要求担任，只见小李也把小手举得高高的。

当宣布小李为晨检员时，可以看到他满脸的兴奋之情。看来这一招有用，我心里暗暗高兴。

那天是小李第一次晨检，他一大早就赶到了学校，一见到我，就使劲地举着手中银晃晃的东西，兴奋地嚷着："老师！我准备了三把指甲刀！""噢！你真是想得比老师还周到。"我真被他感动了，多么细心的孩子呀！我俯身抚摸着他的头，在他耳边说："瞧，我们的跃跃（小李的小名）真要动起脑筋来，一定是最棒的！希望在学习上也要这样肯动脑筋，让同学们佩服你，好吗？"小李仰着红红的脸激动得连连点头。

自从当上了晨检员,原来好动不守纪律的他渐渐地被批评的次数少了,于是我及时抓住机会不断地在班中加以肯定和表扬,同时引导同学们多看小李的闪光点。就这样,在小李的身上发生着很大的变化,他变得主动了、积极了。虽然偶尔还会有一些小事发生,但这又有什么关系呢,最起码这孩子知道努力了呀!

故事3

虎头虎脑的小珏含着眼泪一脸委屈地跑到我面前,扯着平时就沙哑的嗓子向我哭诉起来:"老师,小名欺负我!他把我的铅笔盒扔在地上!"还没等小珏告完状,小名也气急败坏地冲过来,红着眼睛嚷嚷道:"老师,他先欺负我,他先拿胳膊捅我,还……"没等小名把话说完,小珏就反驳道:"没有,我不是故意的!他还推我呢!"两人在我面前你一言我一语地争吵起来,看着他们脸红脖子粗的样子,我决定先让两个小家伙平静下来。我站起身分别用手抚摸着两个正激动万分的小脑袋,幽默地说:"哟,你们快变成了两只乌眼鸡了。"两人一听想笑又一时笑不出来,但却停止了争吵只气呼呼地对视着对方,仿佛与对方有着不共戴天的仇恨。"这样吧,你们先冷静一会儿。"我示意两人坐在对面的小椅子上,让两人先回想刚才发生的事情。

看着两个小家伙,我想今天要改变以往的教育方法,我们总习惯于当学生中的"法官",来"判决"谁对谁错,可其实学生们由于年龄的特点,发生些小矛盾是正常的,没必要把每一件小事都放大了来处理,去威严地宣判谁对谁错,毕竟是小孩子,能有多少是本质上的问题呢!并且很多时候可能老师因为没有亲眼目睹还难免会发生评判上的差错呢,而对于小学生来说被冤枉可绝不是一件小事情。对了,何不让他们学会自己解决矛盾呢?

经过了一段时间的冷处理,可以看到两个人情绪趋于平静。我把他们叫到身边,故作事态严重夸张地说:"嗯!看来你们之间有什么深仇大恨喽?"看到我的表情,两人不由得难为情地连连摇头。"那老师刚才听了你们的叙述，觉得今天你们的事情并不是什么大事，可能你们没有学会好好表达自己的意思，以至于发生了不愉快，我想你们之间既然没有深仇大恨，你们也长大了，应该学会自己来解决自己的矛盾。这样吧，你们先到走廊去心平气和地处理一下，好吗？如果不行再找我吧。"

此时的两个小家伙明显已经没有了刚才的冲天火气，从他们的脸上可以看出对于自己刚才的冲动已经有了些许的悔意，毕竟坐在班主任的面前谈话不如自己讲和来得轻松，两人讪讪地一前一后向走廊走去。我从窗口悄悄旁观，只见两人先是不好意思地挠挠头，比较活泼的小名先开了口，虽然听不清他说些什么，但是看得出他的态度很真诚，随后小珏也难为情地说着什么……看到这里，我放心地坐回了座位，我知道他们之间应该不会有什么问题了。

果然过了片刻，小珏和小名一蹦一跳地一起来到我面前，他们不好意思地表示矛盾已经解决了，不需要我帮忙了。这时，我笑着说："这就对了，以后遇到问题要想办法解决，不要激动，来，大家还是好朋友，握手言和吧！"两人红着脸握起了小手。

很多时候，作为教师要相信自己的学生，学生也有处理自己矛盾的能力，不必每一件事都亲自处理，不要当学生的"法官"，要给学生自己处理矛盾的机会。教师严厉的呵斥不如学生自己的觉醒有作用，让学生学会处理矛盾，也许是疏导情绪、教育学生更为无痕的一种方法呢。

可见，只有尽可能深入地了解每个孩子的精神世界，才能成为一个称职的班主任，才能算是一个成功的教师。

（江苏省苏州工业园区新城花园小学　陈小莹）

5. 成长路上的那盏明灯

教师若不读书，若没有在书海中的精神生活，那么提高他的教育技能的一切措施就都失去意义了。

——苏霍姆林斯基

（摘自《给教师的建议》，第133页，教育科学出版社2008年版）

1992年10月，参加工作后的第五年，我为自己买了第一本教育名著——苏霍姆林斯基的《给教师的建议》。我如饥似渴地读了起来，可是，由于自己的教育理论素养与教育教学水平太差，读不太懂，虽说也在书上做了记号，还写了一些浅显的体会，但总觉得它与我相距太远，对我用处不大。我只好把它搁置起来。随着教育教学水平的逐渐提高，2001年寒假，我再次读起《给教师的建议》。我发现，它不再陌生，它与我的距离近了，我能够与它对话了。书中有一句话，给了我很大的启迪："教师若不读书，若没有在书海中的精神生活，那么提高他的教育技能的一切措施就都失去意义了。"

因为在认真阅读的过程中，我体会到，要想提高教学质量，必须进行有效的课外阅读。于是，我又对其中课外阅读的内容反复阅读。在后来的教学中，我开始把这一真理有效地运用到教学中去。

一、让每一个学生都爱上课外阅读

要让学生都爱上阅读，至少要过两道关：一是家长支持关，由于很多家长对课外阅读的认识不够，他们往往认为课外阅读就是不务正业。我在家长会上拿出"尚方宝剑",特意选读了《给教师的建议》中的一些内容,再根据《语文教学大纲》中关于课外阅读的要求,结合我们(包括家长)自己的学习经历,谈了课外阅读与语文成绩的关系。这样,在铁的事实面前,每一位家长都赞同课外阅读。

二是过学生兴趣关。我特意安排了"读书好玩"的课外阅读指导课。我提着一包《故事会》和《小学生导刊》走进教室,板书"读书好玩",并把《故事会》和《小学生导刊》发给大家,请他们自由阅读。他们大多是第一次接触这些书,都津津有味地读了起来。

转眼间,一节课结束了,他们都很疑惑:"怎么搞的,一节课这么短呀!"我说下课了,请大家把书交上来。他们意犹未尽,不肯把书交上来。后来我表态说每周有一节阅读课,他们才恋恋不舍地把书交上来。

二、让学困生也爱上阅读

学困生是指学习困难的学生,他们大都不爱课外阅读。我班有一个学生,很聪明,表达能力也很强,但是各门功课都特别差,他对课外阅读没有兴趣。于是我给他设计了一个"治疗"方案,就是激发他的阅读兴趣,把阅读这一课补上来。

一天,我找来一本《故事会》,特意在他面前看起其中的笑话来,并不由自主地笑着。边上围观的同学也哈哈大笑。他忙转过头来问我看的是什么,怎么这样好笑。我把《故事会》递给了他。果然,他看了一则,也哈哈大笑起来。我忙把《故事会》要回来,说我还没看完呢。他被笑话吸引住了,也加入了围观的行列。一会儿,笑话看完了,大家都想继续看,他也是这样。我故意卖了一个关子:"既然大家都爱看,那就先认真上课,明天我再带一本来,上课最认真的优先看。"

第二天,新的《故事会》来了,我故意把他排在后面,馋得他垂涎三尺才给他看。这一次,他一口气看完了四版笑话,连声说很过瘾。我故意指着后面的幽默故事说:"这些故事不长,也很好笑的,你看不看?"他说看。果然,他一下子看完了几则幽默故事,根本没有"吃力"的表现。看来,只要阅读内容有趣，他自然也爱读。慢慢地，他的阅读水平得到了提高。

　　从那时起，他开始爱上了读书，有时连上课也忍不住偷偷地看课外书。经过一个学期的努力，他的阅读能力上来了。有一次，我向他推荐14万字的《乞丐团仔》，他一天就看完了，还书给我时还不停地摸脖子，说书真好看，脖子都酸胀了。

　　就这样，随着阅读能力的提高，他的各科成绩也慢慢地在提高。到毕业时，各门功课都不错。此后，我也就运用这样的办法去帮助那些学困生们，他们都有各自的进步。

　　在指导学生阅读的过程中，我也开始自己的阅读生涯。以前我读的书不多，现在与孩子们一起阅读，我也有了名正言顺的理由。于是，每当有空余时间，我总是拿出书本来，认真地读一读。在教室里，我的这一举动也慢慢地影响着学生。他们看到我有滋有味地读着，也慢慢地跟着读起来。我就是这样读完《水浒传》、《三国演义》以及《西游记》的。我发现，随着阅读的深入，我对教材的把握更独到了，对语文教学也有了自己的一些看法。

（湖南省岳阳市岳阳楼区朝阳小学　方西河）

6. 那返回的不足 50 元钱

奉劝年轻的教师和少先队辅导员：不要急于处罚学生，要好好想一想，是什么促使他犯这种或那种过失的。要是设身处地为孩子们想一想，那么就可相信他们会通过自身的努力来改正错误的。

——苏霍姆林斯基

（摘自《要相信孩子》，第 60 页，教育科学出版社 2009 年版）

我班学生订校服，每位学生要交 50 元钱，我怕学生拿丢了钱，那天就比平时更早地来到教室。开始收钱了，王同学说他的钱不见了。大家帮他找遍了书包、身上、桌内、地上，就是不见。钱不翼而飞引起了大家的注意，有人说："肯定是谁偷走了。"我及时纠正说："我们千万不能随便用'偷'这个字，也许是丢在路上，也许是有人开玩笑想吓吓他，我相信这钱今天就会出来的。"教室里安静了下来，一天过去了，然而仍然没见到钱的踪影。再次询问王同学，了解到钱确实是在班上丢的。怎么办？我在想对策。

第二天，我在班上讲了王同学的家庭情况："他来自农村，兄弟俩都在上学，父母又没有工作，如今钱不见了，无疑给他家增加了额外的负担，所以老师决定捐上 50 元钱。"说完我就拿出准备好的钱。学生一看都纷纷站起来说："老师，我出 2 元、我出 5 元。"班长说："老师，这钱您不能一人出，我们全班 50 个人每人出一元正好献爱心。"大家听了都鼓起掌来。我却发现某学生一直低头不语。当时我什么也没说，只是耐心地等待着他能主动认错。又一天过去了，大家捐的钱已收齐，丢钱事件在学生们心中淡了下去，但我的心却平静不下来，我在等着希望的出现。

第三天的下午，那个学生来到我身边，流着泪把拿钱的事说了出来，他花掉了23元，退回27元。看到这把零碎的钱，我首先表扬了他能主动、勇敢地承认错误，然后给他讲了这种做法将产生的严重后果。看他确实认识到了自己的错误，当着他的面我补上了他花去的钱，并答应替他保守秘密。第二天我把学生捐的钱退了回去，并赞扬了大家的这种友爱之情。自那以后，班上再没有丢过任何东西，并且发现同学之间比以往更加团结、友爱了。

"不要急于处罚学生，要好好想一想，是什么促使他犯这种或那种过失的。要是设身处地为孩子们想一想，那么就可相信他们会通过自身的努力来改正错误的。"是苏霍姆林斯基对学生爱的理念传达给了我，我才有了这样的做法，才帮助学生驱散了心中的阴霾，及时排除了学生的心理障碍，给了他一个改正过错的机会，从而达到育人的目的。

苏霍姆林斯基还"对我说过"："我们教育的人，不管他是个多么'没有希望'和'不可救药'的钉子学生，他的心灵里也总有点滴的优点。"只是我们对他们需要耐心地等待、热心地引导、细心地发现，因为"每个孩子都是一个世界——完全特殊的、独一无二的世界"啊！

事后我沉思：如果当时我不是这样做的，而是盲目地去搜每个学生的书包，或者随便查问某个学生，结果不可能是调动起50颗充满真爱的心，而是伤害了50颗纯洁善良的心灵。所以说，没有爱，育人就成了一句空话，尤其对小学生更是如此。

关爱学生，就是要信任学生。作为一名教师，"只有能够激发学生去进行自我教育的教育，才是真正的教育"。我们只有细心观察学生的变化，探察他们的心理，重视他们的心灵感受，适时调整教育教学策略，才能产生出教育的智慧。

"请你记住，你不仅是自己学科的教员，而且是学生的教育者、生活的导师和道德的引路人。"那返回的不足50元钱，不就是最好的注解吗？

（山东省淄博市临淄区闻韶小学　熊雪芸）

7. 耐心的魅力

当一种教育能够让孩子们如此热爱生活，热爱这个世界时，这种教育就是世界上最美好的教育，也是真正的教育。当一个教师能够帮助孩子们用自己的眼睛和心灵发现生活的美，感受到世界的永恒时，这样的教师就是真正的教师，也是最优秀的教师。

——苏霍姆林斯基

（摘自《跟苏霍姆林斯基学当老师（前言）》，第2页，华东师范大学出版社2009年版）

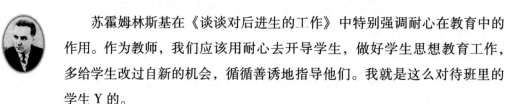

苏霍姆林斯基在《谈谈对后进生的工作》中特别强调耐心在教育中的作用。作为教师，我们应该用耐心去开导学生，做好学生思想教育工作，多给学生改过自新的机会，循循善诱地指导他们。我就是这么对待班里的学生Y的。

（1）初识。开学第二天，中午发本子让学生订正作业。几乎所有的学生都已经将订正好的作业本交给我批完。我开始查本子还有谁没交，也顺便认一认我的学生们。果然，在最后查出还有学生Y的本子没有交。于是，我催着他赶快把作业订正完，可是稍不留神，就发现他在座位上磨蹭，根本没有在订正作业。"Y，快点订正好作业，就缺你了！"我在全班面前用斥责的声音向他大声嚷嚷。Y用他那双很圆很黑的眼睛一眨不眨地看着我。我心里纳闷：才刚开学，而且我又是新接班的老师，总得好好地在我面前表现一下吧，怎么一上来就给我看他的原形啊。就这样，在我的三催四请下，Y终于把他的作业订正好了。

可是第二天，这样的画面又重现了。但是催Y完成作业的不止我一个老师，语文老师也几次催着他完成作业。"天哪！"我心想，"这是个怎样的学生啊，学习习惯太差了吧，做作业就那么痛苦吗？"

（2）知情。随着慢慢的接触，以及询问以前教过Y的老师，才知道这个学生本来就是这样，作业拖拉，上课走神……只要是不好的习惯都有他的份。对于这样的学生，我还真是没了招了。在几次的"交锋"过后，我发现Y每次做作业都不能集中精力，班级一有什么风吹草动，他就分心了。对于这种情况，我只好把他叫到办公室去做作业。当然，作为新老师，我及时进行了家访。通过与Y的父亲的谈话，知道平时只有Y的母亲管他，而Y嫌弃他母亲文化水平低，从不听话。Y怕他的父亲，因为Y一发生什么事情，Y的父亲不管Y对与错，先把他痛打一顿。后来，在我跟Y的谈话中才知道，他虽然怕他父亲，但他对父亲这样的打骂早已习惯，他甚至说："不就是一顿打吗，有什么大不了的。"

就是这样一个小孩，使我有时候觉得很可气，甚至有种恨铁不成钢的感觉。但有时候，又觉得这是个多么可怜的小孩——父亲的关爱就建立在痛打上面。

（3）改善。谈话在我与Y之间肯定是免不了的，有时等他完成当天的作业，我会夸夸他，指出他的进步，鼓励他要努力。当然，鼓励他这样的行为，也是在我对Y严厉批评几次无效后的举措。在刚开始接触时，我经常因为Y的拖拉而大声斥责他，他总表现为一副毫不在乎、死性不改的样子。甚至我发现，斥责过后，Y的效率更低，更不愿意把心思放在学习上了。于是，我意识到这是个不吃硬的小孩。这才使我对Y下软功——在全班面前夸奖他，抑或是单独的时候给他些鼓励，告诉他只要他努力一定会有很大的进步。他也表示要努力，争取做到按时完成作业。这点是让我欣慰的，在每次谈话过后的第二天，他确实做到了，尽量及时完成当天的作业。但是这样的事从来都保持不到三天，他又回归原点了。不管怎么样，他有时候已经能意识到自己的不主动学习，甚至能够改善，我也已经很高兴了。

（4）改变。要说到改变，其实对这样的小孩来说很难。因为打破一个保持了几年的习惯，实则不易。孩子的改变要从一次打架事件说起。有一次体育课上,班上的另一小孩与Y发生了不愉快后进行扭打,被体育老师制止。但这两个小孩都属于冲动型,于是下课后他们又打起来了。最后,那个小孩被Y打倒在地上,撞出一个包。为了解决这件事,我专门用一节课的时间让大家给他们评评理,说说是谁的错。同学们都认为是Y不好,Y也意识到了事态的严重性,并且对自己的行为很后悔。我找到了他,跟他仔细分析了事情发生的原因,并告诉他这件事他有错但错不全在他,另一位同学也有错,Y听了我的话很是感动,从没在我面前流过泪的Y终于忍不住流泪了。这让我找到了一个跟Y拉近距离的契机。那天我跟他聊了很久,他也敞开了心扉,并表示会改变自己,让自己变得好些。

原本以为这样的改变在他身上不会超过三天,但是我错了。Y真的开始认真学习了,做作业速度快了,偶尔有时没有完成,他也可以抵挡住玩耍的诱惑,一个人坐在教室里认真完成以后才出去玩。这学期的进步就更大了,学习上的坏习惯在慢慢改掉,有时还会主动留下来帮助值日生一起打扫教室。同学们都说Y变了,变得不讨人厌了,变得让人喜欢了。

不管对于怎样的孩子,都要有足够的耐心去教育、去等待。种子发芽尚且需要等待,花蕾绽放尚且需要等待,果实成熟尚且需要等待,更何况是孩子的成长呢?

(江苏省苏州工业园区新城花园小学 陈晨)

8. 张同学与辩论赛

学习（读书）吧，因为学习是一种福利和幸福。

——苏霍姆林斯基

（摘自《苏霍姆林斯基选集（五卷本）》，第623页，教育科学出版社2001年版）

我们班的张同学家庭条件优越，人也很聪明，可就是不喜欢读书、学习。他总以为自己作为独生子，今后可以坐拥丰厚的家产而衣食无忧。他的爸爸妈妈为此焦急不堪，忧心忡忡，但基本没有什么收效。

我知道这一情况后，就不断地找张同学谈心，说明作为一名中学生，首要的任务就是搞好学习，为将来走上工作岗位掌握本领。对此，他虽然也能够明白其中的道理，但落实到行动上就大打折扣了。

为了转变张同学，也为了让班级少数几名学习倦怠的学生能够发奋学习、读书，我精心组织了一次以苏霍姆林斯基有关学生学习的名言"学习（读书）吧，因为学习是一种福利和幸福"的主题演讲赛。

本次主题演讲赛，我有意识地请张同学作为正方代表和主辩手，与反方同学进行了有理有据、针锋相对、旁征博引的唇枪舌剑。在辩论中，张同学还大量引述了我为他提供的苏霍姆林斯基关于学生学习、阅读的论述警句，如"学习的热切愿望，明确的学习目的，是学生学习活动最重要的动力"。"学生的智力发展取决于良好的阅读能力"，"一本智慧丰富的、有鼓舞力的书，往往能决定一个人的命运。""学生学习越感到困难，他在脑力劳动中遇到的困难越多，他就越需要多阅读。""做一个有思想的人吧。要善于在读书时思考，在思考时读书"等。

看到和听到张同学说出了我和他的家长希望"灌输"给他的学习、阅读重要性的话语，我欣慰地笑了。

尤其难能可贵的是，张同学"一言既出，驷马难追"。在这次活动之后，他真的如他辩论赛中所说的那样，他不仅建议我把"学习（读书）吧，因为学习是一种福利和幸福"等名人名言制作成匾牌置于班级黑板之上，让全体同学时刻牢记各自的学习、读书使命，他自己也打印了贴在家里的卧室、书房里，以此作为座右铭，指导自己的学习和读书生涯。

（安徽省五河县张集中学　蒋美丽）

9. 心会跟爱一起走

> 爱人吧！对人的爱是你道德的核心！应当这样生活：让你的道德核心健康、纯洁、强大无比！做一个真正的人，这就是说要为你周围的人贡献出自己心灵的力量，让他们更美好，精神上更富有、更完美；让你生活中接触的每一个人从你那儿，从你的心灵深处得到一点最美好的东西。
>
> ——苏霍姆林斯基
>
> （摘自《苏霍姆林斯基选集（第5卷）》，第115页，教育科学出版社2001年版）

有幸拜读教育大师苏霍姆林斯基的《育人的故事》，备受感动。平实的话语中却折射出智慧的光芒，流淌着真挚的情感，如聆听智者的秘经。他就像一个撒播爱的种子的圣灵，点亮我们迷失的眼睛，滋润我们枯燥烦闷的心灵。让我们明白苏霍姆林斯基说的"只有在有良心和羞耻心的良好基础上，人的心灵中才会产生良知。良心，就是无数次发展为体验、感受的知识，正是在它的影响下，必然会派生羞耻心、责任心和事业心"。

（1）与人为真。"真"，真诚也。它是师生沟通交流的基础，只有敞开心扉，倾听心声，才能感化心灵。这就需要教师在做思想工作时应以"真"对待学生。让他们觉得你可亲可近，与你没有任何距离感。

兵兵（化名）是个贫困家庭的留守孩子，不善于与人交往。在一次布置的作文中，他流露出了自卑情绪。对于这样的孩子，作为班主任的我就应以真诚来宽慰他，在评语里我写道："人不能选择自己的出生，但经过自己的努力却能改变自己的人生。"这之后，他变得积极乐观了许多，学习成绩也大有长进。这让我明白：真诚如一米阳光，能照亮学生的心灵。

对于内向的孩子，这就"要找到一种精神交往的形式，使学生懂得你们尊重他的是什么，你们注意到他的心灵深处的哪些隐秘的角落，只有这样他的心灵才会向你们敞开，就像表示对人的信任的最纯洁的花朵那样。"

班主任应学会用真诚、鼓励的话语去启发学生，当你付出真心、传达真情时，学生就会理解你的真意，他们就会真正信服于你。

（2）与人为善。"善"，和气也。它是师生沟通交流的方式，用一颗善良仁爱的心去对待一切不良行为。正确评价学生的最佳方式，不应简单粗暴，而要呵护他们的自尊心，让他们钦佩你，从而信服你。

豆豆（化名）是个出了名的调皮学生，有暴力倾向，时常打架斗殴、搞恶作剧。对于老师的批评他更是不听，因此被"请"进办公室是常事，让许多老师十分头疼。对于这样的孩子，如果批评不能见效，不妨与他倾心交谈一番也许会更好。我曾告诉他："人如果靠暴力来赢得权威，那只能证明他内心更加怯弱，他更害怕有朝一日别人会同样欺负他。"可能是说到了他的心坎上，后来他改变了很多，运动会上还为班集体争了很多荣誉。

（3）与人为美。"美"，美好也，即一种细腻的情感和情感修养的美。它是师生沟通交流的媒介，更能使学生积极地看待人生，展望未来。即使在现实中存在缺陷与不足，但并不能掩盖美好的事物，因为美在心灵，即一种内在美，让他们懂得悟美，摒弃丑陋的思想。

丽丽（化名）是个品学兼优的学生，但总是因自己的外貌不好而苦恼。进入青春期的年龄，爱美的意识逐渐萌发，开始爱打扮，但却招来别人的讪笑。对此我在全班开展了一次关于"美"的主题探讨，有的学生说"美是一种赏心悦目之感"，有的学生说"美是指心灵之美"，还有的学生说"美在于善于发现"等。很多学生都谈了对于美的看法，都很不错。这时，看到丽丽低头不语，我便说："大家都谈了对美的看法，看来大家都能感悟美的含义，那么说明美其实就是一种欣赏，懂得欣赏别人的长处本身就是一种美，对吗？丽丽同学她学习好，又乐于帮助别人，大家说她是不是美丽的？"这时，全班发出了响亮的肯定的回答。我看到丽丽抬起头来，脸上挂着灿烂的微笑。

（江西省九江市永修县外国语学校　袁安）

10. 我们班的班级管理"责任制"

> 我深信，只有能够激发学生去进行自我教育的教育，才是真正的教育。
>
> ——苏霍姆林斯基

（摘自《给教师的建议》，第341页，教育科学出版社1984年6月第2版）

学习了苏霍姆林斯基的教育理论后，我在班级管理中就如何让学生学会自我教育进行了一些尝试。

做法1：定岗定责，培养学生的自我管理能力

学生是班级的主角，班主任的责任就在于领导学生当好主角，使之具有自主意识、自治能力。为此，我建立了开放的、民主的，有学生参与的班级管理"责任制"。我在班内实行"分级管理制"：一级管理——中队干部，负责全班各大项工作的监督总结；二级管理——组长，分管各组的学习和卫生；三级管理——科代表，负责各学科的学习情况，及时辅助任课教师的工作；四级管理——职责长，负责班内各项小范围工作，如"灯长"、"桌长"、"门长"、"窗长"等，把班内大小而琐碎的工作分配到个人，从而使全班同学人人有责任、个个担担子。同时，设立了"小班主任"制。该制按学号进行轮流，轮到时从早到晚对班级工作负责。主要负责：①记录出勤、检查仪表；②维护课间秩序、处理偶发事件；③督促两操、监督卫生；④负责讲桌周围卫生；⑤反馈总结一天工作，写好班级日记。这样，班中每个同学都有自己的工作岗位，都有自己的职责，都有相

应的管理任务。每个同学一方面既是管理者，同时又是被管理人。每个同学在"管"与"被管"之中，自我认识能力、自我教育能力也得到了逐步发展。

做法2：客观评价，培养学生的自我控制能力

班主任只有把学生看成学习和生活的主人，变"一言堂"的说教为"群言堂"的辨析，由全方位的管理者向顾问、助手、参与者转变，才能让学生自悟，让学生真正成为班级的主人。因此，我在班级管理中非常注重客观公正的他人评价和自我评价。首先，开展讨论，启发自觉。在进行活动前，如集会、升旗，看演出等，先让学生讨论注意事项，由小班主任记录，并在出发前提醒大家。通过讨论，把行为规范转化为学生自身的需要。这样，在活动中大家就能约束自己，并相互监督。其次，告诉方法，避免矛盾。一般来说，小学生都较贪玩，一玩起来往往忘了一切，行为就失去了控制。因此要告诉学生"什么可以做"、"该怎样做"等。在低年级，要培养学生良好的学习习惯；在高年级，要告诉学生自我控制的方法——自己对自己讲道理，从而使自己的心情平静下来。再次，借助集体，自我监督。我们每一个星期都有专门的一节评价课，对自己进行小评，对"学生班主任"进行大评，小组评，班级评，进行多种多样的评价。从评价中，学生明确了自己存在的不足和进步的方向。培养自我监督要充分发挥集体的"大我"作用，以集体的舆论和班风影响约束每一个学生。

做法3：设定目标，培养学生的自我激励能力

激励感情是进行自我激励的重要内容。人的活动，特别是创造性活动的完成，都需要有感情支持。一个人在完成了自己制订的计划、做出了某种成绩之后，以一定的活动方式对自己进行奖励，能使自己更深刻地感受到成功的快慰，进而激励自己继续努力。我根据班级的实际情况，建立激励机制，确立了班级和个人努力的目标。我们的班级目标就是争取蝉联

"文明班级"；个人努力目标则设立了"思想表现奖"、"爱心奖"、"劳动积极奖"、"文明学生奖"、"进步奖"等，设奖目的很明确——根据班务记载情况，让每位学生都争取得奖。此外，我们还结合学校星级阳光学生争创活动，时时对照自己的行为，改正自己的不足之处，争创星级阳光学生。让学生成为学习活动的主人，成为自我发展的主人，实现学生主体地位的回归。心理学理论告诉我们：对学生肯定的评价，会使学生心理上的社会认可需要得到满足，从而进一步强化动机，这种高涨的积极性必然会激励学生向着更高的目标前进。

苏霍姆林斯基说："唤起人实行自我教育，乃是一种真正的教育。"作为班主任，只有让学生成为班级的小主人，充分尊重并相信学生，发挥他们的主体作用，发挥他们的自我管理才能，发挥他们参与班级管理的积极性，班级管理才能更和谐。

（江苏省苏州工业园区新城花园小学　苏志芳）

教与学

1. 跟苏霍姆林"司机"学"开车"

我们的观察证实了儿童智力发展的一条很重要的规律性：儿童在课堂上要掌握的抽象真理和概括越多，这种脑力劳动越紧张，那么儿童就应当越经常地到知识的最初源泉——自然界里去，周围世界的形象和画面就应当越鲜明地映入他的意识里去。

——苏霍姆林斯基

（摘自《给教师的建议》，第190页，教育科学出版社1984年版）

很凑巧，"斯基"与"司机"谐音。如果学校和课堂是一辆车子，那么苏霍姆林斯基无疑是最高明的司机之一。跟他学习教育管理和课堂教学，就是跟最好的"司机"学"开车"。

最近我将目光聚焦到《给教师的建议》第187~195页之间，"'思维课'——到自然界去旅行"，这个话题牢牢地吸引着我。"开车"，最好的享受就是到大自然里去"兜风"。

以前也看过这篇文章，"我们的观察证实了儿童智力发展的一条很重要的规律性：儿童在课堂上要掌握的抽象真理和概括越多，这种脑力劳动越紧张，那么儿童就应当越经常地到知识的最初源泉——自然界里去，周围世界的形象和画面就应当越鲜明地映入他的意识里去"。"儿童是用形象、色彩、声音来思维的……"这些生动鲜活的理论阐述，成为很多教师的行动指南，我也是其中之一。

2011年，我就曾经尝试学一学"司机"的"开车"技巧，带学生到常山江边去"旅行"。

那是下午的第三节课，是一节作文课，内容是安排学生观察航埠江边的古樟树。带队出校门之前，我把该交代的注意事项，尤其是安全问题——作了强调。学生们纷纷保证出了学校也要遵守课堂纪律，力争圆满完成学习任务。排队行进时秩序良好。到了江边，我们从远处开始观察古樟。趁我讲解、指导之际，我们班素来特立独行的"飞将军"悄无声息地爬上了路边的一辆三轮摩托车。我的心里咯噔一下，一种不好的预感徒然升起。未曾想到，更糟糕的事情还在后头，当我说要到樟树底下近距离观察的时候，学生们好像刚从牢笼中放出来的猛兽，突然失去了控制，一个个"咆哮"着冲向樟树。我的心猛然间沉了下来，预感变成了现实。再看一眼"飞将军"，他已经飞身到了栏杆外面，在进行"高空行走"表演。我的冷汗一下子就冒了出来，这实在是太可怕了！我仿佛已经看见有学生掉到江里了，仿佛已经看见教育局的事故通报了。安全——这根高压线，很可能在一秒钟之内爆发出凄惨的火花！

撤！我下意识地冒出这个念头。马上带学生回学校，已经顾不得什么现场教学、现场讲解了，不出事故才是最重要的。回到教室，过了好久心情才平静下来。和学生们纸上谈兵一番，布置他们回家打作文草稿了事。

虽然这次"开车"相当失败，但是一个优秀的司机必定是从失败中成长起来的，教师的成长也一样。2011年4月，教学《自然之道》一课，课后有一个走进大自然、观察自然现象的综合性学习，本单元的口语交际与习作也与大自然有关。可是为了学生的安全，带学生出校门的事是万万不能去做了，于是我把目光投向校园，投向教室外的那片绿地——就让学生到他们熟视无睹的绿地上去观察，去寻找自然之道吧。

第二天早晨，我一个人到绿地上慢步——在带学生来之前，我先要自己观察一番，看看能否先发现一些"自然之道"。我故意在窗前晃悠，以便引起学生的好奇。果然，有学生忍不住心中的好奇，从窗户里探出头来，问我："老师，你在干啥？"我笑而不答。通过仔细观察，我发现因为没有阳光的照射，浓密的灌木地上寸草不生。而由于无人踩踏，风景石周围一圈的草长得特别茂盛。折断了的小树根部又发出了嫩芽，这说明小树的生命力很强大……这些都是"自然之道"。

语文课上，交代了学习任务之后，我和学生们一起来到绿地上。他们一手握笔、一手拿本子，一边观察、一边记录。有的趴在地上，有的蹲在树旁，有的靠在石头上，一个个都很专注，因为我限定了观察的时间。

时间到了，我把学生们集中在一起。我坐在一块大大的风景石上面，他们围坐在我身前，围成一个半圆形，我们一起交流在这片绿地上的发现。学生的发现可真多，如没阳光的地方寸草不生，小树虽然被折断了，但根部又长出了嫩芽……孩子们围着我，一个个扬起笑脸，每个人的眼睛里都发出闪闪的亮光。而我，端坐在他们中间，享受着他们发现的喜悦。

那天的阳光很温暖，那天孩子们的眼睛特别亮，那天我"开车"的感觉特别好。

亲爱的朋友，在教育教学领域，不管你是一位刚刚领取"驾驶证"的新手，还是急于提高"驾驶技术"的"菜鸟"，或者已经是一位技艺非凡的"老驾"，请跟随苏霍姆林斯基，我们一起学"开车"吧！把你"开车"的经历和体验，或者是对"开车"理论的独特感悟写下来吧，与我，与我们一起分享。

（浙江省衢州市柯城区航埠小学　赖建平）

2. 一"挤"二"保"三"减"四"推"

　　正像空气对于健康一样，自由时间对于学生是必不可少的。自由时间是丰富学生智力生活的首要条件。我们要使学生的生活中不单单只有学习，还要使学习富有成效，想克服负担过重现象，就得使学生有自由支配的时间。

——苏霍姆林斯基

（摘自《给教师的建议》，第69～70页，教育科学出版社1984年6月第二版）

　　学生在校时间过长、学业负担过重，已成为我国中小学教育中久治不愈的顽症。"朝6晚9"的作息制度在教育局的明令禁止下暗流涌动，孩子从早上睁开眼到晚上睡觉，这"一睁一闭"之间的所有时间都已被"安排"得满满当当，别说孩子们没有时间看书、看新闻、做自己喜欢的事情，就连人赖以生存的睡眠都难以保证了。

　　面对这种现状，我的做法是：课上"挤"，课间"保"、作业"减"，课后"推"。

一、课上"挤"

　　课堂上，学生如果没有动脑思考、没有动手练习的时间，就会把作业压到课外，加重学业负担，恶性循环，就会影响课外活动的开展。提高课堂教学效率，为学生挤出自由支配的时间。这是后面所有做法的先决条件，我的做法是：

首先，重视课前预习。教给学生我自己编的"预习四步走"，即一读二查三描四疑，让学生在教前熟悉课文，自学解决自己能力所及的问题，提出高质量的疑问，向课文的更深层去思考，让他们"打一场有准备的仗"。

其次，少讲、精讲。40分钟的上课时间是固定的，不会再延长出来，挤掉的一定是老师讲授的时间。所以坚持学生会的不教，学生能说明白的不重复，学生不会的尽量让学生自己解决，教师少讲、精讲，只做点拨性的引导。精简语言的前提是充分备课，备教材要先备学生。

再次，力争"当堂训练堂堂清"。所教内容应及时得到学生的动脑动手的反馈，学生所学的知识才能得到巩固，教师才能及时发现问题并解决问题。教师不要为当堂训练用掉了课堂1/3的时间而耿耿于怀，因为学生练习，教师巡视，当堂答疑解惑，不仅有助于学生学习效率的提高，而且还能让学生赢得自由支配的时间。

二、课间"保"

上课铃声响，老师要求孩子们按时进教室，但下课铃声响，老师却没有准时下课，课间是孩子们在校生活中最快乐、最期待的美好时光，连歌里都这么唱："等待着下课，等待着放学，等待游戏的童年……"在这短短的十分钟里，他们要放松心情，要调养身心，要自由交往，要做很多自己的事。"磨刀不误砍柴工"，课间十分钟的休息是学生大脑做有氧运动的自由时间，教师必须保证，我的做法是：

首先，杜绝拖堂。没有讲完的课也得硬生生地"咽"回去，下节课重新调整自己的备课；没有处理掉的作业也得硬生生地收回来，另外再找时间专门个别辅导，不让全班同学"陪"着。

其次，鼓励学生学会合理安排这段自由时间。鼓励不愿意出去的学生多出去晒晒太阳，看看绿色，有利于健康；提醒丢三落四的孩子先放好下一节课的学习用品；组织学生玩有益于身心的游戏，让他们在游戏中学会交往，学会合作，学会遵守规则。

三、作业"减"

作业一直被称为"课堂教学的延伸和补充",所以作业就成了学生课外时间最大的占有者。许多老师搞"题海战术",只图"量",不求"质",一味盲目地"强化"训练。其实这种盲目的"题海战",会导致学生的思维活动空间减小,不利于其思维能力的发展,更使学生负担过重,失去了宝贵的自由时间。如今,很多学校的老师又美其名曰"指导自学",将作业变换着形式转嫁到家长的头上,即孩子完不成,家长代做,孩子不会做,家长硬着头皮解决。学生根本无法体会到学习的乐趣。我的做法是:

首先,减"量"。杜绝重复作业,拒绝无效,保证学生的睡眠时间,控制时间,落实减负要求。从2006年年底,江苏省就出台硬规:小学生的家庭作业量不得超过1小时。这样算来,分摊给语文作业的时间也就20~30分钟。面对量化的减负要求,老师要更好地控制作业量,还学生更多的自由时间。每次布置作业时,我都会注明学生完成作业所需的估算时间,让学生心中有数,也能培养他们专注地完成作业的良好习惯,防止做作业拖拉现象,让"负"减少,但"效"要增加。

其次,提倡老师"下水"。好像每个人都认为老师布置的作业学生做是天经地义的,就像站在岸边的人怎么能体会在水中游泳的人的感受呢?我觉得老师也应该写"下水作业"。我和学生一样,准备齐全作业本;和学生的要求相同,我写作业的字迹也要端正清楚;和学生一样,也要计算答题的时间;所不同的是,我用红笔做。无论自己有多忙,预先将所布置的作业认真做一遍,在碰到问题时,通过查阅字词典、向同行请教、上网查询等途径解决,尽量扩充答案的容量,不求唯一的答案。在批改作业的过程中,我发现有些题回答得没有学生回答的角度新、有创意,"师不必贤于弟子",遇到这种情况,我会把学生的回答抄下来,并署上该生姓名,使我的作业本完善起来、充实起来。开始写"下水作业"后,我发现对作业时间把握得更准了,更符合实际状况了。我先计算自己完成作业的时间,然后适量放量,比如老师做15分钟的作业,那么估计学生就要再翻一倍的时间完成。这样就逼自己在选择、设计作业时更注重精要和针对性。

四、课后"推"

由于现在的学生经常处于"被教育"、"被学习"、"被活动"的圈养状态,天长日久,棱角早已磨平,个性已被扼杀,即使有了自由支配的时间似乎也不会用了,要么对什么都无动于衷,要么沉迷于游戏之中。所以,老师还需要充当一个"推手",推动学生合理支配自己的自由时间。

首先,推崇课外阅读。"学校教育如果离开了阅读,就不是真正的教育,只是训练。"人的精神饥饿感,是在中小学阶段,尤其是在小学阶段形成的。所以,真正的阅读要从儿童开始。如果有了时间的保证,兴趣也就有了成长的土壤,课外阅读就不会再是奢侈。课外阅读是自由的阅读,由学生按照自己的兴趣来定,自主地读书,读"五谷杂书",读有用的书。我在班级内创设阅读氛围,让每个角落都散发出文化气息;带学生参观我的书房,并可以向我借书、换书,又提议每个学生都要拥有自己的藏书;在班级论坛上,让孩子们就"师生共读一本书",讨论情节,读后感受……想尽办法培养孩子们的阅读兴趣。

其次,推动合作学习。"独学而无友,则孤陋而寡闻。"经常会听到学生这样说:"我喜欢和同学一起做作业。""我爱看同学给我看的书。""喜欢"、"爱"就是一种兴趣、一种动力。课后,可以建议学生根据居住的远近,或其他条件能在一起的,分成小组,开展丰富的活动:"小组搜集",主动为课外课堂提供教材,真正做到"学生带着教材走向老师";"小组阅读",学生间互相交换好书,互相交流读书情况,变"要我读"为"我要读";"小组办报、办电台",增强主人意识,培养协同合作能力;"小组访问",帮助学生克服恐惧心理,增加交往机会,增强与人交往的能力;"小组完成作业",学生间互相督促,互相带动,克服怕做作业的心理,有效防止了拖拉作业的现象,养成学生自觉学习的习惯。

再次,推广精彩生活。把孩子们推向生活,让孩子们在学习书本上的知识以外,还要让他们知道生活的滋味。生活永远是孩子们取之不尽的源泉,孩子们只有有了自己的快乐时间,才可以"小鬼当家"精打细算,操持家务;或者做个"农民"种植菜园,侍弄花草;当个"工人"装配机器,修补家具;或者关心"天下事",多收听收看新闻广播,感悟世界的动态发展;或是外出寻找四季的足迹……生活越精彩,人生越有意义。

总之,自由支配的时间应该使学生变得忙碌起来,充实起来。在自己的时间里,在自由的时间里放飞孩子们自由的心灵,拥有一个真正的轻松快乐的童年。

(江苏省苏州工业园区新城花园小学　夏霞)

3. "凸现自主"阅读教学的有效策略例谈

  获取知识——这就意味着发现真理、解答疑问。你要尽量使你的学生看到、感觉到、触摸到他们不懂的东西,使他们面前出现疑问。如果你能做到这一点,事情就成功了一半。但要做到这一点并不那么简单。在备课的时候,你要从这样的角度对教材进行深思熟虑:找出因果联系正好在那里挂钩的、初看起来不易觉察的那些交接点,因为正是在这些地方会出现疑问。而疑问则能够激发求知的愿望。

——苏霍姆林斯基

  (摘自《给教师的建议》,第 24 页,教育科学出版社 1984 年版)

  苏霍姆林斯基说:"在我看来,教给学生能借助已有的知识去获取知识,这是最高的教学技巧之所在。"意思是说,教师要充分给予学生自主学习的权利,不要替代学生思考和获得知识,要让学生通过自己的知识库,去迁移学习新的知识点。如何在阅读教学中实现这一点,是个值得探讨的话题。

话题1:链接"期待和召唤",引发阅读积极性

  在阅读教学中,学生不是以白板状态去阅读文本的,文本作品也不是以冰冷的静止状态面对读者的。学生会主动地运用已有的阅读经验去解读新的文本作品,对文本产生阅读期待。而每一个文本作品都有自身独特的表达结构,对学生也产生一定的阅读召唤。只要学生的阅读期待和文本的

阅读召唤能够联系起来，定能促使学生的阅读纵深推进，引发他们强烈的阅读欲望。

比如：苏教版小学语文五年级下册的《爱之链》一文，小说结构清晰，感人易懂。如何让学生对这样一篇文章产生强烈的阅读兴趣呢？我设计了这样的教学片段，学生根据自己的阅读感悟，马上投入到了新的思维训练中。

师：这篇小说很有意思，你一读全知道，而故事中的人物呢？他们什么都不知道，哪些情节是你知道而他们不知道的？

生：我知道乔依刚刚失业，心情很糟糕，生活陷入了困境，而这是老妇人不知道的。

生：我知道乔依的妻子正是那个女店主，而老妇人不知道。

生：我知道乔依帮助了老妇人，而老妇人又帮助了他们家，这是乔依做梦都没有想到的。

师：居然有这么巧。

生：我知道乔依衣衫不整，是因为他失业了，而老妇人不知道，所以她害怕乔依是个坏人。

师：心里很紧张！你读得很仔细，真不错。

生：我知道乔依的妻子很爱乔依，很舍不得他这么奔波，轻轻地吻了他。而乔依不知道。

……

所以，在充分了解学生阅读水平的基础上，深入钻研教材，发掘不同作品的结构特点，以形成不同的教学期待，可以促使学生产生深入探究的阅读欲望。在现实教学中，也许学生并不会自觉地关注文本的结构，并不能及时发现文本中的矛盾点、留白处等，但只要老师适时点拨和提示，一定能形成学生良好的阅读期待，从而引发学生阅读的积极性。

话题2：创设"对话和联想"，还原阅读的语境感

文本作品，是作者在具体的言语环境下创作的，有具体的言语目的、

特定的言语对象，经过了语言技巧上的推敲、琢磨、选择和取舍。因此，阅读理解的过程实际上也可以直接理解为"语境还原"的过程。

在阅读教学中，充分激活学生已有的生活经验，触发学生的类比联想，在学生的内心再现人物可能的生活场景，就能实现"语境还原"。这样的对话过程，可以使学生与作者通过作品跨越了时空，实现了对话，生成了特殊的语境。

比如：我在教授人教版六年级上册《唯一的听众》一文时，是这样设计的。

老师请所有男生站起来拉琴。

师：这么多小伙在树林里锯木头，你感觉到这声音？

生：很摧残耳朵。

师：是啊，这么多的小伙子肯定不行。就你们两个人拉，其他人都坐下，你们在树林里拉了一曲后，忽然发现一个极瘦极瘦的老人坐在椅子上，这时你们想干什么？

生：我们想溜走。

师：就想溜走，这时候老妇人叫住了"我"。

女生读老妇人的话。

师：听到这句话，你还想溜吗？

生：不想溜。

师：为什么？

生：老人反而还说是她打扰了我，这使我感动。我拉得那么难听，她居然没有任何反应。

……

在这个教学片段里，我充分挖掘教材资源，创设情境拉近文本人物和学生之间的距离，让学生置身在文本情境中，把自己联想成拉琴的小伙子，切身去体会人物的内心，达到了较好的教学效果。这种"语境还原"，无痕引导，充分彰显了语文教学艺术的魅力。

话题3：指导"比照和感悟"，推进阅读的深刻度

在阅读教学中，感悟和理解是最为重要的。在此基础上，能够指导学生通过自主阅读，在看上去没什么关系的事物之间发现类同点或者相似点，围绕文本比照和联想，则能大大提高学生阅读的深刻性。

比如：苏教版小学语文六年级下册的《天游峰的扫路人》中两次写到天游峰的高和险，两次写到扫路人的外貌，两次写到"我"和扫路人的对话。引领学生将前后两次的内容联系在一起，比较一下，会对文本有更深刻的理解、更丰富的感受。所以，在充分感知了扫路人的两次外貌描写以后，我安排了这样的教学环节。

师：请你仔细读读两次写扫路人的外貌，你能发现什么？

生：第一次是偶遇，所以只写了大概印象。第二次是惊讶之后的打量，所以刻画得很具体。

师：这个比较，让我们清楚地知道了心境不同，所看到的也就不同。

生：我特别注意第二次描写，"瘦削、黝黑、炯炯有神"与"精瘦"形成对比。

生：我感觉前后两次作者对老人的态度不同，第一次是刚相识，第二次是深入理解以后的相知了，所以我能读到句子中包含着的敬佩之情。

师：比如"黝黑"有感情藏在里面吗？

生：有，黝黑就表明老人很健康，很有力量，很有精神。

师：对老人的两次外貌描写，由外而内，由表及里，逐层展现老人的精神风貌，热情、爽朗、豁达、自信也自然而然地流露出来，既不突然，也不虚假。这，就是人物外貌描写的艺术。

这样的教学环节，一方面学生在前后内容的比较体会中，阅读思维得到了进一步的提升，阅读的智慧也得以丰富。另一方面也使学生明白，阅读文本时，学会勾连文本的前后内容来理解文本，可以达到"一以贯之"的教学效果。

苏霍姆林斯基说:"获取知识——这就意味着发现真理、解答疑问。你要尽量使你的学生看到、感觉到、触摸到他们不懂的东西,使他们面前出现疑问。如果你能做到这一点,事情就成功了一半。"学生通过自主的探究,在运用已有的阅读经验去解读新的文本作品的基础上,能学着去"语境还原",学着比照和联想,定能推进阅读教学的高效开展。

(江苏省苏州工业园区新城花园小学　马彩芳)

4. 唤醒学生根深蒂固的需要

> 学生带着一种高涨的、激动的情绪从事学习和思考，对面前展示的真理感到惊奇甚至震惊；学生在学习中意识和感觉到自己的智慧力量，体验到创造的欢乐，为人的智慧和意志的伟大而感到骄傲。
>
> ——苏霍姆林斯基

（摘自《苏霍姆林斯基选集》，第56页，教育科学出版社1984年修订版）

苏霍姆林斯基说："学生带着一种高涨的、激动的情绪从事学习和思考，对面前展示的真理感到惊奇甚至震惊；学生在学习中意识和感觉到自己的智慧力量，体验到创造的欢乐，为人的智慧和意志的伟大而感到骄傲。"我觉得，这样的课堂才可以称得上有趣。

培养学生学习的兴趣，首先要想方设法激发学生的求知欲。苏霍姆林斯基认为：在人的心灵深处，都有一种根深蒂固的需要，这就是希望自己是一个发现者、研究者、探索者。而在儿童的精神世界中，这种需要则特别强烈。教育不在于告诉，而在于唤醒，唤醒学生根深蒂固的需要。有了需要，学习才能获得源源不断的动力。如果教师不想方设法使学生进入情绪高昂和智力振奋的状态，就急于传授知识，那么，这种知识只能使人产生冷漠的态度，而不动感情的脑力劳动就会带来疲倦。这就提示我们，在课堂教学中，每节课的导入环节，创设情境激发学生的兴趣尤为重要。

例如，某节课课题为"物质跨膜运输"。在导入部分，我给学生播放了一则经典的大宝SOD蜜广告，以SOD这种活性物质能否被细胞吸收从而达到美容养颜的效果展开讨论,进而开展"物质跨膜运输"的教学,效果良好。再如,我曾以导致疯牛病的病原体——朊病毒为主题开发了一则教学案例。在案例中,我没有以学生熟悉的疯牛病导入,而是选了另一种学生比较陌生的库鲁病导入。教学伊始,我向同学们介绍了曾经流行在南太平洋新几内亚岛土著福鲁族中的一种神秘而可怕的库鲁病,库鲁病的发病症状是:病人开始步履不稳,晚期全身震颤,发病后3~6个月内死亡,患者3~5万人。学生以前从未听说过此病,其症状又如此特别,一下子激起了学生的好奇心,大家急切地想知道究竟是什么原因导致了这种疾病。我适时出题——谁是导致库鲁病的真正元凶呢?此案例中,我以学生陌生的库鲁病导入,最大程度地激发了学生的好奇心和探究欲。

要培养学生的学习兴趣,必须让学生经历探究的过程。苏霍姆林斯基指出:尽管学生有求知的需要,但是如果不给这种需要提供食物(与事实和现象进行生动的接触,体验到认识的欢乐),这种需要就会萎谢,而对知识的兴趣也就随之熄灭。只有学生经历了探究的过程,才会进一步激发学生的兴趣。他认为,有许多聪明的、天赋很好的儿童和少年,只有当他们的手和手指尖接触到创造性劳动的时候,他们对知识的兴趣才能觉醒。在这个过程中,苏霍姆林斯基特别强调脑力劳动。他认为离开了脑力劳动,就既谈不上学生的兴趣,也谈不上他们的注意力。这提示我们在教学中,尤其是在理科教学中,要改变"重科学结论,轻探究过程"的模式,要以学生的探究活动为主线,倡导探究学习,使学生认识到产生科学知识必须依赖探究,让他们像科学家从事科学探究那样来学习科学,领悟科学探究的真谛。要实现这一点,要求教师要再现知识的发生过程,变结论式教学为过程式教学。反思我们目前的教学现状,离自主、合作、探究还有很大的距离。比如,在我们的实验课教学中,教师讲实验的还是比较多,真正动手做实验的很少;验证性实验做得多,探究性实验做得很少。

要培养学生的学习兴趣,还要让学生获得成功的体验。苏霍姆林斯基在书中举了一个例子,他讲植物的根系及其在植物生命过程中的作用,在课堂上紧紧抓住土壤中非生物是如何变为构成生物的建筑材料的这一核心问题,激发起学生在自然界奥秘前的好奇心;下课后带学生到田里去实地观察，并把一些表面上看起来完全干枯的草根种下去，结果却成活了。这件事鼓舞了孩子们，他们体验到一种无可比拟的自豪感，他们感到知识是一种使人变得崇高起来的力量。从这个例子我们可以看出，学生经历了探究的过程并且获得了成功的欢乐，这种体验进一步激发了他们求知的兴趣。这个案例对我们的教学有很大启发。

  教学中我们常有这样的感受，学生做对一道难题或考试取得高分，就会产生自信、愉悦的情感体验，因此他们乐于学习，愿意再次尝试，即使遇到了困难，也会想办法战胜。而如果考试考得不如意就有一种痛苦、受挫的感觉，下次处于同样的环境，就不知不觉地产生条件反射，担心失败，甚至因恐惧而不愿去想、不愿去学。我们在教学中要努力创造机会，使学生获得成功的体验，这个不仅仅局限于考试成绩，还要多给学生展示自己的机会，挖掘每一位同学的闪光点，并对学生某一方面的突出表现给予适时的、积极的评价，这样学生感觉实现了自我，有了成功、愉悦的情感体验，在大脑皮层中形成兴奋点，驱使他们继续去尝试，产生浓厚的兴趣。只有唤醒学生内心对学习的需要，才能使他们真正爱上学习。

（江苏省南京市江宁高级中学　汪久佳）

5. 引领数学阅读，发展数学思维

阅读是对"学习困难"学生进行智育的重要手段。"学习困难"学生指的是那些很艰难、很缓慢地感知、理解和识记所学的教材的学生。学生学习越困难，他在脑力劳动中遇到的困难越多，他越需要多阅读：正像敏感度差的照相底片需要较长时间的曝光一样，学习成绩差的学生的头脑也需要科学知识之光给以更鲜明、更长久的照耀。不要靠补课，也不要靠没完没了的"拉一把"，而要靠阅读、阅读、再阅读，——正是这一点在"学习困难"的学生的脑力劳动中起着决定性的作用。

——苏霍姆林斯基

（摘自《给教师的建议》，第50页，教育科学出版社1980年版）

苏霍姆林斯基认为，要提高"学习困难"学生的学习水平，光靠"拉一把"是远远不够的，要通过阅读来让学生提高学习的能力。而这里的阅读，不仅是阅读教材文本，还要学生阅读课外书籍。在数学教学中，对于"学习困难"学生是否也要指导他们先阅读教材文本再阅读数学课外书籍？我们先来看下面的对话：

（1）选择：大于90°而小于180°的角是（　　）。

①锐角　　②平角　　③钝角　　④直角

学生选择②平角

师：你为什么选择平角？

生：我在考试时看到180°就填了②平角。

(2) 四1班有45人,已知6人浇了18棵树,照这样计算,这个班一共可以浇多少棵树?

学生列式为45÷(18÷6)

师:请你把题目认真读两遍,然后告诉我你列的式子是否正确。

生:(认真读题)

生:老师,我知道了,这个题的算式应该是18÷6×45。

(3) 看下图列式。

学生列式:6×5=30(盆)

师:这个式子是错的,仔细看看这幢教学楼有几层,完整地读出这个题,再告诉我怎么列式。

生:(学生仔细看图并读题)我知道了,正确的式子应该是6×5×4=120(盆)。

有的老师认为,这是因为学生粗心造成的。我以为,不能用"粗心"来掩盖我们教学中存在的问题,这是学生没有养成良好的数学阅读的习惯造成的。上面的四个案例中,如果学生都能认真阅读题目,那么他们绝对不会出现这样的错误。我在想,是不是我们在课上只重视了"做数学"而忽视了"读数学"?

回忆我们听的示范课、公开课,课上教师想各种办法让学生兴奋,而看到引导学生"读数学"的确实不多。如此下去,学生读数学的习惯将很难养成,学习成绩也可能下降。

由此看来,数学课上的阅读也是必要的。教师不但要引领"学习困难"学生读数学,而且要指导全体学生去读数学;不但要指导学生读数学教材文本,而且要指导学生读数学课外书籍。下面就课内读数学,谈谈我自己的具体做法。

第一,要读通——纯文字内容,会将句子读通顺;图文结合的,能读出隐蔽条件,读连贯。现在的教材图文并茂,有许多知识的呈现都是用图表等形式提供给学生,实际上对学生来说,增加了一些难度,教学时,如果能做到有意识地引导学生读通数学,那么对学生正确理解知识将起到重要作用。例如,上面案例第(3)题,教学时,应指导学生读连贯、流畅:有一幢4层的教学楼,每层5个教室,每个教室放6盆花,一共放了多少盆花?这里的"4层的教学楼"是隐蔽在图中的重要条件。

第二,要读懂——能说出所读内容的意思。读通数学仅仅是一个方面,关键要能读懂,会用自己的语言说出意思。例如,在教学苏教版四年级上册"角的度量"时,我先让学生自己阅读书本中的下面一段话:

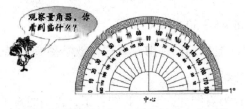

师:(待学生阅读完毕)通过看书,谁会用自己的话说说这段文字的意思?

生1:我看了书后,知道了可以用量角器量角的大小,角的单位是"度",可以用一个小圆圈"°"表示。

生2:我还知道,量角器是把一个半圆180等分做成的,1度的角就是从0开始向上一个刻度。

尽管学生的表述有时不那么严谨,但是这确实表明学生已理解了这段话的含义。在课堂教学中,如果老师能持之以恒地根据教学内容有意引导学生阅读数学,学生的智力活动水平将会随着阅读面的扩大而提高。

第三,要读活——能根据阅读内容产生联想。联想是根据研究的对象或问题的特点,联系已有的知识和经验进行想象的思维方法。这样要求似乎高了一些,但这一环节非常重要,学生在阅读时如果能产生联想,那么他们就容易在解决问题时进行多向思考,从而生发出多种解题思路,促使不同的人在数学上得到不同的发展。例如,北师大版五年级下册有这样一个题:

问:宇宙飞船每秒大约飞行多少米?

我在教学时,先组织学生流畅地阅读题目,然后让学生说说,从中还读出了什么,这里不但要求学生读出宇宙飞船的速度是单位"1"的量,而且还要引导学生联想出,宇宙飞船的速度是人造卫星运行速度的3/2倍,人造卫星运行速度与宇宙飞船的速度比是2:3等。这样学生在寻找解题思路时,就不会停留在一种方法上,他们既可以从分数的角度进行逆向思考:7.9÷2/3,还可以从倍数问题进行顺向求解:7.9×3/2,也可以从整数的解题思路中推出:7.9÷2×3。

数学阅读与语文阅读一样,它可以为学生提供丰富的智力背景,培养学生独立获取知识的能力,有效促进学生的发展。因此,我们在数学教学中,要有意识、有步骤地指导学生阅读数学,让学生从阅读中成长。

(江苏省苏州工业园区新城花园小学　赵云峰)

6. 让课堂教学中多发生一些"意外"

  一堂好课并不是教师一字不差地把事先制订好的课时计划搬到课堂上来。一个好的教师,也不是制订了课时计划之后,就再也不敢越雷池一步。一堂好的成功的课事先也只能由教师在心中粗略地勾画出它的轮廓,而它的诞生只能是在课堂上。因此,一个好教师应当把握课堂教学的发展逻辑,洞察学生脑力劳动的细微变化,从而能够对计划作适当变动。

——苏霍姆林斯基

  (摘自《和青年校长的谈话》,第233页,上海教育出版社1983年版)

  课堂教学的过程是教师引导学生认知与探究的过程,而探究的结果是难以预料的,这便决定了教学过程应该是充满变数的。

  我以为,一堂不折不扣地按教学设计施教的课绝不是成功的课。你如果真正把学生当做学习的主人,调动了他们的积极性,教学过程就不可能那么"一帆风顺",就会出现意想不到的情况。正如苏霍姆林斯基所说:"一堂好课并不是教师一字不差地把事先制订好的课时计划搬到课堂上来。一个好的教师,也不是制订了课时计划之后,就再也不敢越雷池一步。一堂好的成功的课事先也只能由教师在心中粗略地勾画出它的轮廓,而它的诞生只能是在课堂上。因此,一个好教师应当把握课堂教学的发展逻辑,洞察学生脑力劳动的细微变化,从而能够对计划作适当变动。"而有些教师则习惯于在课前将教案设计得十分周密,对每一个环节、每一个步骤都进行精心设计。他们希望学生在课堂上能和老师紧密配合,做到步步紧跟；最担心的就是在教学过程中发生"意外"，因为这样的"意外"很可能扰乱"正常秩序"，甚至会浪费宝贵的时间。但实际上，在大多数情况下，这种"意外"正是我们所期盼的，它常常闪耀出智慧的火花。

下面是我的课堂教学中的几个实例。

案例1：耐人寻味的"飘过"

《雨巷》是我国现代著名诗人戴望舒的成名作，这首诗以炽热的情感表达了诗人朦胧的期盼与追求。它在艺术上也颇具特色，尤其是重叠和反复手法的运用，大大增强了诗歌的抒情色彩。我引导学生认真体会，取得了较好的效果。正待转移话题，却有学生举手发问（在我的语文课上不但安排了质疑的环节，而且学生可以随时提出问题或发表不同见解）：这首诗的首尾两节几乎完全相同，但有一处却作了改换，第一节的末句是"我希望逢着一个丁香一样的结着愁怨的姑娘"，而末节却将"逢着"改为"飘过"。作者为什么要这样改换？难道"逢着"不是更好吗？这是一个从未引起注意而又确实值得探究的问题，我在备课时也未曾留心。当有学生提出此问，我也立时感到诗人将"逢着"改为"飘过"确有深意。

为了解开这个疑团，我要求学生先思考：诗人开头表达自己"希望逢着一个丁香一样的结着愁怨的姑娘"，而这个希望最终实现了吗？学生通过细读，感悟到这个希望并未实现。诗中出现的那个丁香一样的姑娘只不过是一种幻觉，她"像梦中飘过"，很快便如梦境一般地消失了。明确了这一点，我让他们进一步思考：诗人如果在末节重复"逢着"二字，固然可以进一步突出这种愿望，但与"飘过"相比，哪个更符合情感的变化呢？学生通过比较，终于明白：诗人已经意识到"逢着一个丁香一样的结着愁怨的姑娘"是不可能实现的，而只能是一种在眼前"飘过"的幻觉。但即便如此，诗人也觉得这种"飘过"的幻觉是那样美好，是一种精神上的满足。因此，结尾用"飘过"替代了"逢着"。表面看来，从"逢着"到"飘过"似乎削弱了"希望"，而实际上却使这种"希望"变得更加强烈。诗人对丁香一样的姑娘的憧憬就是对理想的追求，因此也把自己对理想的追求表达得更加强烈。

苏霍姆林斯基说过:"实事求是地讲,一个好教师并不能预见上课时的细枝末节。"而这种意料之外的"细枝末节",常常能使教师和学生都从中得到极大的收获。

案例2:助纣为虐的"代偿"

柳宗元的《段太尉逸事状》是一篇被誉为叙事严谨、写人生动的传记文。作者选取段太尉(段实秀)一生中孤身入营劝服郭晞、卖马市谷代农偿租、拒纳朱泚贿赠厚礼三件逸事,多侧面地表现了人物外柔内刚、勇毅见于平易的个性特征,刻画了一位封建时代正直官吏的形象。其中代农偿租记叙的是:泾州大将焦令谌不顾农民的死活,强行索租,并打伤告状的农民。段太尉闻讯后亲自为伤者敷药喂食,还卖了自己的马代其偿租。寄寓在泾州的淮西镇军帅尹少荣得知此事后大骂焦令谌,使焦令谌羞愧难当,并"自恨"而死。作者意在借此赞颂段太尉仁义爱民的品德。但有个学生却对此提出了异议:要是焦令谌没有被尹少荣大骂,不知道段太尉为那位农民"代偿"之事,那结果又会怎样呢?他非但不会"自恨",反而会更加为所欲为。因此,段太尉以"代偿"来对付索租并不值得赞赏。

此言一出,学生们顿时议论纷纷,教室里好不热闹。这无疑打乱了我的教学计划。但我认为这是一个值得探究的问题,于是让他们展开讨论。在讨论中,同学们各抒己见,有的发表了十分独到的见解:作为泾州营田官的段太尉,对横行霸道、鱼肉百姓的焦令谌不敢进行正面交锋,不去为"垂死"的农民讨回公道,而是通过"取骑马卖,市谷代偿"来填充虎口,这实际上是对焦令谌强行索租的放纵,是在助纣为虐。再说,除了文中的那个农民外,还有许多受难的农民,他们没有段太尉替之"代偿",只能任由焦令谌欺压。这与其说是爱民,不如说是通过施小恩小惠来笼络人心。显然,学生们的观点是颇有见地的。当然,这堂课也收到了意想不到的效果。

案例3：缘何用"树"不用"木"

　　选入人教版高中语文必修5的《说"木叶"》一文，对古代诗歌避用"树叶"而用"木叶"的现象进行了透辟的分析。作者认为，"木"在颜色和触觉上具有暗示性，"它可能是透着黄色，而且在触觉上它可能是干燥的而不是湿润的"，这就自然而然地"有了落叶的微黄与干燥之感"；而"树"和"树叶"则没有这样的感觉。因此，"木"和"木叶"比"树"和"树叶"更能表现"疏朗的清秋的气息"。这也正是古代诗歌在描绘秋景时常用到"木"、"木叶"、"落木"等词语的原因。文中以大量诗句为例证明了这一说法。学生读后不仅加深了对相关诗句的理解，而且对古代诗歌的语言艺术有了进一步的感悟。但有一个学生却提出了疑问：既然"木"更能表现秋天的景象，那为什么马致远在《天净沙·秋思》中不说"枯藤老木昏鸦"而说"枯藤老树昏鸦"？这确实是一个意想不到的问题。我并未急于解答，而是要求学生把"枯藤老树昏鸦"整句话联系起来看。

　　经过认真思考，终于有学生发表了颇有说服力的见解：这首词以"枯藤"开头，而"树"与"藤"更能形成对应关系，正如我们可以说"藤缠树"，而不会说"藤缠木"。还有同学补充：看到树便会想到枝丫，"昏鸦"一般歇在树枝上，而"老木"和"昏鸦"缺乏这样的联系，因此，"老树"用在此处，与"枯藤"、"昏鸦"构成了浑然一体的画面。我对以上看法作了充分肯定，同时指出，《说"木叶"》这篇文章并未把"木"和"树"的用法绝对化，古诗词中大都用"木"、"木叶"、"落木"等来表现秋日萧索的景象，但在具体运用时也会灵活处理，黄庭坚便有"寒藤老木被光景，深山大泽皆龙蛇"的诗句。可见，对于"木"和"树"的用法不能一概而论。

　　我以为，这样的"意外"乃是课堂教学中十分宝贵的"生成"。教师只有在课堂教学中给学生留下自主探究和自我展示的空间，才会解脱思想的禁锢，让他们通过独立思考产生个性化的见解。从某种意义上说，学生也应是课堂教学设计的参与者。教师在教学过程中应该放手让学生发现问题、提出问题并发表独立的见解，鼓励学生大胆怀疑、大胆批判。学生一旦掌握了学习的主动权，便不可避免地会发生"意外"。这种"意外"虽然打乱了教师预定的教学步骤，甚至有可能使教学内容发生变更，但它却符合学生的学情，能充分调动他们的学习积极性，发展他们的思维，且有助于创新精神的培养。

当然，教师也不应完全被课堂上发生的"意外"所左右，还应该根据这种"意外"是否具有一定的价值而作出灵活处理，适时调整教学思路和教学步骤。这无疑对教师的专业素养和应变机智提出了更高的要求，而这也正是我们要完成新课改的使命所必须实现的奋斗目标。

（广东省深圳市北师大南山附中　杨先武）

7. 爱上阅读爱上学习

> 在小学里，独立阅读在学生的智力发展、道德发展和审美发展中起着特殊的作用。
>
> ——苏霍姆林斯基
>
> （摘自《给教师的建议》，第167页，教育科学出版社1984年版）

苏霍姆林斯基指出，学生的智力发展取决于良好的阅读能力，阅读不仅能够"造就聪明的头脑，而且能够培养灵巧的双手"。"在小学里，独立阅读在学生的智力发展、道德发展和审美发展中起着特殊的作用"。书对于学生来说，"并不是真理的仓库，而是内心体验的源泉"。阅读是"一种自我总结，是自我教育的开端，是面对自己良心的自白"。而对于那些所谓的学习"困难学生"，阅读的作用就更加突出。"如果你的学生具备了良好的阅读能力，你就不必担心会再出现落后学生"。因而，"快速地、会思考地阅读，是学生在课堂和在独立读书时进行完善的逻辑思维的最重要的条件之一，是学生学好各门学科的基础"。

当我成为一名语文教师时，我也将激发学生的阅读兴趣作为语文教学中的重要内容。

第一，联合家长，营造家庭亲子共读的氛围。

利用一切机会将书香气息带进家庭，如通过发告家长书、编印相关材料、开家长会、家访等形式，以家长委员会为纽带，向全体家长发出倡议，号召全体家长积极投身到"小手拉大手，同读一本书"活动中来，利用一切与家长接触的机会，将学校营造诗书文化校园的信息带入家庭。保证一、二年级的学生每天回家阅读不少于200字,三至六年级的学生每天阅读时间不少于半小时。家长教师一齐督促检查,并给予指导。还开展家长进学校活动,让家长感受学校的阅读文化,并通过"小小藏书家"、"书香门第"、亲子读书征文等评选活动,来推进亲子共读活动,引领父母与孩子一起成长。

同时,实实在在做好三件事情:①动员家长为每个孩子布置一个独立的阅读、学习空间。②邀请家长到校参与"亲子阅读课堂",共同享受阅读的快乐,并引导家长在家里如何辅导孩子有效阅读。③为每个孩子设立一个阅读成长档案,动员家长一起收集相关材料,如阅读情景的照片,每个月内认识的字的记录,家庭亲子阅读时孩子所说的精彩语录,与亲朋好友交流时孩子说出的精彩语录等等。

另外,还引导家长利用社区资源联合学校有效开展阅读活动,如利用城市展览馆、市、区图书馆广场、大小公园、河流湖泊、各主题文化区域,宁波深厚的文化底蕴和丰富的社区资源,鼓励家长带着孩子在自然中、在生活中阅读,推进大阅读建设。

第二,凭借直观,带领孩子享受阅读的快乐。

我带着孩子们实施三个"一"工程,即以"一天一篇(首)、一周一卡、一月一本",真正地让阅读伴随孩子成长。

一天一篇(首):每天读一篇文章或一首诗歌,抑或背一段经典文字。

一周一卡:每一周进行一次星级评价记卡活动,一学期结束后获得相应级别奖章。

一月一本:基本保证每个学生每个月读完一本好书。

在实施三个"一"工程时,努力做到:①用故事引领。利用午间阅读时间,每天和孩子们一起读书,尤其低年级,先用故事引路,可以是要读的这本书的故事开头,也可以是相关的故事,而中高年级则可让孩子们看着题目自己猜猜故事的内容……从而激发学生积极的阅读期待。②以榜样示范。这个榜样可以是教师自己,如教师有感情的朗读、动作表演诵读等,更多的时候则以学生中爱上阅读、阅读有进步的孩子作为身边的榜样，让每一个学生觉得爱读书、读好书是人人可以做到并能够做好的事情。③让成功激励。随时发现孩子在阅读中的点滴进步，放大优点，以此让孩子享受成功的喜悦，不断爱上阅读，强化良好的阅读行为习惯。

（浙江省宁波市泗洲路小学　周步新）

8. 关于"交接点"的数学解读

真理的知识在学生意识中的产生，来源于学生认识到各种事实和现象之间的那些接合点，认识到把各种事实和现象串连起来的那些线索。

——苏霍姆林斯基

（摘自《给教师的建议》，第 57 页，教育科学出版社 1984 年版）

什么是交接点呢？我们先来看看苏霍姆林斯基的解说："真理的知识在学生意识中的产生，来源于学生认识到各种事实和现象之间的那些接合点，认识到把各种事实和现象串连起来的那些线索。"显然，简单地说，交接点就是事物和现象之间的连接点。在《给教师的建议》这本书中，苏霍姆林斯基多次提及"交接点"这个概念，可见其重视程度。

在教学中，为什么需要寻找交接点呢？苏霍姆林斯基早就给出了答案："在备课的时候，你要从这样的角度对教材进行深思熟虑：找出因果联系正好在那里挂钩的、初看起来不易觉察的那些交接点，因为正是在这些地方会出现疑问。而疑问则能够激发求知的愿望。"显然，交接点是激发学生思考兴趣，并使思维走向深入的推动器。

那么，对于数学教学而言，怎样确定知识或事物之间的交接点呢？我认为，数学教学中的交接点，大致有以下几个产生途径。

途径1：在知识的联系中凸显

苏霍姆林斯基说："多年的经验证明，学习困难的学生的知识不够巩固,其根源就在于他们没有看出、没有理解各种事实、现象、真理、规律性之间相互交接的那些'点',正是在这些'点'上产生了各种因果的、机能的、时间的及其他的联系的。正是对这些'点',应当引导学习困难的学生加以注意。"的确,大千世界,事物和现象之间,总会有千丝万缕的关联,或纵横交织,或彼此包容。数学知识也是如此,大多数知识点都不是孤零零的,它们之间存在着太多的联系,这就需要我们用一种系统的眼光去理解和把握。唯有如此,我们才能设计出有价值的交接点。

例如,苏教版五年级上册的"小数的乘法"这一教学内容,其重点是理解小数乘法的算理和算法,难点是确定积的小数位数。教学时,我设计了这样几个交接点:小数乘法与整数乘法有什么联系?怎样确定积的小数位数?为什么?显然,处理好了第一个交接点问题,学生就能融会贯通,重建一个更为完善的知识网络,将小数乘法纳入到整数乘法的计算范畴中。而第二个交接点问题,本就体现了教学的难点,如果能浓墨重彩予以突出,就能帮助学生理解算理和算法。

显然,在知识的联系中寻找交接点,需要教师具备一种整体的思维方式。在这一过程中,教师似乎在做一个结网的工作,如果能结好网洞之间的"结点",这张知识的网便会日渐牢固。随着学习的不断深入,这张知识网会越来越大、越来越坚实。而这张网,对学生系统地掌握知识,无疑是大有裨益的。

途径2:从存在的本体中诱发

任何事物和现象都是一个具体的存在物,它们都有其自身的本质属性和存在价值。那么,这些事物和现象为什么会以这种方式存在?它为什么会有这样的特征?这些特征来源于怎样的契机……为了探究知识的本质特征,教师必然会努力寻找事物和现象的交接点。在这些问题的解决过程中,学生对数学知识的本质,就会有更深层次的理解。

那一次,在教学苏教版六年级上册的"长方体和正方体的认识"一课时,在揭示长、宽、高的概念时,我并没有像通常那样直接出示标注有长、宽、高的直观图，而是创设了这样一个情境：先让学生观察一个长方体的物体，然后闭上眼睛想象这个物体的大小，并试着用手比划出长方体物体的大小。在比划时，学生都用三组数据来表示长方体的大小。在此基础上，我追问道："为什么只要知道三组数就能知道长方体的大小呢？长方体的棱到底有什么特征呢？"在此基础上，我才揭示了长、宽、高的概念。

关于这个内容，青年名师张齐华的设计更为精妙。他先出示一个长方体几何图，先去掉其中的一条棱，问学生："能想象出长方体的大小吗？"学生表示能，接着，他再去掉一条棱，再问学生同样的问题，依次这样做，到最后还剩横向、纵向、竖直方向三条棱时，他又追问："如果再去掉一条棱时，你能想象出长方体的大小吗？"学生表示不能。在此基础上，再揭示长、宽、高的概念。这样的处理，就能使学生不仅知道长、宽、高的概念，还能知道为什么要这么规定长、宽、高，这就很好地体现了长、宽、高的存在价值。长、宽、高不是凭空而来的，而是为了更简洁地表示物体的大小这一需要产生的，这就是长、宽、高的本质属性。

当我们站在存在主义的立场去关注学科和知识时，我们不会仅仅满足于它是什么，我们更多的会追问，它为什么会是这样的、这一规律或特性为什么会存在、它的存在对我们的生活和学习到底有怎样的影响。这样的交接点问题，会促使学生的思维变得更深邃。在思考中，他们也将更容易体会到事物和现象的本质属性。

途径3：在问题的悬疑中迸发

在教学中，只要我们做一个有心人，就能找到事物和现象之中的悬疑问题。有些情况看似很平常，但只要稍加追问，就会产生一种悬念感，这种疑问也可以看成是交接点。这些有关交接点的问题也同样能激发学生的惊奇感，督促他们不断地去探索、去发现。

例如，在教三年级的"一位数去除三、四位数（商是二、三位数）的笔算方法"一课时，在做好铺垫练习（367÷3和592÷4）后，教师创设了这样一个情境："有个小朋友叫小明，他学习了昨天的内容后发现一个重大信息：一位数去除三位数，商都是三位数，他的这种说法对吗？"教师让学生试着去反驳小明的看法，有学生提出："592÷6所得的商可能不是三位数。"于是，教师就顺势让学生计算592÷6。事实上，这本就是例题内容。由于教师设计了一个知识的交接点，即让学生辨析"一位数去除三位数，商都是三位数"这一观点。这个问题，将学生探究的积极性都调动起来了，不仅顺利导出例题内容，学生还探究发现了一位数去除三位数的商的特征。在后续的学习中，学生甚至自己提出了一个交接点："一位数去除四位数，商会是五位数、三位数吗？"这真是令人欣慰的场景！通常情况下，教学计算类的课，总会有枯燥、单调之嫌。但这位教师由于善于挖掘知识的交接点，居然把计算课上得妙不可言。由此可见，寻找和确定交接点，对于激发学生的创新精神和思维热情，起着至关重要的作用。

苏霍姆林斯基说过："我在备课的时候，总是努力思考和理解那些接合点和线索，因为只有抓住这些思想的交接点，才能在认识周围世界的真理和规律性中揭示出某种新颖的、出人意料的东西。"事实上，如果仔细去分析某一节课，我们或许能在任一环节挖掘出交接点。这些交接点吸引着学生，让他们常常处于欲罢不能的思维热情中。当教师用一双神奇的手，将很多的交接点串联起来，便会形成一棵知识的树。当然，这会是一棵脉络清晰的大树。

（江苏省张家港市云盘小学　赵红婷）

9. 乍看微不足道，却能放出异彩

如果你想让教师的劳动能够给教师一些乐趣，使天天上课不致变成一种单调乏味的义务，那你就应当引导每一位教师走上从事一些研究的这条幸福的道路上来。这里有一个校长对每一位教师进行个别工作的无限宽广的场地，这里有收获和发现，也有欢乐和痛苦。凡是感到自己是一个研究者的教师，则最有可能变成教育工作的能手。

——苏霍姆林斯基

（摘自《给教师的建议》，第 494～495 页，教育科学出版社 1984 年 6 月第 2 版）

北京版新教材将《茶馆》第一幕编辑进了教材，在学习这一课时，有一个问题引发了大讨论，并且呈现出与我原来的教学设计完全不同的情况，成了我非常得意的一节课。这种感受，真正应验了伟大的教育家苏霍姆林斯基曾说过的一句话："如果你想让教师的劳动能够给教师一些乐趣，使天天上课不致变成一种单调乏味的义务，那你就应当引导每一位教师走上从事一些研究的这条幸福的道路上来。这里有一个校长对每一位教师进行个别工作的无限宽广的场地，这里有收获和发现，也有欢乐和痛苦。凡是感到自己是一个研究者的教师，则最有可能变成教育工作的能手。"

收获 1：提出的问题越多，越聪明

在这节课前，我安排学生课前进行了预习，每人提出几个问题。提问题这个环节，我经常设计在我的教案里。苏霍姆林斯基说："孩子提出的问题越多，那么他在童年早期认识周围的东西也就愈多，在学校中越聪明，眼睛越明，记忆力越敏锐。"学生在一次次的提出问题之后，真的给人"越聪明，眼睛越明，记忆力越敏锐"的感觉。在上《茶馆》这节课时，学生的表现就能很好地说明这一点。

课堂上，学生分组讨论，将预习时提出的问题进行筛选后，开始全班性地提问。在众多问题中，有一个问题引起了大讨论。

收获2：没有自我肯定的体验，就不可能有对知识的真正的兴趣

这个引起大讨论的问题是第二小组提出的："康六和乡妇都是卖女儿的，角色是否重复？"

（我当时的心理活动是：这个小组问题筛选得不太好，这个问题太浅了！）（这个问题有点像苏霍姆林斯基说过的"很小的、乍看起来微不足道的发现"，因为一开始听起来问题真的很浅很浅，浅到作为老师的我有点不想理睬，不过我还是耐着性子给了学生一个机会）

生1：两个角色不重复，一个比一个更穷！

（我当时想：回答虽然浅点儿，但也有道理）

生2：两个角色不一样，康六是真穷，穷得过不下去了，只有卖儿卖女！而乡妇是靠卖女儿换钱的！

（啊！这一个"啊"字差点出了声！可见我当时的惊讶程度！这是让我始料未及的一个回答！因为任何教学参考资料上或者是教师的论文里或者是我们的备课中，从来没有见过也没有想到过有如此的分析）

（我决定问问这个学生，为什么要这样想，理由是什么）

师：这个同学把两个穷人区别开来了，你说"乡妇是靠女儿换钱"，有根据吗？

生2：有，在有人给了这个乡妇两碗面后，第28页有这样一段舞台说明"乡妇，立起……好像忘了孩子"，"忘了女儿了"说明她心里主要想的是怎样能利用女儿换到东西，现在有两碗面了，已经换到东西了，所以就忘了女儿了。

（我当时心理活动：真真让人哭笑不得！但是还不能马上打断，听听其他同学的意见，也是一个探究过程，说不定马上就有人给予反驳了呢）

师：针对这个问题，其他同学有什么意见？

生3：我同意这个同学的说法，乡妇就是要利用这女孩，这女孩可能不是她的女儿，请看第28页，在这之前，乡妇和小妞刚进茶馆时的表现，舞台说明是"乡妇呆视着小妞，忽然腿一软，坐在地上，掩面低泣"，这一幕，很像是装出来的，实际上就是做出可怜相，博得同情。

生2：（很快站起）对，乡妇虽然也很穷，但她不值得我们同情，她为了自己，利用别人。比如在这一幕的最后，第31页乡妇端着空碗进来，小妞还照样喊着"妈，我还饿！"两碗面吃完，小女孩还喊饿，说明两碗面都是乡妇一个人吃了，或者是给小女孩的很少。

（我当时真是后悔不已！本来是想尽快解决这个很简单的问题，谁知这个问题居然还有市场，并且越说越浅了。但是，不能不承认，学生很感兴趣，看看，他们居然有理有据的，他们的论据有这样三个：①忘了孩子；②"腿一软，装出可怜相"；③孩子吃了面，还喊饿）

学生的积极性不用调动，自己就起来了！那就顺着学生的兴趣走吧！苏霍姆林斯基说："让学生体验到一种自己在亲身参与掌握知识的情感，乃是唤起少年特有的对知识的兴趣的重要条件。当一个人不仅在认识世界，而且在认识自我的时候，就能形成兴趣。没有这种自我肯定的体验，就不可能有对知识的真正的兴趣。"正在这个课堂上的学生，真正是进入到文本中去了，有了"自我肯定的体验"，也有了"对知识的真正的兴趣"了，并且很浓厚！

收获3：根深蒂固的需要——总想感到自己是发现者、研究者、探寻者

回过头来看看，学生为什么会有这种看法？一是对当时的社会大背景了解不够，虽然他们课前上网查了资料，但对当时的背景的了解还是不够。二是估计他们是受了所查资料的影响，既然是要埋葬三个时代，那么在要埋葬的时代里，肯定是有一些社会渣滓，他们预习课文时也真正认识

了社会渣滓，如"唐铁嘴，刘麻子，宋恩子，吴祥子"等。三是他们结合现实社会，有这样一些街头乞丐，利用小孩骗钱的。看来他们是把乡妇看成是"社会渣滓了"，这可是有违作者的初衷的。

苏霍姆林斯基说过："人的内心里有一种根深蒂固的需要——总想感到自己是发现者、研究者、探寻者。"而我们作为教育者，应该想办法为他们提供让他们发现、研究、探寻的环境。有时候也许结果是错误的，但是给了他们这个过程，满足了他们"根深蒂固的需要"，所获得的东西远远比答案的正确与否的意义要深重！

（下面的任务是如何正确引导学生，如果引导得好，对学生的认识和分析能力都会是一次很好的训练！我当机立断，从根源上解决问题，他们不是有三个论据吗？我们来驳一驳他们的论据，趁机进行一下驳论文的训练）

（当然，第一，不能是我来驳，抓住这极好机会，让学生来驳；第二，还不能直接让大家驳，不能用老师的意志来左右，只能慢慢将他们引导到驳论上去；第三，说不准还有人同意以上二人的观点，或者又找出论据来了呢！还要做好继续浅下去错下去的思想准备）

师：刚才有同学提出了一个观点——"乡妇不是真的要卖女儿，是要用女孩换钱"。下面我们一起来讨论这个问题，你可以同意他们的观点，继续寻找支持的论据；也可以驳斥他们的观点。我们学过驳论，可以直接驳论点，也可以驳论据，我们一起把他们的论据再整理一下，有这样三个：①忘了孩子；②"腿一软，装出可怜相"；③孩子吃了面，还喊饿！

生4：我来反驳"忘了女儿"——请大家看第25页，康六说："一家大小要是能吃上一顿粥，我要还想卖女儿，我就不是人！"所以我认为，乡妇的思想应该是和康六一样的，有了两碗烂肉面后，她在矛盾着，她在考虑，暂时能吃饱肚子的情况下，还卖女儿吗？正在矛盾着的她，就暂时"忘了女儿"了。

（我终于"嘘"了一口气，真好，看来要"柳暗花明"了，并且还能紧扣文本，用文本说话。当然，上面提出"浅"观点的同学，照样也是用文本说话的，从这一点上说，无论回答浅与深，都习惯用文本来说事，是令人高兴的。）

师：（重复）矛盾之时，正在想问题，所以就一直向前走，就忘了女儿跟在后面了，很好！这叫"矛盾"忘事说！

生5：她忘了女儿，还可以这样理解，"有了烂肉面，就可以吃上一顿饱饭了，特别是女儿不至于饿死了，心情特别激动，一激动，就暂时忘了女儿了！"

师：好，这叫"激动"忘事说！

生6：另外还有，在那样的社会里，乡妇这样的穷人，很少或者就没有得到过别人的帮助，现在常四爷给了她们烂肉面，有点"受宠若惊"了，有点惊呆了的感觉，所以就忘了女儿跟在后面了！

师：这叫"受宠若惊"忘事说！

（这个时候的我，暗暗为这个场面叫好，他们在"发现、研究、探寻"中放出了光彩。）

收获4：没有思考，就没有发现

以上的场面是学生的活动与老师的期望基本上达成一致了，当然这是不能强求的，也应该允许不一致，只要"发现、研究、探寻"过！

就在我准备总结时，又一个"意想不到"出现了，又站起来一个学生。

生7：我发现了，这个舞台说明"忘了孩子"是作者在细节上设置的"对社会的揭露"！

（我又一次地要"啊"出口了，当然心情与上一次是大不一样的，太让人激动了！不要小看这短短的一句话，六个字，分量的确是太重了！不说作者是否有此目的，也不说资料上见没见过，我想说的是，这里，这节课，有我们学生的深刻思考。）

此时此刻，还真要感谢那位提出"浅问题"的同学了，没有他，如何会有如此精彩的一幕！——是呀，正如苏霍姆林斯基所说的"教育——这首先是活生生的、寻根究底的、探索性的思考。没有思考就没有发现（哪怕是很小的、乍看起来微不足道的发现），而没有发现就谈不上教育工作的创造性。

（思考——真的太神奇了！）

我对这位同学进行了一番表扬后，作了总结：

师：好，大家不仅从"矛盾、激动、受宠若惊"等方面证明了乡妇的这个"忘"不是利用女儿的表现，而且还提出了深刻的见解——揭露社会本质的有力的一笔！

（为了前后照应，还要把工作做圆满）

师：到目前为止，我们只驳了三个论据中的一个，还有另外两个论据呢？我们能不能再说说。

生3：我刚才说"腿一软，是装出的可怜相"，我又有了新想法了：乡妇是看到女儿饿，并且自己也饿，心情难受加上饥饿，所以就站不住！我收回我刚才的说法！

（受了以上学生的影响，这位同学自己来反驳自己了，并且很有道理。）

师：讨论场面很热烈，非常好！我想关于"两碗面吃完，小女孩还喊饿"的问题，答案应该很明白了吧！谁说一下。

生8："两碗面吃完，小女孩还喊饿"，乡妇到了要卖女儿的地步，她们的饥饿肯定不止一天两天了，如此饥饿的人，一两碗面是吃不饱的！

师：我们总结一下，实际上乡妇还是受苦受难的穷人，她是深深爱着自己的女儿的，卖女儿是不得已，她心中是万分难受的，我们从"腿一软"，从"忘了女儿"都可以看出。为什么忘了，除了大家刚才说的"矛盾、激动、受宠若惊"之外，我还想补充一点，就是当时的心情特别难受，做什么事都是迷迷糊糊的、神志恍惚的，所以也丢三落四的！

师：大家还记得吗？我们刚才讨论的是"节外生枝"的问题，我们的主要问题是"康六和乡妇的角色是否重复？"刚才有同学说一个比一个穷，很好，还有吗？

生9：要表现那个时代的人民的痛苦，多几个例子当然要充分一些！

师：也就是一个"强调"的问题，对吧！

生10：我觉得这两个人物，在结构上分别带出了一些人物和要表现的东西。乡妇带出了常四爷，进而表现常四爷的正义感和同情心；又带出秦仲仪，表现实业家要实业救国，但却没有同情心。康六带出庞总管，表现顽固派的嚣张气焰！

（又新颖又有力还有层次感，学生的发言越来越有分量。）

师：这一点补充得很有水平，写乡妇和康六两个穷人卖女儿，除了"强调"外，还起到了勾连结构，引出人物的作用！真的分析得很好！我们暂时不去追究作者是否有此意图，使我们感到兴奋的是同学们能从这么多的角度分析，能分析得这么细致，很是了不起！为大家鼓掌！

（这节课太让人兴奋了，一个不起眼的"小小的浅浅的"问题，却闪现出如此多的火花。）

（北京市第一六六中学　黄书琴）

10. 做一名幸福的教育研究者

> 教师的劳动就是一种真正的创造性劳动，它是很接近于科学研究的。
>
> ——苏霍姆林斯基
>
> （摘自《给教师的建议》，第493页，教育科学出版社1984年版）

苏霍姆林斯基早就说过："教师的劳动就是一种真正的创造性劳动，它是很接近于科学研究的。"那么，对于从未有过课题研究的老师来说，怎样才能做一名幸福的教育研究者呢？以下是我多年从事教育研究工作的一些经验。

经验1：多学习，积累科研理论知识

教师的课题研究离不开理论指导，教师要想真正做好课题研究，需要认真学习各种教育理论知识，打下扎实的理论功底。阅读是进行教育科研的必要条件，阅读可以为教育科研奠定思想基础和理论基础，因此教师必须加强对自身理论知识的学习。教育科研需要多种知识的储备，包括学科知识、学科教学法知识、教科研理论知识等，尤其要加强对教科研理论知识的学习，例如，如何确定研究课题、如何制订研究计划、如何开展课题研究、如何撰写课题结题报告等。经常上网查阅，经常阅读一些教育研究前沿的理论期刊和学科教学前沿的专业书籍，及时了解现在教育科研的新动态，不断学习，积累教育科研理论知识，提升教育科研理论素养，促进自己教师专业化成长。

经验2：精选题，从教学小问题入手

　　苏霍姆林斯基在帕夫雷什中学要求每一位教师都要研究教学和教育过程的某一问题，他所在学校低年级女教师 M. H. 维尔霍汶尼娜从事创造性的教学研究工作就达10多年。而我们现在做研究的教师多数是为了评职称，在研究过程中就难免会出现"假、大、空"和"科研与教学两张皮"的现象，很少有人能长期坚持研究自己身边教学和教育过程的某一问题。

　　做学问讲究"学贵有疑"，小疑则小进，大疑则大进，无疑则不进。教师要有问题意识，课题来源于问题，问题是课题研究的核心，可以说没有问题就没有课题研究。我针对自己教育教学中的实际问题进行思考，课题的选题来源于自己的教学工作，近10年来经历了"问题意识和问题解决能力—探究式学习—问题探究性学习—数学活动设计—有效教学"一系列的滚动研究。我从自己的教学小问题入手，从小题小做开始，在研究工作中积累了一定的教学实践经验后，再逐渐过渡到小题大做，这样更有利于自己进一步展开研究，在研究中不断向自己的教育观念和教学行为提出挑战，在平凡而忙碌的教育教学工作中寻找问题、分析问题、解决问题，以提高教育教学质量和水平。确定了选题后，教育科研算是起步了。有了好的选题，研究就成功了一半，因此要精心做好选题工作。

经验3：再论证，确保课题有效展开

　　苏霍姆林斯基说："教师在观察、研究和分析事实的基础上去创造教育现象，这正是创造性研究的最重要的因素——预见性之所在。"课题研究是把想法变成具体可以操作的做法，就是解决问题的过程。课题再论证是课题研究的重要组成部分，课题再论证活动就是在专家的指导下，对原来课题设计方案中一些预见性的想法作进一步的论证与修改。我主持研究的市课题"促进有效教学的数学活动设计探索"立项后，及时组织了课题再论证活动，让课题组成员进一步明确了课题研究的价值与意义；进一步细化了课题研究方案，把课题每一个阶段要做的研究工作都详细地罗列出来，明确了课题组成员的具体分工；重新考虑课题研究的内容是否新颖、是否独特，进一步对研究内容进行了修改；进一步优化了课题研究的方法，以行动研究法为主，辅以文献分析法、调查法、教育经验总结法等。在专家的指导下对课题研究方案中存在的问题展开了充分讨论，不断酝酿，最后形成课题开题报告，使课题组每一位成员对研究的难易程度、研究中可能出现的问题、研究进程等做到心中有数，可以在今后的研究中采取适当的措施解决可能出现的问题，确保能有效地开展课题研究。

经验4：重实践，强化课题过程研究

苏霍姆林斯基说："创造性研究的意义，不仅在于教师看到了、研究了以前没有被人注意到的教育过程的某一方面。创造性研究还能从根本上改变教师对自己工作的看法。教师就不会再把教育工作看成是每天重复着同样的事情，是把完全一样的讲解、巩固等做枯燥乏味的表演了。"我在主持研究市课题"促进有效教学的数学活动设计探索"时，不仅自己独立进行研究，不断提升科研能力，还注重主动带动课题组成员积极参与课题研究。为了保证课题的正常有效研究，我们开展了四个方面活动：①制订好课题研究阶段性计划，让每一位课题组成员都清楚自己该做的工作，有计划地开展好研究工作。②组织课题研究经验交流会。课题组成员在会上将个人已做的研究工作、已取得的阶段性成果、目前还存在的研究困难等展开讨论，共同商讨解决办法，并制订下一阶段的研究工作计划。③认真填写"课题研究记录表"。课题负责人要有活跃的思维和问题意识，善于发现问题，与课题组其他成员一起开展多层次、多渠道、全方位的研究，及时记录研究中的成败得失。④课题组内要有专人负责做好文献资料收集和研究过程成果资料积累工作。文献资料的收集可从教育专著、报刊上复印和互联网上下载。研究过程成果资料要及时整理，把活动记录、教学案例、个案分析、论文等及时放入档案袋中，保管好课题研究的原始资料。

经验5：善总结，精心提炼课题成果

苏霍姆林斯基说："事实——这是教育过程的客观规律性的现实的反

映和表现……教育经验的实质,也就在于教师每一年都要有些新的发现,而在这种发现新事物的志向中,也才能发挥教师的创造力。"我在主持研究市课题《促进有效教学的数学活动设计探索》时,在具体的实践中扎扎实实地开展研究工作,认真填写"课题研究记录表",积累了一定数量的原始资料(学生调查表、个案分析、数学活动设计等),对数据材料进行了定量分析,对非数据化的材料进行了定性分析。在研究资料的整理与分析过程中,我们要善于总结,要善于捕捉创造性的想法,并迅速准确地记录下来,进行思维加工与实践检验,才有可能获得创造性的有价值的成果。撰写课题研究报告是一种创造的过程,在精心提炼课题成果的过程中会产生成就感。当看到自己的思想、自己的研究成果诞生时,教师就能从中体会到研究的快乐与收获的喜悦。

让我们马上行动起来,走上教育科研之路,去研究以前自己没有注意到的一些教育现象,从根本上改变自己对工作的看法,做一名幸福的教育研究者,主动学习,主动研究,成为一名教育科研工作的能手,在教育科研的道路上阔步前进,尽情地去享受教育科研带来的乐趣和收获。

(浙江省台州市黄岩区江口街道中心小学　陈健)

11. 让沉寂的词语在儿童意识中"欢蹦乱跳"

> 在低年级,从教学的最初步起,知识的最重要的因素就是词,让词在儿童的意识里活起来,欢蹦乱跳,使词成为儿童借助它去掌握知识的工具,这是多么重要啊。
>
> ——苏霍姆林斯基
>
> (摘自《给教师的建议》,第22页,教育科学出版社1984年6月版)

寒假中,重读苏霍姆林斯基的《给教师的建议》,当读到"在低年级,从教学的最初步起,知识的最重要的因素就是词,让词在儿童的意识里活起来,欢蹦乱跳,使词成为儿童借助它去掌握知识的工具,这是多么重要啊"这段话时,心里不禁怦然一动。如今的许多教师对于词语教学总是浅尝辄止,只重视理解意思,不重视感悟体验;只重视词语读写,不重视挖掘词语在表情达意方面的深厚内涵。结果,造成相当一部分同学头脑中学过的词语总是处于"沉睡"状态,口语和习作时用词贫乏,词不达意,对于意思相近的词语更是无法辨别和准确运用。

其实,词语作为文章构成的基本单位,虽然在呈现形式上是沉寂的,但其中却蕴涵着作者丰富的情感因素,在本质上是鲜活而富有灵性的。因此,作为语文老师,更应该"带领学生沉入词语的感性世界",运用多种方法,让沉寂的词语在儿童的意识中"欢蹦乱跳"起来,让词语教学成为学生认识世界、发展思维的鲜活元素。

片段1：丰满表象，让词语具有鲜明的色彩

苏霍姆林斯基说过："学习言语，要让词深入到儿童的精神生活里，使词在儿童的头脑和心灵里成为一种积极的力量，成为他们意识中带有深刻内涵的东西。"文章中的许多词语都是作者精心挑选、反复推敲而来的，不仅形象生动，而且具有鲜明的色彩。为了让儿童获得深刻的体验，教师在课堂上应该引领儿童通过想象画面、词语组合等方式唤醒词语表象，由抽象的词语进入具体的形象去感知、感悟。例如，我在指导学生理解《江南》（苏教版一年级上册）一课中"田田"一词是这样做的。

师：谁能猜一猜"莲叶何田田"是什么意思？

生：可能是莲叶很甜很甜的意思。

（显然，学生根据"田"与"甜"同音而做出了这样的判断。）

师：这里的"田田"可不是很甜很甜的意思。小朋友们，请仔细观察插图，看看莲叶是什么样子的呀？

生：莲叶像一个大大的凉帽。

（小朋友立刻笑了，用小手在自己头顶上比画凉帽的样子。）

生：莲叶像一把小伞。

（小朋友立即高举小手做撑伞的动作，此时的课堂气氛非常热烈。）

师：真会想象呀！莲叶就像是高高举在手中的小伞，戴在头上的凉帽，那它是什么颜色的？

生：莲叶是碧绿碧绿的。

师：真好，用了两个绿，可见它是多么绿啊！

生：老师，我感觉莲叶像是喝了很多很多的水，看起来嫩嫩的。

师：真好，真会看图，还能说出自己的感受。看看图片，绿色的莲叶多不多呢？

生：莲叶太多了，把河面都盖住了！

生：莲叶多得都挤在一起了，好像聚在一起开会了。

师：小朋友真会观察！刚才说了这么多，其实已经说出了"莲叶何田田"的意思了。根据你们的回答,老师送大家两个词语,"田田"就是"层层叠叠"与"茂盛"的意思。"莲叶何田田"中的"何"是"多么"的意思。我们也来赞美莲叶吧!

(出示句式"多么_____的莲叶呀!",学生声情并茂地赞美莲叶并齐读句子,读出了对莲叶的赞美与喜爱之情)

在以上教学中,"田田"一词的理解是教学的重难点。很难想象,如果只用干瘪抽象的说教,如何才能让一年级的孩子理解"田田"一词所蕴含的如此丰富形象的意蕴。教学中,我先是巧妙地利用插图引导学生将"田田"一词化为眼前可视的"实物",进而在对话中启发学生观察想象荷叶的形状、荷叶的颜色、荷叶的数量,体会"田田"一词的意思以及作者渗透的由衷的赞美之情。在此过程中,还极自然地引出了"层层叠叠、茂盛"等一些描写莲叶的词语,让词语具有鲜明的色彩,从而大大丰富了词语的蕴意,有效地帮助学生理解了词义。

片段2:创设情景,让词语拥有丰富的感情

苏教版三年级下册有一篇课文是《长城和运河》,长城和运河的历史,几乎就是中华民族历史的缩影。它们之所以成为奇迹,是因为其中蕴含着中华民族上下五千年的精神和文化。对于三年级的学生来说,因为阅历和年龄的原因,对于长城和运河生活体验多数是空白,理解上只停留在表面上,他们虽然将课文背诵得滚瓜烂熟,但是对其中蕴含的人文精神和感情色彩则理解不透。那么我们的课堂,应该怎样引领学生进入这样一个深度的空间呢?我在教学中是这样做的:

我找到了在飞机上航拍的长城和运河的录像,让学生对长城和运河有直观的感知,形成初步印象,从而理解词语"奇异";在建立初步印象的基础上,我接着运用地图,通过讲故事和相互事物间的比较,带领学生走进历史,去体验我们祖先在修筑长城和运河中的智慧和勇气以及为此而付出的血汗,从中体会感悟中华民族不屈不挠、自强不息的精神,理解词语"人间奇迹";继而带领学生进入精神和文化的境界,搜集中国书画,欣赏

中华大地的壮丽河山，学习创编改写诗歌，努力使抽象的意象具象化，理解词语"不朽"。

整堂课上，我紧紧抓住"奇异"引出长城与运河的形象。通过填补课文空白，引领学生了解历史，了解长城，帮助学生理解"人间奇迹"，最后归纳总结理解"不朽"，让学生在观察、思考之后明白："不朽"的不仅是长城和运河，更是长城和运河所蕴涵的精神和文化，整个学习过程富有冲击力，使得词语产生了一种新的语意张力。当学生触摸到这些词语所蕴涵的独特情感，并产生全身心的体验时，词语的情感色彩便也在学生的个性解读中被打上了鲜明的烙印。正如苏霍姆林斯基所说："在学生的脑力劳动中，摆在第一位的并不是背书，不是记住别人的思想，而是让学生本人进行思考。也就是说，进行生动的创造，借助词去认识周围世界的事物和现象，并且与此联系地认识词本身的极其细腻的感情色彩。"

片段3：再现生活，让词语呈现婀娜的姿态

苏霍姆林斯基说："自然界里许多美的事物，如果不事先指给孩子们看、讲给孩子们听，他们自己是不会留意的。"引导学生对词语理解、感悟时，不能仅仅停留于"就词解词"，对片面意思的理解，而要依托文本，再现生活情境，将词语本身蕴涵的美丽姿态形象化，从而帮助学生领略作者的精妙用意。

例如，《庐山的云雾》第二段，作者在第二自然段中采用了四个动词，"笼罩"、"缠绕"、"弥漫"、"遮挡"分别描绘庐山上不同地方的云雾姿态，并根据这种不同的姿态分别把云雾比作"戴在山头的绒帽、系在山腰的玉带、茫茫的大海、巨大的天幕"，生动形象地描写了庐山云雾的千姿百态。

教学时，我通过多媒体图片的直观演示，让学生有身临其境之感。通过观察比较，区别"笼罩"、"缠绕"、"弥漫"、"遮挡"这四种云雾的不同姿态，思考作者为什么要分别把它们比作"绒帽、玉带、大海、天幕"，进而体会本文作者遣词造句的恰当准确，体会字里行间作者对庐山云雾的由衷赞美。然后带领学生进行感情朗读,学生在直观地观察图片之后,品读课文时读到的不仅仅是一个词,而是一幅幅优美的画,在入情入境的诵读中,只可意会不可言传的语言魅力自然而然地散发着,学生不仅为庐山云雾的千姿百态所折服,更被作者准确生动的语言感染。在这样的教学境界里,学生的悟性和灵性徜徉在言、象、意的水乳交融中悠然心会,学生阅读写作用词时将不再是机械模仿、单调贫乏,而是会根据自己的观察更加准确灵活地使用,创造性地借助词语去再现周围世界中的美好事物。

片段4:依托文本,让词语建立紧密的联系

在传统教学中,语文课堂教学习惯于将词语作为个体孤立教学,如此一来,词语就会陷入呆板单调的泥沼,词语理解也会显得机械、杂乱。其实,许多词语之间存在着丰富的联系。在教学中,教师应该依托文本,利用词语组合的方式,将零散的"词语"串连成线,构建新的语境,不仅可以丰富词语形象,而且能放大词语教学的功能。

例如,苏教版语文第5册《航天飞机》中有"自由自在"、"得意"、"庞然大物"、"无影无踪"、"好奇"、"究竟"、"不自在"、"不可替代"等词语。通过文本解读,我们不难发现这些词并不是孤立的,而是可以根据课文的内容串连到一块儿:全文先写普通飞机一开始在天空中 自由自在 地表演飞行技巧,心中十分 得意 ;再写普通飞机看到一个 庞然大物 转眼间 无影无踪 ,心中十分 疑惑 ,接着写普通飞机去智慧老人那里问个 究竟 ,发现航天飞机飞得更高更快;最后写普通飞机听了智慧老人对航天飞机的介绍,脸色变得 不自在 ,智慧老人教育普通飞机,每个人都有 不可替代 的作用。

全文借助这样一条清晰明了的情感变化线贯穿全文,巧妙地把科学知识融合在童话故事中。因此,在词语教学的时候,我采用"词语组合"的方式,把这些单个的词组合成一个"整体",在阅读的过程中随机出示词语,因为有主线的串联,所以词语的理解就有了依托、有了方向。在具体的语境中,这些原本孤立的词语因为相互间的联系而变得鲜活、形象。在回顾文本内容的同时,我更把概括主要内容的方法蕴涵于其中,让学生受益匪浅。

片段5：意象还原,让词语展现丰富的内涵

苏霍姆林斯基曾经说："词本来是一朵鲜艳芬芳的花儿,但是在进入学生意识的时候缺乏鲜明的形象,被夹在书页当中而干枯了。"因此,当孩子们面对花园里美丽的景色时,只是"眼睛流露出喜悦的光芒",却"找不到恰当的词语"来表达自己的感受。

为什么会出现这样的现象,那是因为我们的语文课堂割裂了词语与生活意象的关系。汉字是表意性的文字,一个汉字往往就是一个特定的意义世界。我教学时,以词语为基点,激发学生的想象和联想,潜心涵泳体悟,展开词语意象的练笔,汉字丰富的内涵、灵动的精神就会在学生的头脑意识中生动鲜活起来。例如,在教学《我应该感到自豪才对》的第三、四段时,我是这样帮助学生理解"铺天盖地"一词的。

师：读了课文第三、四自然段,你们从哪个词体会出沙漠中的环境恶劣?

生：我从"铺天盖地"一词体会到沙漠的环境恶劣。

师：铺天盖地是怎样的啊?（边表演边说）大风发出呼啸声。

生：风沙漫天飞舞。

生：风沙特别大,到处都是,直往人的眼睛、鼻孔、嘴巴、耳朵里钻。人被大风刮得不能行走。

生：此时,沙子遮住了太阳,到处昏天黑地。

师：小红马能进去吗?

生：小红马不能走进沙漠,因为它没有又大又厚的脚掌,陷进去就拔不出来,只有死路一条。

生：小红马即使能走进去,也是白白地送死。因为沙漠里没有水、没有草,他会饿死、渴死的。

师：那骆驼能在沙漠中行走吗？

生：能。

师：你能不能用"铺天盖地"一词，写一写骆驼在沙漠里是怎样行走的？

我在这堂课上通过还原词语意象的练笔，使本来相对静态的凝固的"铺天盖地"一词在学生心灵中被激活了，赋予了词语强烈的、深刻的、奇妙的生命活力，使学生对沙漠恶劣的环境有了更深刻的了解，更深入地了解骆驼两层眼毛、驼峰、脚掌的功效。伴随这个词语的深刻体会，"铺天盖地"已不再是游离于学生精神世界之外的异客了，而是深深地嵌入了学生的心灵，成为富有活力的生命元素。

我们都知道，孩子们从一出生开始，就是用整个心灵来感知周围世界的，用少量的词汇来表达感受的。当他没有上学的时候，头脑中有很多"欢蹦乱跳"的词语，"向日葵是太阳最听话的孩子"、"荷叶是一柄大大的绿伞"、"小蚂蚁和小蚂蚱正在草坪上做游戏"等诸如此类的充满童真童趣的语言让我们惊讶不已。而当孩子进入学校之后，如果我们的词语教学简单枯燥的话，学生对于词语的敏感性会逐渐退去，众多的词汇就会在学生的头脑中"沉睡不醒"。因此，要让儿童心里的诗歌琴弦响起来，就必须让儿童亲身去学习、体验、认识事物跟词之间的联系，用眼睛看，用鼻子闻，用嘴巴尝，用耳朵听，用各种感官去感知，让词语永远在儿童的意识中"欢蹦乱跳"。只有这样，我们的语文课堂才是充满生命活力的课堂！

（江苏省苏州工业园区新城花园小学　朱小萍）

吾思篇

只有善于分析自己的工作的教师，才能成为得力的、有经验的教师。在自己的工作中分析各种教育现象，正是向教育的智慧攀登的第一个阶梯。

——苏霍姆林斯基

（摘自《给教师的建议》，第493页，教育科学出版社2000年版）

学校与管理

1. 一个好校长首先是一个好教师

> 如果你想成为一个好校长,那你首先就得努力成为一个好教师,一个好的教学专家和好的教育者。
>
> ——苏霍姆林斯基
>
> (摘自《给教师的建议》,第452页,教育科学出版社1984年版)

苏霍姆林斯基说过:"如果你想成为一个好校长,那你首先就得努力成为一个好教师,一个好的教学专家和好的教育者。""如果你担任了校长的职务,便认为凭着某种特殊的行政领导才能就可以取得成功,那你还是打消当一名好校长的念头吧!"

校长是领导教师集体进行创造性劳动的组织者,是学校这个"特殊乐队的指挥",他不仅要具备一个优秀教师的一切素养,而且还应具有比一般优秀教师高出一筹的素质,成为教师的教师。苏霍姆林斯基指出"教学和教育过程有三个源泉:科学、技巧和艺术,谁要领导好教学和教育过程,谁就要精通教学和教育的科学、技巧和艺术。"作为学校领导者,"只有精益求精,每天提高自己的教学和教育技巧,只有把教学和教育以及研究和了解儿童这些学校工作中最本质的东西摆在第一位,他才能成为领导者,成为有威信的、博学的'教师的教师'"。

问题1:校长怎样成为"师之师者"

首先,校长要有渊博的知识。苏霍姆林斯基从担任校长工作的最初几天就开始学习物理、数学、化学、地理、生物、历史,他用了三年时间自修完学校所有学科的教科书和主要的教学法参考书。不仅如此,他还经常阅读与中学教材有关的具有各种最新科技成就的书刊,广泛阅读医学、遗传学、电子学、天文学等方面的书籍。他在教育上所取得的成就,与他渊博的知识是分不开的。

其次,校长"只有日益深入的钻研教学和教育的微妙细节,只有不断开辟塑造人的灵魂这门艺术的新境界,你才能成为真正的领导者,才能为人们所信赖和尊重"。苏霍姆林斯基一方面自己长期带班,教五年级的语文课,上课对他来说,不仅是学校工作制度的要求,也是他不断充实自己、进行创造性研究的园地。另一方面,他每天至少听两节课并坚持和老师一起分析探讨。他认为,"领导学校工作的秘诀之一,就是唤起教师探索和分析自己工作的兴趣"。如果一个教师能努力去分析自己的课堂教学以及他与学生的相互关系中的优点和缺点,"深入了解儿童思维的秘密",那他就已取得了一半的成功。

再次,"对学校的领导首先是教育思想的领导,而后才是行政的领导。"苏霍姆林斯基说:"有人会责怪我,这里没有谈到校长的行政和组织工作,例如开会啦,订计划啦,等等。""这方面的工作本来就不是在第一位的,它应当完全从属于教育过程。"作为校长,只有把教育放在首位,才能不断地提升自己。否则,只能渐渐地把教学和教育技巧丢掉,渐渐地变得不会上课,慢慢地失去"领导工作的源泉、基础和根本所在"。校长"要使其行政工作跟研究教育学、教学法的工作以及担任教学和教育工作结合起来",使自身成为"教育的思想家,教学论研究家,全校教师的'教育科学和教育实践之间的中间人'",成为"师之师者"。

问题2:校长怎样"让一个人在童年和少年时期获得巨大的道德财富"

苏霍姆林斯基认为,让一个人在童年和少年时就获得一份巨大的道德财富,是一项极为重要的教育任务,如果错过这个时期,任何努力都无法弥补。因此,校长要关注儿童道德的获得与成长。那么,如何培养孩子的道德呢?

首先,劳动在学生道德形成中起着极其重要的作用。苏霍姆林斯基认为,要培养人对于美好的、惹人喜爱的、令人神往的东西的敏感性,也要培养人对于丑恶的、不能容许的、不可容忍的东西的敏感性。有了这样的敏感性,我们才能"把孩子带到他的心灵所能理解的世界,激发他产生公民的忧虑和公民的情感",继而能把这种忧虑和情感转化为劳动。在书中,苏霍姆林斯基介绍,当孩子面对一片肥沃的、生机勃勃的田地的同时,让他们看到另一块贫瘠的、荒芜的粘土地,在这种相对比的环境下,"让儿童怀着关切和不安的心情来观察世界,并让'不应该有这种事'的思想成为激励他的最早的公民愿望","他才会产生想要劳动的愿望,只有孩子们想到要使世界变得更美好,公民教育才会充满崇高的精神"。在这样的愿望的促使下,通过孩子们的劳作,这片不毛之地变成了一片美丽的花的海洋。苏霍姆林斯基认为,教育工作的一项极其重要的规律就在于"只有孩子们通过自己的劳动而感受到和体验到了快乐时,他才能理解和认识到什么是快乐"。

苏霍姆林斯基重视教育和劳动之间的道德联系,认为热爱劳动是孩子身上不可缺少的品质之一,劳动能唤起学生的公民感。这种公民感对学生的成长很重要,它包含了对祖国和人民的热爱,包含了劳动者和建设者的责任感,也包含了公民的义务感和自豪感。"一个人能为劳动而感到自豪,这是道德纯洁的重要源泉。"

其次,自我教育。苏霍姆林斯基所说的"自我教育"不是个人的,而是集体的自我教育,是"集体精神生活中极其微妙的一个方面,即学生之间在品德上的相互影响"。苏霍姆林斯基认为,"集体是由个人组成的,它的生命力就表现在：一个人总在影响着另一个人，而这种影响又受到其他人的评价，他们通过评价为自己做出应当如何行动，如何处世的结论来"。他非常重视集体的自我教育，认为"集体是教育的工具"，"集体的道德品质是个人道德品质的源泉"。

集体中的每个人，其道德和智力发展水平是不同的，人与人之间的相互影响就在于他们身上的与众不同的独特的东西。苏霍姆林斯基认为："自我教育这种集体的内部生活，是从个人的独特性引起别人产生仿效的愿望开始的。"因此，校长和教师，使集体中具有"鲜明个性的人"成为整个集体的榜样，让他们影响其他人，同时"当一个人在教育别人的时候，他才真正的经受意志的锻炼。一个人能把自己的一份精神力量赋予别人，希望别人变得更好，并能把别人当做一面镜子，从他身上看到自己（看到自己的道德品质、创造才能和技巧），他就会激发起自己的自尊感、荣誉感和自豪感"。鉴于自我教育的这样一种规律，作为校长的一项重要任务就是"使共青团员在某种程度上都成为少先队员和'十月儿童'的教育者，并且让每个少先队员都来关心一年级的小同学"。在这种集体中相互影响相互作用的自我教育中，全面提升每个学生的道德品质。

问题3：校长怎样"保护教师"

苏霍姆林斯基说："领导学校工作的多年经验证明，必须保护教师，使他们从文牍主义中摆脱出来。"帕夫雷什中学立了一条规则——教师不写任何总结和汇报。学校工作计划由校长写，不让教师每人分担一部分，然后凑到一起。上级要统计资料，有校长和教务主任的平时记事本，不必麻烦教师。教师一个学年只写两种计划——一种是上课进度计划（什么时候教到哪一课），另一种是班主任教育工作计划。学校还规定，教师每周的非上课活动（开会、研究教学法、课外活动）的时间，不得超过一个工作日……苏霍姆林斯基认为，教师要精力充沛地工作，就需要休息；要提高教学质量，就需要有自由支配的时间，供教师读书和研究。对于教师的读书和研究，苏霍姆林斯基非常重视。

首先，让教师读书。读书是教师提升自我修养和专业水平的前提，是他们充实自己的源泉，也是他们精神生活的基础。那么，如何激发教师读书的兴趣和在教师中形成热爱读书的氛围呢？苏霍姆林斯基认为，"有了集体思考、集体讨论、谈话、生动活泼的争论和钻研精神，才会有爱读书的风气"，才会使教师读有所启、读有所成。另外，"有目的地进行书籍的宣传工作，经常组织一些报告或宣讲，介绍我国社会乃至全人类都在关心的重大问题"。读书充实了教师的生活，启发了他们的思想，引起了他们的思考，从而推动了教育的创新。

其次，让教师学会研究。苏霍姆林斯基说："只有在教师不仅向儿童传授知识，而且也研究儿童的精神世界，探索脑力劳动和人的个性的复杂过程的规律性的情况下，书籍才能进入教师集体的精神生活。"因此，教师只读书、思考是不行的，还需要探索和实践，只有两者结合起来，才能推进教育的创新和提升。

作为校长，要为教师在日常工作中的创新性研究创造条件。首先，校长带头进行创新性研究，只有自己有了"火花"，才能去点燃别人。校长作为学校里为首的教师，为首的班主任，教师的教师，就应与教师一起分析工作中的教育现象，和教师一起发现问题、分析问题、解决问题，在对新问题的研究中施展教师的创造性。"创造性研究意义，不仅在于教师发现并研究了教育过程中到目前为止尚未被人注意的某个方面，而且在于这种研究能从根本上改变教师对自己劳动的看法。"使教师不再把教育工作看成是单调乏味、日复一日的重复，而是在研究中不断创新、不断提升，从而感受到一种生命拓展的幸福和快乐。

苏霍姆林斯基在帕夫雷什中学任校长的22年中，他的教育理论和教学经验非常丰富，我只是针对其中的一些部分进行了学习，收获颇丰。苏霍姆林斯基作为校长的理论经验，对于今天我们的教育仍是一笔巨大的财富，给予我们很多启示。

启示1：校长要有创新的理念

苏霍姆林斯基说过，校长首先要是教育思想的领导者。一所学校的崛起关键在于校长,而校长的理念,是学校之魂。理念是校长对教育的理性认识和理想追求,决定着校长的办学目标、过程及方法,是校长充分挖掘、利用、发挥学校的优势,在长期的办学实践中不断发展提升。学校是培养创新精神和创新人才的摇篮,学校的发展要改革,改革的基础就是要不断地创新。作为校长,要学习苏霍姆林斯基的丰富经验,与时俱进,开拓进取,敢于冲破传统的教学模式和管理模式,立足本校实际,创造性地进行教育教学改革,形成具有特色的学校理念和校园文化。

启示2:校长要有全面的知识

作为"学校的主要教育者"(乌申斯基),校长更要精通教学,掌握现代教学规律,有较强的教学研究和教学科研的能力。作为"教师的教师",校长更要加强学习,博览群书,如管理学、教育学、心理学、政治学、历史地理、经济文化、文学艺术等。校长只有在实践中不断学习,不断充实提升自己,不断提高自己的整体素质,才能更好地进行教育教学的创新,更好地带动起教师教学和学习的积极性,共同为教育教学的进步而努力。

启示3:校长要有热爱学生的品质

苏霍姆林斯基认为,校长"一个最重要、最主要的品质(不具备这个品质,就不能当校长,就像不是任何人都能当教师一样)就是:深深热爱孩子,有跟孩子们在一起的内在需要,有深刻的人道精神,有深入到儿童精神世界中去并了解和察觉每个学生的个性和个人特点的能力"。作为现今的校长,要了解热爱孩子,要尊重、重视孩子的成长(既包括身体上的成长,也包括道德精神上的成长),为学生的发展提供条件,这是学生管理工作的关键。

启示4:校长要树立教师的生命观

现今的教师面对着巨大的职业压力,职业倦怠、职业认同感降低、心理疾病等问题在教师队伍中大量存在,他们的生命质量令人担忧。关注教师的生命状态,给予教师生命关怀,展示教师的生命价值,提升教师的幸福感,现今越来越为教育界所关注。作为校长,要为教师创造良好自主的教学环境,减轻教师的负担和压力;善于了解教师的需要,把握教师的特长,为教师提供展示自身价值的平台;推进教师参与管理,发挥教师的积极性,激发他们的责任感,使教师的生命真正融入学校这个大家庭中来,充满激情地工作。

(浙江省嘉兴市南湖高级中学 郭孝军)

2. 打造名牌学校要从细节入手

爱人吧！对人的爱是你道德的核心！应当这样生活：让你的道德核心健康、纯洁、强大无比！做一个真正的人，这就是说要为你周围的人贡献出自己心灵的力量，让他们更美好，精神上更富有、更完美；让你生活中接触的每一个人从你那儿，从你的心灵深处得到一点最美好的东西。

——苏霍姆林斯基

（摘自《苏霍姆林斯基选集（第4卷）》，第670页，教育科学出版社2001年版）

学校要打造成名牌，绝不能停留在美好的理想上，应该将理想分别落实在每一个具体的实际行动的细节上。正如苏霍姆林斯基所说"爱人吧！对人的爱是你道德的核心！应当这样生活：让你的道德核心健康、纯洁、强大无比！做一个真正的人，这就是说要为你周围的人贡献出自己心灵的力量，让他们更美好，精神上更富有、更完美；让你生活中接触的每一个人从你那儿，从你的心灵深处得到一点最美好的东西。"

细节1：点点滴滴都充满爱

首先，建议在校园里设立"关爱椅"。我经常见到一些学校在执行学生在校时间不超过6小时的规定时，到时间就放学。可一些低年级学生的家长因工作的特殊性，未能准时到校接孩子。孩子又小，离家又远，不能自己回去，只能在校门口或校门外等候家长来接。家长未到时，这些孩子有的在马路边席地而坐，有的在商店外的台阶上坐着。所以我认为，学校完全有必要在校园里设立一定数量的"关爱椅",让这些学生有一个安全、舒适的歇息之处。

其次,建议在学校里设立"接待室"。这种接待室,专门用于接待学生家长。常常有这样的情况:一些特别重视孩子教育的家长会经常到学校来,向老师了解孩子的情况;而一些家长则在放学前来接孩子。这些家长来后,可能因为这样那样的原因需要站在校门口等孩子。还有一种家长是被老师"请"到学校来的,因为孩子在校做了错事或成绩下降等。不管是哪一种家长,我们设身处地地为家长想想:站在校门外等上半个或一个小时是什么滋味!因此我认为,学校应该设立一个"接待室",家长有需要的时候可以到"接待室"里坐坐。这也能体现出学校的一种人性关怀。

细节2:校内交通也重要

当前,很多小学校长最担心的就是校园内的安全问题。因为学校有上千的学生,年龄小却非常活泼好动,所以在校经常会发生一些大大小小的意外。因此,为了减少问题的出现,很多学校都定下规章,从校长到班主任级级进行教育、管理、压制,不许学生随便追赶、奔跑。可从效果看呢,不管怎么管、怎么捉、怎么批评,就是没用。

我认为,以上问题主要是孩子的天性所致,既然不是故意的就是可以避免、解决的。首先,学校对学生进行交通安全的有关知识教育,让孩子从小学会交通规则,在教育的同时再在醒目处挂、贴上提醒的话语(如靠右慢行等)。其次,在教学大楼的阳台的中间(如3米宽的阳台就在1.5米处)以醒目的颜色画上线条,或者在装修时就直接以两种颜色的地砖贴好(各占一半宽),包括楼梯上也同样如此。学校解决了这个问题,再经常宣传、教育,强调:"靠右慢行"。就算再有个别的学生喜欢奔跑、追赶,也会按"交通标线"靠右行,就不会与人相撞了。尤其在上下楼梯时,如果每人都靠右行,就绝对不会出现相撞事故。

这样,学校不仅能避免这类事故的发生,而且还培养了孩子从小遵守交通规则的好习惯。

细节3：关心孩子的视力

近年来，学生的视力在不断下降。为此，我在学校里寻找原因，发现很多学生不会做眼保健操。

为什么一些中高年级的学生连眼保健操都不会做呢？

原因之一：有的老师在学生做眼保健操时，到教室来做课前准备工作；有的则来为学困生订正作业……久而久之，学生就忽略了做眼保健操。

原因之二：很多学校都只抓教师的教学基本功、教学质量等，从来不过问中青年教师会不会做眼保健操。试想，一个不会做眼保健操的教师，他能正确地指导学生吗？

我们总说："为了一切的学生，为了学生的一切。"作为一所学校、一个教师，连学生的眼睛都没能保护好，这难道不是害了一代人吗？所以我们应该关心孩子的视力，一方面要保证学生做眼保健操的时间，另一方面要请专业人员来指导教师和学生学会眼保健操的正确做法。保质保量，双管齐下，才能将关心落到实处。

细节4：让墙壁说话

近年来，"创建良好的育人环境，让每一面墙壁、每一块黑板都说话"的呼声很高。校长很舍得投入，不失时机地在这面墙上挂满名人画像或名人名言；在这儿树一块牌子，贴上教育方针、校风、教风、学风之类的；在那幢楼前建尊雕塑；各教室里的板报经常组织评比等。这大量人力、物力、财力的投入能得到相应的回报吗？据我所知，结果是不太理想的。

为什么花了大力气做的东西学生却视而不见，达不到应有的教育效果？我分别到几个班级调查了解过，200余名学生中只有一两个人能够说出校园内何处悬挂着哪些名人名言，实在是少得可怜。我又分别到几个班里去上课时，突然问学生："谁知道自己班级里的黑板报上写了些什么内容？"在学生不回头看的基础上，凡能说出一二的，都是出黑板报的人。

由此说明，教育资源不但要会开发，更要会利用。墙上挂贴的图片那么漂亮，雕塑建得那么高大精致，板报出得那么认真，如果不能起到影响、教育学生的作用，一切都是枉然。因此，要想发挥教育效应，学校、教师就必须把它当做教育的资源来利用。

要想让墙壁说话，学校在给新建的大楼、新建的雕塑等起名时，校长千万不要自己一人挖空心思地想。就算你起的名字是最好的，但因为学生不知道是什么意思，也就起不到教育的作用。给新的建筑物起名和在什么地方该挂贴什么名人名言，完全可以作为"综合实践活动课"的内容，向全体学生征集，让学生思考、讨论，该起什么名、该挂谁的像、该贴谁的话，由学生说出理由，如果是合情合理的，就可以采纳。既然新课程提出"平等"、"尊重"、"参与"，我认为做这些事时，我们就应该很好地来落实这些理念。而且，这样搞活动的过程也是对学生最好的教育。只有这样做，学生才能记住意义，得到启发，受到真正的教育。

细节5：让满园芬芳

新课程理念下的素质教育所追求的应该是满园芬芳，绝不是一两个引人注目的"盆景"（即兴趣小组）。

近年来，有的学校不管是被检查时的汇报，还是参加比赛的项目总是那一项两项。对外介绍时，通常会夸大成绩，并美其名曰为"传统项目"。

我想：一所学校就只有这样一个两个所谓的传统项目，那能让多少学生得益呢？据了解：有的学校不满10人，有的学校有几十人，满百人的学校就太少了。如果一所学校有1000个学生，在各种兴趣小组（即"盆景"）中培养的人数不满百人的话，那至少就有90%的学生得不到任何兴趣、特长的培养。这大多数学生除了在考试科目上苦学外，其他科目一带而过。而能得到专长培养、培训的就是在"盆景"中的几十或百来个学生，这样的教育能算是新课程理念下的素质教育吗？

新课程提倡的是"为了每一个学生"。学校不应该紧盯着考试分数，应该尽最大努力，最大限度地为学生的发展考虑，让他们到自己感兴趣的组里去学习、训练。努力为学生提供兴趣、特长发展的机会、场所、舞台，绝不能以一两个"盆景"来为学校做装饰，一定要以新课程理念来努力实施素质教育，追求万紫千红、满园芬芳。

以上是我在教育管理细节上的几点思考和尝试。可喜的是，通过全校师生的共同努力，在为学校打造名牌的过程中，师生的言行更规范了、更文明了，教学质量也上了个新台阶，师生参加各级各类的活动、比赛获得的成绩也更显著了，无形中学校的声誉也越来越好了。

（江苏省常州市浦前小学　袁光仁）

3. 苏氏校长观对当前校长专业化之启示

> 校长肩负的重大责任对他的精神世界——道德情操、智力素养、意志品质，提出了许多要求。首先，一个最主要又是最重要的品质（不具备这个品质，就不能当校长，就像不是任何人都能当教师一样）就是：深深热爱孩子，有跟孩子们在一起的内在需要，有深刻的人道精神，有深入到儿童世界中去并了解和觉察每个学生的个性和个人特点的能力。
>
> ——苏霍姆林斯基

（摘自《苏霍姆林斯基选集（第4卷）》，第35页，教育科学出版社2001年版）

苏霍姆林斯基的教育思想非常多，其中关于做什么样的校长、如何做校长的教育理论更加丰富。在阐述校长如何才能领导好学校时，苏霍姆林斯基说道："校长肩负的重大责任对他的精神世界——道德情操、智力素养、意志品质，提出了许多要求。首先，一个最主要又是最重要的品质（不具备这个品质，就不能当校长，就像不是任何人都能当教师一样）就是：深深热爱孩子，有跟孩子们在一起的内在需要，有深刻的人道精神，有深入到儿童世界中去并了解和觉察每个学生的个性和个人特点的能力。"在今天校长专业化的进程中，苏霍姆林斯基的这些校长理论具有重要的借鉴价值。

启示1：实现校长专业化角色的转换

成为课程领导者——在新课程改革的背景下，校长需要从课程管理者转换成为课程领导者,领导教师集体成为新课程改革的重要力量。《基础教育课程改革纲要(试行)》指出,我国课程管理实行国家课程、地方课程和学校课程"三级"管理,这是我国基础教育课程改革政策和管理体制的重大变革。这种变革,对学校的行政领导者而言实属一大难题与挑战。新课程实施只有引起学校层面的变化,才能真正体现改革的意义。在某种程度上来说,学校校长的课程领导决定了课程改革在学校中的实施能否成功。提高学校管理者特别是校长的课程领导能力,是实施新课改的必要前提和当务之急。从学校发展规划的建构,课程目标与理念的评估,到教材内容的选编,教学活动和评价方法的设计,乃至教学时间的安排,课表的排定,与家长的沟通等,都必须做出决定。校长需要及时制定学校发展规划,重新定位学校领导者的角色,成为"一个好组织者"。

成为学生成长的关心者、促进者——学校教育的目的是为了促进每个学生的发展,校长需要热爱学生、关心学生,特别是"难教的"学生。校长更加需要倾注时间和精力,"成为孩子的朋友",具备"跟孩子们交往是一种幸福和快乐的事情"的体验和情感,促进学生健康、和谐地发展。

成为教师团队的领导核心——通过形成教师集体,即教师团队,在学校教师团队中,各个教师通过相互作用形成合力,学校领导的目标就是要使这个合力达到最大。校长需要有效组织教师团队:第一,从教师角色上进行分工,要明确不同的角色职能,相互协作;第二,在教师团队成员之间形成学校办学目标、办学理念、管理思想等共同的价值观,为学校教职工确立学校发展的共同愿景,使之成为凝聚人心、共同发展的原动力;第三,校长进行任务导向,确定指导方针选择任务,进行分工;第四,加强教师团队内部的人际关系,增强彼此之间的了解和信任,形成教师的团队精神。

成为校本研究者——校本研究是基于学校的发展现状在学校内部进行,目的是为了学校的发展的一种研究。校本研究最主要的特点和目的,就是要解决学校当前教育教学中的各种实际问题。校本研究有两种基本类型,即教学型教研和研究型教研。通过校本研究,促进教师的专业化,促进学校的发展。因此,校长不仅是一个学校管理者,而且还是一个校本研究者。

成为家庭、学校的沟通者——家庭教育和学校教育需要实现一体化，学校与家长需要相互沟通，共同教育学生，体现教育的连续性与一致性。苏霍姆林斯基主张家长学校的想法，对今天校长成为家庭—学校的沟通者具有重要的指导意义。在家庭与学校沟通过程中，校长扮演着重要的角色。

启示2：具备校长专业化管理理念

以人为本的管理理念——以人为本的管理理念，具体体现在学校管理中就是以学校的教师和学生为本。第一，以教师为本。校长需要尊重教师的教育教学活动，尊重教师个性化教学；重视教师的物质需要和精神需要，像苏霍姆林斯基那样充分利用现有条件充实教师的精神世界；信任教师，鼓励教师进行创造性的教育工作；培养教师，重视教师的专业化发展；以情感温暖教师的心，"以心换心"；通过谈话等人性化的方法，解决教育工作的矛盾与冲突。第二，以学生为本。校长需要尊重学生的个性差异，关注学生的心理、兴趣、经验、情感等各个方面。校长需要认识到，学校教育是为了一切学生，一切为了学生，为了学生的一切。

刚柔并济的管理理念——第一，加强学校制度管理。"不以规矩，不成方圆。"在学校管理过程中，需要加强和不断完善制度管理，进行奖惩结合。第二，进行柔性管理。校长的思维方式从线性转换到非线性，激发教师的主动性、创造性，让教师参与到学校的管理中来，让教师具有"归属感"，形成一个坚强的教师集体，让学生感受到学校是一个大家庭。

管理即服务的理念——校长需要树立"管理即服务"的理念。在学校管理过程中，校长时刻将自己定位为为广大教师的教学工作的服务者，为学生的学习和发展的服务者，而不是将自己定位为"一个领导"、"一个官员"。

启示3：具备校长专业化情感

热爱学校管理事业的情感——校长是学校管理工作者，这种管理工作需要知识与能力，但是最重要的还是情感和态度。苏霍姆林斯基在帕夫雷什中学担任校长22年，如果他没有热情，没有兴趣，没有对学校的热爱，是坚持不下去的。他的事迹已经展示：一个学校校长进行学校管理，必须具有对教育事业的热爱之情，对学校管理工作的热爱之情。校长需要做到，"干一行，爱一行；钻一行，精一行。"在学校管理工作的平凡岗位上充分发挥自己的光和热，献身教育，献身学校。

热爱学生——第一，具备热爱学生的内在感情。校长需要具备热爱学生的内在情感，"把整个心灵献给学生"，满足学生的多样化需要。第二，信任学生。信任学生的学习能力，校长信任学生能成为"一种现实的力量"。第三，与学生进行沟通。校长与学生之间的交流与沟通，是学校教育与管理工作的重要方面。校长需要与学生进行交流，把学生当做朋友，"忘记自己是教师"。第四，了解和研究学生。了解和研究学生是进行学校教育和管理工作的前提。只有了解学生的内心世界，了解学生的身体状况，了解学生的兴趣、特长等各个方面，才能更加针对性地进行教育和管理。

关心教师——教师是学校工作的中坚力量，所以必须重视和关心教师。第一，关心教师的现实需要。校长尽可能在现有条件下，满足教师的生活和教学方面的合理性的物质方面的需要，为教师的教育教学工作解决后顾之忧。同时，创造条件提高和改善教师的精神生活。第二，促进教师的专业发展。校长在管理过程中，需要树立新的教师管理观念，改变动不动就拿"下岗"、"开除"来威吓教师的做法，树立新的教师评价观，为教师的继续教育或进修提供机会，为教师的专业成长创造条件。

启示4：具备校长专业的知识结构

专业知识——校长首先是个教师，需要具备扎实的专业知识。通过掌握精深的专业知识来进行学科教学，做好一个教师的职责。同时，也可以在学校管理过程中，进行"听课和分析课"，因为"听课和分析课是校长最重要的工作。"

科学文化知识——广泛的科学文化知识是一个教师和校长必备的。校长需要了解和学习国家的教育方针政策，需要掌握当前一些科学方面的基本知识等科学文化知识。只有掌握这些科学文化知识以后，才能更好地进行管理教师、教育学生，才能成为"教师的教师"。

教育科学知识——第一，教育学知识。校长需要掌握如何去教育学生，成为教育教学的专家和能手，懂得如何去做教师的思想工作和学生的思想工作。第二，心理学知识。校长需要掌握一些心理学原理和知识，能运用心理学上的知识去了解和研究学生的心理状态，能运用心理学知识进行自我心理调节。第三，教育管理知识。校长需要懂得如何去管理教师和学生等方面的知识，懂得如何去管理学校的人、财、物，发展学校，成为一个专业化的校长。

启示5：具备校长专业化能力

教学能力——一个学校的校长前提是一个教学的教师，如果一个校长不懂得教育工作、不知道教学，又怎么能教育好学生、管理好教师呢？所以，校长需要具备教师所具有的教学能力，能胜任教学工作。只有这样他才有能力开展学校的教学安排，才有能力评价教师的教学效果，才能教育学生。

沟通、交流、谈判能力——在学校内部，校长需要与教师、教职工、学生进行沟通、交流。同时，为了学校的生存与发展，校长需要在学校外部与上级领导、与学生家长、与社会其他相关人士进行交流、沟通，甚至谈判。因此，校长需要具备较强的沟通、交流、谈判能力。

管理能力——校长是一个学校的管理者，是学校的法人代表，是学校的灵魂，管理是校长的应有之责。因此，他需要具有强有力的管理能力进行学校管理工作，能够进行管理人、管理财、管理物，能够制定学校管理制度，能进行学校文化管理建设，能进行学校精神管理建设。

研究能力——校长需要树立"教学即研究"的理念，不断形成研究能力，能在教学、教育管理工作中进行研究。第一，研究学生。研究学生的学习情况，研究学生的生活情况，研究学生的心理状况等方面，为学生的教育与发展提供条件。第二，研究教师。校长需要去研究教师，研究如何提高教师的积极性，研究如何领导教师进行校本研究，研究如何利用学校管理工作促进教师的专业发展。第三，研究教育管理。校长需要不断去反思学校的管理工作，不断总结自己的学校管理经验，不断去借鉴其他学校先进的学校管理理论和经验，研究如何促进学校的发展。

终身学习能力——第一，树立终身教育、终身学习的理念。校长需要认识到，学习是一个持续的过程，是从"摇篮到坟墓"的一个过程，要不断加强继续教育和自我学习。第二，形成终身学习的能力。校长需要学会学习，具备终身学习的能力，为更好地管理学校而进行学习。

启示6：校长要加强学校文化建设

学校物质文化建设——校长需要加强学校物质文化建设：第一，加强学校的自然环境建设，搞好学校的绿化，形成绿色校园；第二，加强课堂和教室的人文环境的建设，像苏霍姆林斯基那样布置教室，让学生感受人文气息。

学校制度文化建设——校长需要建立合理、规范的学校管理制度：一方面是针对教职工的学校管理制度如教师的岗位职责、教学辅助人员的权责制度，教职工的奖惩制度，教师的进修与专业发展管理制度等方面的管理制度，管理教师的教育和教学工作，促进教师的教学和发展。另一方面是学生的学校管理制度，如学生的生活方面的管理制度，学生的学习管理制度，学生的课外活动管理制度等学生管理制度，规范和管理学生，促进学生健康、和谐、全面地发展。

学校精神文化建设——学校的精神文化建设，包括校风、校貌、学风等方面的建设。第一，校长需要设计好校歌、校徽，让学生热爱学校，"今天我以学校为荣，明天学校以我为荣"，让学生形成学校的光荣感和自豪感。第二，校长需要树立良好的爱学习的竞争与合作的学校氛围。第三，校长需要丰富学生的课余活动，尽力充实学生的精神生活。

启示7：校长要推进学校信息化建设

教育信息化主要是指在教育教学的各个领域中，积极开发并且充分应用信息技术和信息资源，促进教育现代化，以培养满足社会需要人才的过程。在教育信息化过程中，对促进教师信息化、校园信息化，校长扮演着重要的角色。

第一，具有教育信息化素养，促进信息网络基础设施建设、信息资源的利用与信息技术的应用、信息化人才的培养与培训、教育信息资源建设、教育信息产业化、信息化政策法规和标准建设等几个方面的建设。第二，校长树立信息化的教育管理理念，转变传统的管理角色。校长需要转变传统的"权威"角色、"官本位"的理念，树立民主、平等管理观念，借助于以网络为平台的信息化手段，与师生展开对话与交流，达到"管是为了不管"的效果。第三，具备信息化管理的基本技能。校长需要了解和具备信息化管理的基本技能，如懂得教育管理信息系统（EMIS）（包括教育应用管理软件，具备学籍管理、人事管理、教学管理、安全管理、财产管理等多种功能）、教学课件、多媒体课件、网络教学资源库、电子白板、电子学籍智能IC卡、计算机辅助教学等基本技能的操作与使用。

（摘自《继续教育》2010年第2期，收录本书略有改动）

（贵州铜仁学院 王中华）

4. 对学生幸福生活的思考

> 要珍惜生活的幸福。这种幸福只有人可以理解，只有人们才享受得到。这种无限的幸福的海洋，宛如无限的空气海洋一样展现在每个人的面前，然而就像在空气充足时没有任何一个人去想到它那样，很少有人去思索生活的幸福。
>
> ——苏霍姆林斯基
>
> （摘自《怎样培养真正的人》中《何谓珍惜生活的幸福》，第22页，教育科学出版社1992年版）

思考1：校园生活能否成为学生幸福童年的重要组成部分？

学习的核心价值是什么？学习是为提高生活质量服务的，是为提升生命价值服务的。但教育有时会把学习的核心价值定位在"知识的强化"上，而作为主体的"人"却被漠视。学习一旦脱离了生活，学校教育就有了"只见分数，不见人"的价值追求。苏霍姆林斯基说："如果您想培养真正的人，那您就应竭力使您的学生在他的童年和少年时代把兴趣的重心放在做人上。"

幸福校园的环境应该是安全的，"安全"指标中最容易被人忽视的是学生的心理安全。一个孩子的成长烦恼是不亚于成年人的，比如，离异家庭孩子、留守儿童的孤独感是大人所不能体会的；再比如现代文明下，孩子进入青春期的困惑是我们这一代人所不能理解的。

因此，老师应当成为学生的知心朋友，以自己阳光的心灵去照亮学生的心灵。同时，还可以建立一些相关的制度来保证学生心理的健康。比如，我们学校建立了导师制，为每个学生配备了一位导师，赋予导师四个方面的职责，即"思想引导、生活指导、作业辅导、心理疏导"，让学生在成长的道路上有幸福引领人。

幸福校园的文化应该站在儿童立场，体现人文精神。儿童立场是基于认识和处理儿童问题时所处的地位和所持的态度。校园是儿童生活和学习的主要场所，可是我们的校园文化从显性文化到隐性文化有多少是以儿童立场来营造的呢？我们就拿显性文化来说，绝大多数小学所悬挂的图片和励志标语等都是以成人的身高为参照的。试想一下，一年级的学生要看到1.6米以上的图画和文字，是不是有点像看天上的星星一样迷茫呢？

因此，我们要真正蹲下来与儿童进行对话，用宽容的心来谅解孩子的错误。"金无足赤，人无完人。"何况是小孩呢？没有问题的小孩是不可能的。孩子的成长需要一个漫长的转变过程，我们大人要有足够的耐心慢慢地等待。就像我们有足够的耐心等待毛毛虫变成蝴蝶，在等待中看到灿烂，在等待中慢慢体会幸福。

幸福校园的活动应该是丰富的。学校要为学生的发展而开展丰富的校园活动，毕竟课堂生活与校园活动是组成学生校园生活的最为重要的两个方面。对一个孩子来说，留在他们记忆深处的往往是一些有意义的校园活动。

例如，我们学校就有四大节日活动，即万里之春艺术节、万里之夏读书实践节、万里之秋体育节、万里之冬科技节。另外，还有其他的学科特长展示活动以及丰富的校本课程培训活动，为学生的个性发展提供了广阔的舞台，也给学生带来了真实的幸福快乐的校园生活。

思考2：课堂能否成为师生生命中最为精彩的一段时光

苏霍姆林斯基说："您卓有成效地发挥自己学生渴望知识的才能越深，使他意识到他生活、思考、感受给他的幸福就越多。"那么，课堂教学与现实生活以什么为媒介才能建立起内在的联系呢？人是自然的产物，是追求高度自由的生命体，作为主体的"人"，潜意识中自主精神的发挥是不是一种幸福的精神享受呢?"自主课堂"能不能成为链接课堂与生活的媒介?我们一直在思考:为什么我们不能变"教学"为"学教","教室"为什么不可以叫"学室","教材"为什么不能叫"学材","教案"能成为学生的"学案"吗?

生命因为自由而精彩,课堂也应该因自主而精彩。自主的课堂因为有了主动,才让学生感受到了"存在"的意义,才能感受到真正意义上的自由、快乐的学习。那么,上课前我们应该让学生先学点什么?课前预习是所有教师都知道的教学策略,但真正体现效果的恐怕不是很多。究其原因,主要是因为大多数的课前预习,教师的思路和目标都不是很清楚,教师停留在"请同学们预习一下新课"这样笼统的概念之中。那么,我们能不能为学生提供预习学案呢?比如,语文学科的学案可以有这样的设计:你学会了课文中哪几个生字、新词?请你用这几个词语写一段话,读完了课文后,你能用一个词来概括你的感受吗?你能找到哪些与课文相关的资料?预习的具体化,克服了学习被异化,防止了"人"的遗忘,恢复了作为整体人的自由与尊严。

生命是一种存在,学习更是一种合作式的存在。自主的课堂因为有了"合作",才让学生感受到了"存在"的价值,体验到了那种超越占有,学会生存而进行的快乐学习。合作与对话是学习的有效行为,在课堂中,我们如何发挥小组合作的优势,让信息与感悟的交流在对话中畅通与分享?当学生在教师指导下彼此敞开、相互交流、共同学习时,就形成了一个人人参与、人人既"表达"自己思想又"倾听"他人思想的学习共同体。学生与学生的合作是他们彼此"打开"自身与被"引入"他人的过程,学生在一个小组共同创造的"领域"中体验学习所带来的快乐。

思考3:教师能否为学生"提醒"幸福

苏霍姆林斯基说:"凡是与教育有关系的人,都应当聪明地拉着孩子的手步入人的世界,不要蒙上他们的眼睛,使他们看不到人世间的欢乐和苦难。"所以,幸福是需要提醒的。

我们需要提醒学生,"邂逅是一种幸福"。苏霍姆林斯基说:"世界上有最大的欢乐——人的诞生。"人的诞生就意味着许多的不期而遇、人与人的相遇、人与物的相遇、人与事的相遇,其间都有幸福基因。当孩子体会到了自己与父母的相遇是一种幸福的时候,我们的孝心教育是不是可以说成功了?要想让学生对这点有深刻的认识,作为老师首先要有强烈的感受——自己与学生的相遇是一种幸福。我们是这样认为的吗?我们有没有把与孩子相处的日子作为幸福的日子来经营?人们都说,相聚是一种缘分,老师们都知道"孩子王"不好当,经常会为学生这样那样的事而生气,处理不当,学生不高兴,老师也受气,幸福指数自然下降。学生总是要离开老师的,回想师生相处的日子,彼此不为某些冲突而叹气,该有多好啊。我们要告诉学生,珍惜相遇就是珍惜幸福。德国哲学家马丁·布伯也说:"所有真实的生活在于相遇。"

我们需要提醒学生,"和谐相处是一种幸福"。"每当静静的夏季,我乐于和我的学生们坐在草原的山冈上看日落。我们已一连三天来到草原上聆听鸟叫,不过,总有一种奇异的东西在吸引着我们的注意力。"我相信,苏霍姆林斯基和他的学生们体验到的是一种人与自然和谐相融、人与人和谐相处的奇异的快乐。师生关系是学生感受到"和谐相处是幸福"的关键所在,只有通过师生之间相互的理解和倾诉,才能消解师生中的征服与被征服、控制与被控制、压迫与被压迫的关系,才能达到构建和谐的存在关联。因此,我们在实际管理过程中推出了师生之间的"谈心制",建立起促进双方精神世界和谐发展的对话平台。

我们需要提醒学生,"尽情舒展是一种幸福"。我想到了个性张扬和个性化教育,苏霍姆林斯基说,只有能够激发学生去进行自我教育的教育才是真正的教育。班级教育最大的弊病就是统一性,教师如果没有因材施教的理念,学生的成长将会是有些遗憾的。叶圣陶说,学生是一粒种子,有自己的生命,老师能做的,只是供给他们适当的条件和照料,让他们自己成长。如果把他们当做工业原料,按照规定工艺流程,硬要把他们制造成一色一样的成品,那样肯定是要失败的。我们在个性化教育中提出了"三个一"的具体要求——给每一位学生配一位导师,给每一位学生设计一份独特的作业,给每一位学生提供一门选修课程。在我们的管理理念中,永远记住苏霍姆林斯基的话:"没有也不可能有抽象的学生。"

生活中有预报天气、预报台风、预报旱情、预报汛情的,但好像没有预报幸福的。我们的教育工作者,是否可以向学生预报幸福呢?

(浙江省宁波万里国际学校小学　汪阳合)

教书与育人

1. 给学生留下怎样的回忆

  在人们的心灵深处，都有一种根深蒂固的要求，就是希望感到自己是个发现者、研究者、探索者，而在儿童，这种需要特别强烈。

——苏霍姆林斯基

（摘自《给教师的建议》，第 56 页，教育科学出版社 1984 年 6 月第 2 版）

  凡身为教师者，都是从学生时期过来的。回忆自己十几年的学生生活，众多的老师给我讲了什么知识几乎在心中没有印象，只有他们偶尔的一个举动或一件事或一句话深深留在了心中。

个案回放

  说出来也许有人不信，小学五年的美术课在我脑中只有一个"不倒翁"的印象。记不清是上几年级了，在一节美术课上，美术老师王老师让我们画一个不倒翁，我看偌大一张白纸上只有一个不倒翁，就又拿起笔画了一个小不倒翁，在旁边加了一根葱、几粒樱桃、几颗枇杷。那时没有彩笔,我用蜡笔把加上的图形涂得绿绿的、红红的、黄黄的,真是鲜艳、耀眼。

刚画完就被王老师看见了,他高兴地拿起我的画,双手举起,退着往讲台方向走,不小心差点儿被后面的长板凳绊倒,同学们哄然而笑。王老师红着脸说:"大家别笑,看看这张画,所加的几种图形不仅恰好填补了空白,而且线条流畅、颜色鲜艳明快,这不倒翁一定想吃掉这些'水果',你们说画得好不好?"

反思

那时,王老师并没有刻意夸奖我,但从那时起,我对物体的线条、色彩变得特别敏感,没事时还自由画几笔。几十年过去了,他平淡中的表扬与评价似乎还在耳畔回响。但他一定不会想到:当年课上不经意的几句话,会让一个学生几十年记忆犹新,会让这个学生从中懂得了什么是创意、什么是美,懂得了怎样去欣赏美。因为,在人的内心深处都有一种期望被鼓舞、被鼓励的愿望,学生更是如此。

这是否就应验了苏霍姆林斯基所说的:"在人们的心灵深处,都有一种根深蒂固的需要,就是希望感到自己是个发现者、研究者、探索者,而在儿童,这种需要特别强烈。""让学生体验到一种自己在亲身参与掌握知识的情感,乃是唤起少年特有的对知识的兴趣的重要条件。"

曾有人说,教育工作的最终成效不是以教了什么,而是以学到了什么,对学生的素质产生了什么影响来衡量的。如今我也是教师,面对教育改革、面对我的学生,如何去进行教与学,如何对学生进行教育和引导?我们虽然天天在上课,但我们又给自己和学生留下了几节真正难忘的课呢?我们是否在处处注意对学生进行中肯的、恰当的、激励性的评价了呢?多少年后,他们回忆起自己的学生生活时,我们又能给他们留下怎样的回忆呢?这一切都值得我们做教师的去深思。

我希望几十年后,学生想起他的学生生活和他的老师时,记起的不仅仅是一些知识,而是一种精神上的愉悦和甜美的幸福的回忆。

苏霍姆林斯基的书，我不止读过一次，我已将它作为案头的一本"教参"，每学期都要读读，时常翻翻，只有这样对他的教育理论才有更深的理解和感悟。随着自己教育教学经验的积累，我对自己的教育教学工作进行了深刻反思，我一定不忘己任，努力完善教育方法，贴近学生的心灵，给学生以自己的思想空间，以最大限度的教育智慧去激发学生的创造力和热情，力求使每一个学生都能健康、快乐地成长。

（山东省淄博市临淄区闻韶小学　熊雪芸）

2. 好教师，好校长，好教育家
——我眼中的苏霍姆林斯基

如果你想成为一个好的校长，你就要努力首先成为一个好的教育家：不仅对于自己班上所教的那些儿童，而且对于社会、人民、家长所委托给你的全校学生来讲，都是一个好的教师、教育论专家和教育者。如果你占着一个校长的职位，认为只要自己有一些什么特殊的行政工作能力就可以取得成功，那你还是放弃想当一个好校长的念头吧。

——苏霍姆林斯基

（摘自《给教师的建议》，第 452 页，教育科学出版社 1984 年 6 月第 2 版）

苏霍姆林斯基首先是一位优秀的教师，然后是一位优秀的校长，最后才是一位教育理论大师。从他身上，我们可以获得许多有益的教学经验，对我们的教学理论与教师技能有很大的提高和指导作用。

感悟 1：教师苏霍姆林斯基

（1）关于教学反思。苏霍姆林斯基一生没有离开过三尺讲台，在从教的闲暇中，他不断地总结、反思自己的教学，写教学日记。

苏霍姆林斯基说："思考记事簿里所记的东西，是我对自己一天工作的总结。我的记事表里另外分出一栏，我把那些带一般性的结论、概括，专门记入这一栏里。这种记录不多，不是每天都有的。而到了一周的末尾，我把这个期间所听过的课通盘思考一遍，从大量的事实中抽象出来，着重研究最主要的东西。"写反思、写日记，是教师成长的一个必须过程。

今天，我们也在提倡写教学反思，但我们走的是实在的路还是形式主义？是发自内心还是应付检查？这些问题值得教师认真反思。

按照马克斯·范梅南的观点，反思有四种。一是我们每时每刻都在进行的反思和行动——部分是习惯性的，部分是常规化的，还有一部分是由直觉的前反思的以及半反思的理性组成的。二是对我们日常生活中的实际体验以偶然的和有限的方式进行反思。三是以一种更加系统的和更加持续的方式对我们和他人的经历进行反思，以便对我们的日常行动形成理论性的理解和批判性的观点。四是对我们反思的方式、理论化形式进行反思，以期对知识的性质、知识在行动中如何发生作用、如何将知识运用于对我们实际行动的积极理解等方面达到一个更加自我反思性的领悟。作为教师，我们应该反思自己的反思处于何种层次，然后开展不同层次的反思活动。"事实上，优秀的教师会表现出源于仔细反思并长期形成反思的习惯。"

（2）关于读书。作为教师的苏霍姆林斯基，他积极提倡书香校园活动，对课外阅读充满期待。苏霍姆林斯基说："学校工作的经验使我深信：学校教育的缺点之一，就是没有那种占据学生的全部理智和心灵的真正的阅读。没有这样的阅读，学生就没有学习的，他们的精神世界就会变得狭窄和贫乏。"对于课外阅读，苏霍姆林斯基还这样认为："阅读是对'学习困难的'学生进行智育的重要手段。学生学习越感到困难，他在脑力劳动中遇到的困难越多，他就越需要多阅读：正像曝光度差的照相底片需要较长时间的曝光一样，学习成绩差的学生的头脑也需要科学知识之光给以更鲜明、更长久的照耀。不要靠补课，也不要靠没完没了的'拉一把'，而要靠阅读、阅读、再阅读——正是这一点在'学习困难的'学生脑力劳动中起着决定性的作用。"

很有意思的是，苏霍姆林斯基最反对的做法却是我们最喜欢、最经常用的方法。我们对学生阅读课外书视若洪水猛兽，以为这是闲书，不应该把时间浪费在这些无聊的书籍上面。人文教育已经提倡多年，可我们只是在语文课堂上挖掘课文的人文内涵，真正能够对学生有影响力的课外阅读却没有见到踪影。我们学校曾经开设过阅览室，没过两年便关门大吉。什么原因？是因为学生不喜欢读，还是没有什么书好读？年轻人总有求知的欲望，没有好的书，他们怎么愿意读？如果教师不在课外阅读上对学生加以指导，又怎么能够使学生自然而然地爱上阅读？然而现实是，广大教师特别是语文老师本身对课外阅读都有着一种抗拒，怎么有可能让校园充满书香？

（3）关于学生。苏霍姆林斯基给教师的第一个建议就是："请记住：没有也不可能有抽象的学生。"苏霍姆林斯基认为："任何一门学校学科的任何教学大纲只是包含一定水平和一定范围的知识，而没有包含活生生的儿童。不同的儿童要达到这个知识的水平范围，所走的道路各不相同。有的孩子在一年级时就已经能完全独立地读出和解出应用题，而另外一些孩子直到二年级末甚至三年级末才能做到这一点。教师应当善于在一定历史条件下：要通过怎样的途径，要经历什么样的阻碍和困难，才能引导儿童接受教学大纲所规定的水平，以及怎样才能在每一个学生的脑力劳动中具体地实现教学大纲的要求。"

自班级授课制出现以来，就出现一个问题，尽管这个班的学生年龄相近，但他们在智力、见识方面却参差不齐。统一的大纲、统一的授课内容、统一的教学要求都会无法解决学生学习程度不同的问题。为此，要怎么解决这个问题呢？孔夫子也说要因材施教，但我们把古训也忘掉了，我们对学生的要求是整齐划一的，按考试成绩排名就是忽视了这种差异性。特别是中考的体育考试，要求小孩般的学生和成人般的学生同场竞技，很不科学。这些人如果看到苏霍姆林斯基的说法，不知会有何感想。

感悟2：校长苏霍姆林斯基

苏霍姆林斯基在帕夫雷什中学担任校长长达26年，他是"教师的教师"，他对每位老师的情况都了如指掌。在《帕夫雷什中学》一书中对这所学校的每位老师都进行了介绍，作者对他们的优点如数家珍。

他"让教师们过着丰富多彩的精神生活，即给他们提供充实的自由支配时间，让他们有暇思考教学教育难题和总结工作经验，有暇结合工作实际博览群书，引导他们沿着实践、读书、科研相结合的道路不断前进，使之不断有所发现、有所创新，做到使个人的探索小溪汇成集体的创造河流，最终达到用共同的教育，把全体教师团结成一支攻克教育堡垒的坚强队伍。"作为校长的苏霍姆林斯基还说："学校领导人只有不断完善自己既作为教师又作为教育者的技巧，才能充当学生的优秀而有威信的指导者。一个好校长，首先应当是一个好组织者、好教育者和好教师，不仅对上自己的课的孩子来说，而且对全校学生和教师来说都应如此。"

看到这段话，我就想起余杰先生说过的一句话——孤独的蔡元培。真是千金易得，一将难求。这样有胸怀有远见、能够带领全体教师共同发展的领导去哪里找？先生已逝，后继无人！

苏霍姆林斯基有一句值得校领导们深思的话："一间学校有一位好的校长就必然有许多优秀的教师。"学校领导经常数落教师们的素质低、水平不高，不知他读了这句话后是否有羞愧之心？不知他们是否提供一个可以让教师们安静读书、热烈讨论、安心工作的环境了吗？我所见到的多是教师们在学校里劳碌的身影。早7点晚7点，中午管理学生的休息，晚上还要到宿舍检查学生的休息情况，当拖着疲惫的身躯回到家里时，床是他们最渴望的慰藉之地，试问他们还有什么时间去提升自己？当校长把教师当成实现自己政绩的工具的时候，他们是否考虑过如何才能提高教师们的素质与能力呢？

苏霍姆林斯基还说："如果你想成为一个好的校长，你就要努力首先成为一个好的教育家：不仅对自己班上所教的那些儿童，而且对于社会、人民、家长所委托给你的全校学生，都是一个好的教师、教育论专家和教育者。如果你占着一个校长的职位，认为只要自己有一些什么特殊的行政工作能力就可以取得成功，那你还是放弃想当一个好校长的念头吧。"一旦"领导"成为一些人实现人生"有地位有成就"的理想时，这些人就会把这个职务当成个人捞取利益的工具，他们的教学能力理论水平会不断降低，最终会从一个优秀的教师变成一个只会做领导的平庸之人了。官本位的传统习俗，学而优则仕的惯例，使不少优秀教师成为领导之后就堕落了。

感悟3：教育家苏霍姆林斯基

单中惠主编的《西方教育思想史》一书中说："苏霍姆林斯基的'个性全面和谐发展'教育思想影响了苏联几代人的教育，而且在世界教育理论界也产生了很大的影响。早在20世纪60年代，苏霍姆林斯基领导的帕夫雷什中学已在国际上享有盛誉，许多国家的教育专家和学者前往参观。1978年波兰出版的《1900—1975年世界上的实验学校》一书，把帕夫雷什中学列为本世纪世界上著名的实验学校之一。苏霍姆林斯基的教育著作被译成30多种文字，在世界上广泛流传；苏霍姆林斯基本人是苏联继克鲁普斯卡娅和马卡连柯之后的一位新的著名教育家。"

一位教育家，首先应该是一位哲学家，他能够洞悉旧的弊病，又能够具有高瞻远瞩的眼光，他所创立的思想能够惠泽后世；其次应该是一位优秀的教师，他应该在他所教学科里能够有独特的风格专业的理论，能够独树一帜、引领风骚。

我们为何没有教育家？根据以上两点，我觉得有两个原因。第一，在当下的语境当中，思想受到束缚，得不到解放，只在这固有的理论范围中寻找合适的位置，创新只是徒劳。没有理论的突破，不可能有具有哲学眼光的教育家出现。第二，僵死的教育体制严重地禁锢了优秀教师的发展，原青岛二中王泽钊老师的遭遇就很能说明问题，他最后被"炒鱿鱼"了。没有异端的出现，顽固守旧势力得势，必然使创新成为一句空话。特别是许多优秀教师沉浸在应试教育中不能自拔，还遑论什么研究突破！

（广东省英德市第二中学　邓志雄）

3. 爱不是一个字

> 我们的教育对象的心灵绝对不是一块不毛之地，而是一片已经生长着美好思想道德萌芽的肥沃的田地，因此，教师的责任首先在于发现并扶正学生心灵土壤中的每一株幼苗，让它不断壮大，最后排挤掉自己缺点的杂草。
>
> ——苏霍姆林斯基
>
> （摘自《给教师的建议》，第491页，教育科学出版社1984年版）

最近，我重读了《给教师的建议》，就像有一股清泉不断冲击着我的头脑，让我的思想在不断撞击中反复锤炼、去腐存新。

首先，教师在课堂上创设的精神饱满和乐观愉快的语调，在培养学生牢固持久的学习愿望和取得越来越好的成绩方面具有重大意义。

下课后，经常听到老师说"这堂课上得很闷"。学生"闷"的原因也许不一而同，但教师讲课时激发不出学生的兴趣可能是最重要的原因。教师对教材的讲述萎靡不振，针对性不强，以致在孩子们那里形成了一种郁闷心情。教师对教材无动于衷的态度，立即会"传导"给学生，如此，被讲述的内容似乎成了矗立在师生之间的一堵高墙。面对着难以跨越的高度，试问学生怎么精神得起来呢？在这样的课堂上，学生没有紧张思考后的那种倦意，然而，比起上注意力集中和内容丰富的课来，孩子们上这样枯燥的课更加疲惫不堪，也许只有下课铃声才能带来些许生气。

学生对学习的热切渴望，是学生学习取得成功的最重要的动力。培养这种渴望与学校整个教育、教学工作有着密不可分的联系，而它的实现首先得依靠课堂这个主阵地，更需要教师的不断引导与激励。作为教师的我们，更要时刻注意克服那种令学生昏昏欲睡的课堂语调，用饱满的热情去激发学生求知的动力。

其次，在课堂教学中，教师要引导学生学会积极思考。

谁没有见过学校里这种常见的场景呢？教师正在讲解一个新的教学内容，学生们认真听着内容丰富的讲解。新内容的讲述结束了，教师问学生："有什么问题吗？"教室里一片沉默，没有问题，于是，教师得出结论，看来新内容学生们都搞懂了。但是当教师把学生一个接一个地叫起来，让他们复述教师讲述的内容时，他们都回答得前言不搭后语，根本讲不出个所以然来。于是，教师不得不把刚才讲述的内容重述一遍。但是在讲述之前，教师常常不无愤怒地对学生们说："既然你们一点都没懂，为什么你们刚才不提出问题来？"

在这种情况下，教师常常气愤学生的不懂装懂。可是，在读了苏霍姆林斯基的分析之后，我不得不承认，我们错怪学生了。其实，在当时那种情况下，学生们根本无法判断他们对新内容是理解了还是没有理解，因为在讲课之初，教师并没有明确告诉学生，在学习这一新内容时，他们应该理解什么以及在思考过程中应达到什么目的。所以只有当思考的目的十分明确时，思考才能成为名副其实的脑力劳动。教师越是善于把学生的思维活动赋予解决问题的性质，学生的智力也就能愈加积极地参与到这项活动中来，学习中的阻力和困难也就愈加清楚，因而脑力劳动的过程也就在某种程度上成了克服困难的过程。那种把教学内容讲得非常清楚、非常明白的做法，是不能真正促进学生的思维发展的。

真正的好老师绝不会越俎代庖地替学生解决难题，他们对学生的关心首先表现在让学生明白摆在他们面前的困难是什么，要想克服困难，不仅仅需要孩子们集中注意力，还需要他们付出极大的意志力。要想真正地掌握知识，不仅仅要在学生面前揭示教材内容的本质，还要教给学生怎样思考，让他们独立地、自觉地深入到教师的详细讲解中来。学生被动、消极地掌握的知识，对学生的思维发展起不到多大的影响，而通过积极的努力，主动地去探究、获取的知识，不但让人深信不疑、倍加珍惜，更会不断激发学生积极思考的兴趣，以更大的热情投入到学习中来。

再次，儿童的自尊心是最娇柔的一朵鲜花，它是很容易折损、憔悴和被不信赖的毒汁毒死的。

作为教师，很少有不爱自己的学生的；作为家长，也极少有不爱自己的孩子的。但是在教育下一代时，尽管有时我们为他们的成长付出了很多，可他们并不领情，甚至常常事与愿违。

为什么会出现这样的结果呢？有一个重要的原因就是我们在教育孩子的时候，没有把他当做一个活生生的人来对待。其实孩子也有自尊心，而且其自尊心还很强。作为教师，只有在教师关怀学生的人格尊严时，教导才能成为教育。就其本质而言，教育的核心就是关怀学生，让他经常具有作为智力劳动者的自尊感，作为公民的自尊感，作为儿女的自尊感，作为因自己崇高的意向、激情和成绩而变得美好起来的个人的自尊感。我们要让学生经常看到自己的成功，让他们感到每一天都过得有意义，每一天自己都有新的收获。

最后，我想用苏霍姆林斯基的一句话来结束我的思考："我们的教育对象的心灵绝对不是一块不毛之地，而是一片已经生长着美好思想道德萌芽的肥沃的田地，因此，教师的责任首先在于发现并扶正学生心灵土壤中的每一株幼苗，让它不断壮大，最后排挤掉自己缺点的杂草。"

（江苏省苏州工业园区新城花园小学　刘成华）

4. 拨响"诗人"的琴弦

每一个孩子就其天性来说都是诗人。

——苏霍姆林斯基

（摘自《给教师的建议》，第 180 页，教育科学出版社 1984 年 6 月第 2 版）

我非常景仰苏霍姆林斯基，特别欣赏他的"每一个孩子就其天性来说都是诗人"这句名言。

诚哉斯言！哪一个孩子的第一声啼哭，父母不感到是最美妙的诗呢？哪一个孩子的第一个笑靥，父母不觉得是最娇媚的花呢？然而不知从何时起，有的诗没了动人的旋律，有的花黯然甚至凋谢了。

让一个"诗人"变成了"差生"、"小混混"、"社会垃圾"，这不是孩子的错，而是父母、老师这些教育者的错，是荒诞的教育思想的错。

如何让"诗人"的琴弦奏出最动人的诗乐？苏霍姆林斯基的教育观念与教育实践给了我们诸多启示。

苏霍姆林斯基提出一个著名的口号："把每一个学生都培养成有用的人。"他所说的"有用的人"并不等同于"能够升上大学的人"。他说："学生由于先天的原因和后天接受教育情况不同的原因，在智力水平方面是有差异的；每一个人所能达到的高度不同，有的人可以成为发明家、科学家，而另一些人可以成为汽车司机、拖拉机手、厨师和农庄庄员等；各个人能力的差异是客观存在的，是不能强求一律。但是不应该使那些智力方面比较平常、甚至比较差的人感到这是一种不幸，感到低人一等，不能丧失生活的信心和做人的尊严。"

正是有了这种教育理念,他坚信每一个学生将来都能在社会上找到适合自己的位置,都能走出自己的成功之路,都能创造出令人惊羡的业绩。也正是有了这种教育理念,他才一以贯之地努力追求"让每一个学生都能抬起头来走路"。

有这样一个实例:一个学生从小学四年级起学习就很差,功课跟不上,老师都说这个学生不行。苏霍姆林斯基通过观察,发现这个学生很喜欢植物,尤其是对果树特别感兴趣,他就找这个学生谈话,鼓励他喜欢什么就做什么,并给予帮助。这个学生有一个设想,就是使苹果树不经过嫁接,剪枝后直接插在土里成活,免去很费事的嫁接工序。苏霍姆林斯基支持他搞实验。这个学生自己搭了间温室,经过几年的实验,终于成功了。后来,这个学生毕业后没有考大学,到了农庄专门从事果树育种方面的工作。一个农学院知道了他的情况,招他为研究生去深造。这个学生通过这种途径成了一个很有用的人,成了一个植物学专家。

苏霍姆林斯基的这一成功教育范例对我们今天的教育者颇有启迪。诚如他所言:"每一个学生身上都有着可以闪光的点,问题就在怎样去发现它、培养它。"苏霍姆林斯基正是用灵巧的手指拨响了这个在别人看来是"差生"的"诗人"的琴弦。

发现学生身上可以闪光的点,唤醒学生的"生命自觉",建立学生的"有用"意识,苏霍姆林斯基的思想与实践确实具有普遍的意义。作为苏霍姆林斯基思想的学习践行者,我越来越深刻地认识到:当我们以"应试教育"的思想指导教育教学的时候,当我们只以分数这一把尺子来衡量学生的时候,当我们把学生往一条路上驱赶的时候,当我们无视学生的生命存在而把他们看成机器的时候,当我们把学生的业余时间挤干榨尽的时候,当我们硬性地以自己设定的标准逼着学生中规中矩的时候,当我们以千篇一律的方式对待每一个学生的时候,我们的教育必然会有缺憾,一些"诗人"必然会泯灭诗心;教育应该是发现,教育应该是唤醒,教育应该是激发潜能的艺术。

如果如苏霍姆林斯基所言"每一个孩子都是诗人",那么我们的教育者就应对每一个受教育者有信心,以各种独特而非统一的方式来拨动"诗人"的琴弦,让他们唱出唯一的生命之歌。

有这样一个例子:曾有一个学生考试成绩总是不理想,连续排名倒数第一,他感到很自卑。一次考试过后同学们都兴高采烈地去电影院看电影,唯有他趴在课桌上抹眼泪。我见他这样,自然明白了原因,安慰他几句总觉得没有从根本上解决问题。回到办公室我一直在思考如何帮助他摆脱自卑的阴影。恰在这时,我发现他的一篇《妈妈帮我纳鞋底》的作文写得很动情,感情描写很细腻。于是我找到他,专门和他谈作文,并点拨他润色加工。后来,我特意把这篇文章寄给一家报纸发表。当班上同学在传看他的文章的时候,我暗中观察到他的脸上洋溢着自豪和骄傲。此后我又经常和他聊作文,启发他挖掘好素材,写出更好的文章。渐渐地,他不但作文一篇比一篇写得好,而且走路也昂首挺胸了。这个同学后来虽然没有考上大学,但是自学成为小有名气的乡村医生,还时常给报刊写点小文章。

还有一个学生,高一时就暗恋一个女生,可女生从没有对他表示过好感,他感到很不是滋味,整天愁眉不展、郁郁寡欢。在批阅作文时我发现了他的这一秘密,于是在批语中写道:"高中阶段是学习的黄金时期,不要把时间浪费在感情的纠葛上,要全力以赴搞好学习……"随后又在他交上的随笔中多次以类似的批语与他交流,启发鼓励他把精力投入到学习上来。可是据观察,我所说的这些话并没有触动他,他还是愁眉不展。一次,在批阅他的随笔时,突然萌发了在他的名字(×远见)上做做文章的念头,于是写道:"王安石有言,世之奇伟、瑰怪、非常之观常在于险远。作为一个堂堂男儿,我们的目标在远方,最美的风景也在远方,别流连于路边的一花一草。×远见啊,你一定要有远见!"这一次终于有了反应,他先在一篇随笔中主动与我交流了思想,并写下一句话:"老师,我记住您的话:'×远见啊,你一定要有远见!'"后来他在课堂上抬起了头,积极回答问题,课间也和同学们说说笑笑了。看到一个学生的心锁被打开,我也为自己找到了一把合适的钥匙而兴奋不已,犹如弹奏出一曲和谐美妙的乐章。

(安徽省霍邱县第一中学 赵克明)

5. "设计人"是教师和家长共同的事业

我们认为极其重要的一点,就是要使"设计人"的工作不仅成为教师的事业,也要成为家长的事业。

(摘自《给教师的建议》,第530页,教育科学出版社1984年版)

前苏联教育家苏霍姆林斯基曾说:"我们认为极其重要的一点,就是要使'设计人'的工作不仅成为教师的事业,也要成为家长的事业。"他认为,教育孩子,要使学校、家庭和社会等各方面形成合力。显然,在形成这种合力的各方面中,学校和家庭的教育尤为突出。

为了能使学校教育和家庭教育落到实处,苏霍姆林斯基创办了家长学校。他说:"我们坚信教育学的知识就像法治知识一样,是所有的社会成员都必须知晓的。"为此,他按照学生的年龄段把家长分成若干组,规定家长每月到校接受两次教育学和心理学方面的知识培训。因为尽管许多家长也知道教育孩子需要家长的密切配合,但他们并不知道如何科学地对孩子施教,甚至有些家长身为学校的教师,虽然整天教育着别人的孩子,可回到家里,面对自己的孩子时却显得力不从心。因此,要想科学地对孩子施教,没有全面的教育学知识是不行的。苏霍姆林斯基说:"教育学应当成为所有的人群都懂得的一门科学——无论教师或家长都应当懂得它。"

那么,我们当下的家庭教育又怎样呢?

很不乐观!

有这样一例:2010年,我一亲戚家的孩子本来在他本村读小学三年级,但因为家长认为孩子在家看不住,不知道学习,太贪玩。于是把孩子送到了离家30公里外的一家私立封闭小学就读。一年后，孩子的成绩并没改观，放假在家依旧爱玩。家长迷惑了，怎么还不行呢？于是我建议家长说："把孩子领回去吧，孩子的问题不能全怪孩子，做家长的也该检讨一下自己。"建议归建议，孩子是领回去了，可至今他的学习状况依然如故。据我所知，这位家长农忙时忙于干农活，农闲时还想增加点收入——帮个短工，做个生意，仍然顾不上孩子。试问：在这样的家庭环境中，孩子如何能健康成长呢？

诚然，我们做家长的确实忙，忙于生计，忙于事业，抑或忙于应酬……但这一切都不能以牺牲教育孩子为代价。

苏霍姆林斯基说："没有时间教育孩子，就意味着没有时间做人。"

实际上，只要真正认识到家庭教育对孩子成长的重要性，我们做家长的完全能挤出时间并且都有能力来配合学校做好家教，从而使孩子健康成长。

可能有家长会说，孩子学习知识主要是在学校，只要听老师的话，把老师教的知识学到手就行了。当然，如果学生真能充分发挥主观能动性，将老师教的东西学好，并融会贯通，固然很好。但有这么简单吗？学生毕竟是未成年人，可塑性极强，更何况孩子的成长是一个复杂的过程，会受到多种因素的制约。要使孩子的身心得以健康全面地发展是离不开学校、家庭以及社会各方面的密切配合的，要使孩子在德、智、体、美、劳等诸方面均衡发展，如果只靠学校单方面的力量显然是不够的。正如苏霍姆林斯基所说："教育的效果取决于学校和家庭的教育的一致性。如果没有这种一致性，那么，学校的教学和教育过程就会像纸做的房子一样倒塌下来。"

作为老师，同时又作为家长的我，是深知其中的道理的。我女儿上小学时，我把她送到了离家最近的位于城郊的一所乡村学校。这是一所受众人冷落的小学，连本村的许多孩子都被送到了县城里的好学校。而我是向来不迷信学校的：再好的学校也有差生，再差的学校也会飞出金凤凰，只要家教能跟上。

到女儿小学毕业时，她顺利考取了县初中的小班，也是她们班唯一进入小班的一个孩子。在孩子即将进入初中的那个暑假，我特意找来相关书籍和光盘，在学习英语方面帮她顺利入门。几十天下来，孩子熟练掌握了26个英文字母、48个国际音标的正确发音，还积累了不少英语单词。孩子提前进入了学习英语的状态，也为以后进一步学习好英语打下了坚实的基础。现在即将初中毕业的女儿，一提起英语就来兴致，因为英语一直都是她的强项。并且，她在班里的排名，已由入学时的40多名跃到了前10名。

家长是孩子的第一任老师，对于孩子灵魂的塑造，家长起着举足轻重的作用。有专家曾指出，孩子越小，母亲越重要；孩子越大，父亲越重要。看来，在孩子的整个成长过程中，父母的教育和影响是相伴始终的。苏霍姆林斯基曾表示：在论家庭教育时子女的命运就掌握在家长手里。其实，塑造孩子灵魂的何止是教师和家长，我们每一个人的言行无时无刻不在有意无意地影响着我们周围的每一个孩子。我们可以从事不同的职业，但在影响、教育孩子这一点上，我们的角色却是一样的——我们都参与了孩子灵魂的塑造工作。所以，如果孩子的身心得到了健康全面的发展，当然不能只归功于学校，而如果孩子走了弯路或者邪路，也不能完全归咎于学校。

苏霍姆林斯基说："如果没有整个社会首先是家庭的高度的教育学素养，那么，不管教师付出多大的努力，都收不到完满效果。学校里的一切问题都会在家庭里折射地反映出来，而学校的复杂的教育过程中产生的一切困难的根源也都可以追溯到家庭。人的全面发展取决于母亲和父亲在儿子面前是怎样的人，取决于儿童从父母的榜样中怎样认识人与人的关系和社会环境。"因此，教育孩子，需要家校的共同努力。

（河南省鄢陵县第三高级中学　王付旺）

6. 教学生学会做人

> 我多年从事儿童教育工作，亲眼看到他们成长为少年、青年、成年、父亲或母亲，我意识到一条很重要的教育使命，就在于使我的学生们把真正的爱看做是人的功绩，而把人的崇高的爱看做是功绩的源泉。我们的教育使命就在于使每一个孩子都能认识这种价值并去珍惜它。
>
> ——苏霍姆林斯基

（摘自《苏霍姆林斯基选集（第2卷）》，第306页，教育科学出版社2001年版）

我从教20多年来，一直把苏霍姆林斯基的理论活学活用在教育教学工作上。以下是我多年来的心得体会：

体会1：教师要给予学生信心

苏霍姆林斯基非常重视鼓励教育和正面教育，通过积极的由浅入深、由近及远的实践活动，形成学生良好的道德品质。"你在任何时候也不要急于给学生打不及格的分数。请记住：成功的欢乐是一种巨大的情绪力量，它可以促进学生好好学习的愿望。请你注意无论如何不要使这种内在的力量消失。缺少这种力量，教育上的巧妙措施都是无济于事的。"而"思维、孩子的记忆，的确应是从这里开始的——从赤子之爱和怜悯之心，从惊奇和赞叹，从孩子生活中发出的种种事件的情感色彩开始的"。

记得有一年，学校安排我上一节公开课。在公布这一消息后，一下课就有一位同学跟我说："老师，明天千万别叫我。"我回头看到他是班里成绩还不错的一个调皮分子。我没有正面回答他，反问了他一句："那我有什么好处呢？"他很认真地对我说："我明天保证认真听讲，不讲话。"我笑着朝他点点头。在那次公开课上，我在叫同学回答问题时，扫视了班级同学的反应。看到他正聚精会神地在听课，我自然地喊出了他的名字。叫完他名字后，我马上想到了事前的"口头协议"，愣了一下。换到平时，他肯定对我说三个字"不知道"，而那天的问题却是一个"遇到想做而且能做的事，结果却不愿做，联系生活实际想想"。他站起来，沉默了一会儿，接着说道"我上课很想认认真真的，但……"我马上接下去说："相信你完全有能力做到认认真真地听讲，就像今天一样。"他抬起头看看我，想了想说："但我却没做好。""为什么？""因为我……我的控制能力差。"我接着话语说："相信你可以的，我们全班同学都做你的见证人。"接着几天，我看到他上课都比平时有所好转。

通过这件事，使我想起苏霍姆林斯基说过的一句话："教育首先是关怀备至地小心翼翼地触及年轻的心灵。"有时一个微笑、一句鼓励比批评、指责更有效。如果我能对他们的一点努力、一点进步给予肯定，相信他们一定会更加积极进取。

体会2：教师要因人、因地、因材施教

苏霍姆林斯基强调："没有也不可能有抽象的学生。"他说："为什么早在一年级就会出现一些落伍的、考不及格的学生，而到二、三年级有时候还会遇到落伍的无可救药的，因而教师干脆对他放弃不管的学生呢？这是因为在学校生活的最主要的领域——脑力劳动的领域里，对学生缺乏个别对待的态度的缘故。"

我们学校是一所农村中学，90%以上都是外来务工人员子女就读。家长忙于做生意，孩子大多数时候都是无人看管的。

2006年新学期，班里有个孩子叫葛龙，父母都是外来打工的，平时工作很忙，很少有时间管孩子。孩子平时一放学或者休息日都在外面玩，性格懒散，上课也不守纪律，成绩经常在年级倒数。于是，我对他更为关注。课堂上,只要一发现葛龙搞小动作或者是骚扰别人,我会马上提问他。开始的时候,他总是一站起来就愕然,不知道该做什么,该回答什么,于是马上低下头,嘴巴高高嘟起。这时我就会注意在不伤害其自尊心的基础上加以引导,比如,"葛龙同学正在努力思考问题呢,我们再给他点时间好吗?"然后再给他鼓励,如"请你坐下来安静地再认真思考思考好吗"之类的话。在平时的学习和生活中,只要一发现他有进步,哪怕一丁点也好,我都会马上对其进行表扬,并鼓励他做到更好。在课堂外,我经常找葛龙聊天,询问他上课的情况。如果课堂上得到表扬了,我会再加倍表扬他;如果课堂上被批评了,我会和他一起分析原因,帮助他认识到自己的错误,从而有效地改正。如此下来,他的自信心慢慢地增强了。

此外,我还积极与其家长联系,通过留言或短信方式同家长保持联系。了解该生的在家情况,反馈该生的在校情况,碰到问题一起解决。经过一年多的努力,葛龙在校纪律达到优良,上课认真听讲、积极发言,成绩明显提高了。

经过一年的对该生的教育教学工作,我满怀感慨:①班里的任何一个同学,没有天生就是优秀的人,后天的培养在他的成长中也起到极其重要的作用。②没有最差的学生,只有最不恰当的教育方式。③应该平等对待每一个学生,不能放弃任何一个学生。④多挖掘孩子的优点,多鼓励,多表扬。⑤多一分耐心和爱心,少一分厌烦和讨厌。⑥培养孩子的自信心真的很重要。

体会3:教师心中要时时装有学生

在苏霍姆林斯基眼中,"学生不是学习的机器,不是考试的机器,不是成绩单,不是录取通知书,而是一个精神的宇宙"。

2009年8月底,根据我校施教区学生家长的要求,结合本校的实际情况,学校决定把刚刚升入初中七年级仅有的21名我校施教区学生和21名本市其他贫困乡镇来我镇打工子女集中组成一个班,由我来担任这个班的班主任。

根据入学考试成绩看，我们班各科成绩与其他 5 个班平均分相比，都低于 15 分以上。看到这些情况后，我没有泄气，没有嫌弃、鄙视这些学生，而是想办法让这些学生树立自信心、把学业水平和道德修养提高一个层次。我分析，他们最大的成长障碍可能是信心的缺失。他们貌似刚强、大度，其实内心充满着自卑和对美好生活的渴望。任何一个教育环节的疏漏，都有可能诱发他们最原始的"叛逆本性"。为此，我在正式上课的前三天，为这个班级开展了特殊的入学教育，从日常行为规范、人生与理想、学习的方法与态度等多个方面进行教育，并针对本班实际情况制定了班训：不比身份比品德、不比阔气比志气、不比基础比进步、不比聪明比勤奋。一个月后，这些学生少了许多疑惑和胆怯，多了几分自信和坚强。

经过一年半的努力，我们班每个学生的成绩进步都非常大。2010 年 6 月，我们班荣获了我市"优秀班集体"光荣称号。

苏霍姆林斯基认为，未来的科学家、思想家、艺术家、工程师、医生和未来的钳工、车工乃至泥瓦匠、炊事员等都应该具备这样一个共同的特点，即智慧和创造性将在劳动中起主导作用，所有人都应当是富有智慧的人，善于创造性地思考。而所有这一切都需要教师有一双发现的眼光。

苏霍姆林斯基的书案例众多，贴近教育实际，可操作性强，可以有效地指导我们在教育工作中注意案例积累，由"事"得"是"。苏霍姆林斯基处处借用生动鲜活的"事例"给我们讲道理，这正是我们一贯倡导的"实事求是。"例如，关于后进生的问题，这是任何教育工作者都不可回避的问题。那么，我们应该如何正确对待学生之间的这种"差异"呢？如何做好后进生工作呢？让学生有自尊，让学生做自己喜欢做的事等，无不体现了苏霍姆林斯基在教学工作中以人为本、以学生为中心的独特方式。这些思想，值得我们每一个教师终身学习。

（浙江省瑞安市莘塍镇第二中学　李茂春）

7. 我对教师角色定位的思考

> 要记住，你不仅是教课的教师，也是学生的教育者，生活的导师和道德的引路人。
>
> ——苏霍姆林斯基
>
> （摘自《给教师的建议》，第491页，教育科学出版社1984年6月版）

苏霍姆林斯基告诉我们："要记住，你不仅是教课的教师，也是学生的教育者，生活的导师和道德的引路人。"多年来的实践让我对怎样做教师的角色有了很多思考。

角色1：班级的融合者

我认为班主任是学校派到各个班级的代表，是班级的组织者和领导者，担负着对学生的教育和管理任务。班主任应该是班级的融合者，做到能熟悉班级的每个孩子，调动各类教育资源，把班级融合成一个团结统一、个性鲜明的整体。

"队训"熔铸班级观——我在每学期开学初都要组织"队训"，或者是在操场上，师生一起进行队列训练。正步走、原地立正、就地坐下，毫不含糊；坐如钟、站如松、行如风，反复训练。当头烈日，师生一起晒；迎面细雨，师生一同淋。小小"队训"如同熔炉，在辅导员和孩子们心中熔铸出了钢铁一般的纪律观。或者是进行拓展项目，辅导员和孩子们一起完成"背投"训练，两两组合，四手紧握，合身倒下，奋力托起。"背投"者全副身家交托，"托起者"倾尽全力承受。小小"队训"在师生心中熔铸出了你中有我、我中有你的班级观。

"我能行"锻炼班级领导者——树立"我能行"的队风,实行"队干部轮流制",每周每月定期民主评选荣誉称号,发挥了全体孩子的主体作用,让每个学生都有了为集体作贡献的岗位,增强了自信,挖掘了潜能,发挥了特长,活跃了思维,锻炼了实践能力,培育了创造精神,增添了集体的凝聚力,锻炼出了班级的真正领导者——少先孩子。

因为"教育——这首先是人学"。

角色2:孩子的校内家长

与孩子朝夕相处,我始终想着一位教育前辈说过的两句话——"假如我是孩子","假如是我的孩子"。这样的情感使我对孩子们少了一分埋怨,多了一分宽容;少了一分苛求,多了一分理解;少了一分指责,多了一分尊重;少了一分"师道尊严",多了一分"慈母柔肠"。

慈母柔肠爱护孩子——我们班级转来一名学生常成,因为难产造成脑部淤血,行为表现为暴躁、易怒、多动,上课无法安心听,作业无法按时完成。家长哭诉了在原来学校的遭遇:课堂上总是因为违纪被罚站一边,课间永远被"敬而远之"。我感到事情十分棘手。因为执教7年,这么特殊的孩子还是头一次遇到。调整自己的心态之后,我认为用一颗母亲的心包容他才是帮助他的唯一方法。上课时,常成时常会闹情绪。每当这时,我总是走到他面前轻轻地抚摸他的头,小声说几句话,稳定他的情绪。慢慢地,常成上课就安静多了……上别的老师的课前,我总是轻声叮嘱:要控制自己,有问题找姚老师。一年后,常成改变了,最终,他以优良的成绩进入了理想的中学学习。

宽容理解接纳孩子——顾洵是一个纪律观念淡薄,容易钻牛角尖,凡事只顾自己的孩子。那天,顾洵严重违纪,母亲一气之下说出不让孩子上学的话。考虑家长的权威和孩子的状态,我同意家长停课一天的要求。送走顾洵的同时,我开始考虑他的归来。那一整天,因为顾洵的缺席,大家的学习、活动分外顺利愉快。孩子们窃窃私语:"最好他不要来。"这一点我感受到了，可如果老师放手，这个孩子会怎样呢？如果我们就是孩子的爸爸妈妈，会不会放手呢？想来想去，我觉得老师不能放手，孩子们不能放手，班级不能放手。我告诉孩子们自己的想法和决定——像对自己的孩子那样包容、帮助顾洵，希望得到大家的支持。真切的话语打动了大家的心，获得了大家的赞同。我顺势提出举行"回归仪式"欢迎顾洵明天返校。孩子们出谋划策，安排了起立欢迎、代表致辞等环节，尤其是最后的全体齐念顺口溜，既表达了大家对顾洵的包容，又表明了大家对他的期望。

细微之处珍爱孩子——假期对于每位老师来说是远离孩子纷扰的日子，可是我们老师的心里面仍时时刻刻都在惦记着班里的孩子们。于是，我用一条条短信传递着对孩子们的一缕缕牵挂："7月15日，孩子们，暑假里，你有更多的机会独自呆在家中，注意合理安排时间；建议你多到外面去活动，记住安全第一哟！""8月10日，各位家长，转眼假期过了大半，请你们开始调整孩子的作息时间，注意生活规律。""8月31日，孩子们，你们好！明天我们就见面了，姚老师真高兴！和上学期一样，我会在教室门口迎接你们，我们9点见！"

因为"一个好教师意味着什么？首先意味着他热爱孩子"。

角色3：家长的好参谋

要全面引导教育好孩子，需要班主任和家长形成强大的合力。辅导员与家长互动，共同探讨教育学生的方法，更有利于孩子的健康成长。交流中，我认识到家长是被尊重的对象。我总是暗暗提醒自己遵守"三不准则"——不埋怨、不责怪、不转嫁责任。

真诚相待家长贴心——学生小张学习成绩不好，上进心较弱，在《家校联系本》上还冒充妈妈的字迹签名。那一次，我正好在学校碰到他妈妈，就迎上去想和她谈谈。没料到她妈妈脸一板说："我儿子又犯什么错了，你说吧！"我笑笑说："你放心好了，今天只想和你聊一聊。"小张妈妈脸上的表情稍微松弛了一些，我又说："我也是妈妈，你的心情我能理解……"轻松的谈话，婉转的话语，真诚的帮助犹如一缕春风化解了家长心中的不快，家长的心和辅导员老师的心贴得更近了。

专业建议家长放心——学生小李的家长望子成龙心切，偏偏孩子顽皮好动，学习落于人后。严厉的父亲采取"人盯人"战术，进行"满负荷"训练。一周七天，天天训练。一个月下来，两相抱怨。儿子抱怨自己失去自由，开始消极怠工。父亲抱怨自己费时费力没成效。作为班主任的我，运用自己的专业知识，给家长提出科学合理的建议——亲子协定：家长把自由还给孩子，孩子按要求达到目标，每月月底对双方进行考核，违约者受罚。协定后，父亲不再像以前那样"紧逼盯人"，而是让孩子自己安排学习、休息时间。对此，孩子的回报是，认真学习，不再"消极怠工"。不久，他的学习很快有了提升，在分层评价的数学学科，跃升 A 段，语文成绩也跻身中游。

每学期的家长会上，我都公布自己的联系电话、电子信箱，旨在欢迎家长与我联系。我家的电话因此常常成为和家长沟通的热线。最多时一晚接了 6 个电话，最长一个电话打了一个小时，手机打没电了，插上电源接着和家长聊……

因为"没有家长学校，我们就不能设想会有完满的家庭—学校教育"。

角色 4：孩子们的开心姐姐

关注孩子的心理健康状况，成为孩子们的开心姐姐（心理辅导员）是教师义不容辞的责任。我尽力运用心理健康教育知识为孩子们排解忧愁、带去快乐：在班级开设"阳光角"，每天中午开放，进行个别咨询；每周进行团体辅导活动，针对孩子的年龄特点，有合作游戏、阳光快乐操、放松训练、心理健康讲座，进行心理栏目"成长快乐"的心理健康宣传，通过讲述富有哲理的故事，反馈孩子来信，指导大家解决生活学习的实际问题，帮助大家排解不良情绪。

代币法助小汤——"小汤，你的作业呢？"数学老师问。小汤低着头，一声不响。数学老师提高嗓门，又问了一遍。小汤慢吞吞地从桌肚里取出作业本——本子上是一道做了一半的数学题。"放学前，请你一定交给老师。"数学老师叮嘱道。放学时,作业本上还是寥寥数笔……这个小汤,天资聪明,但散漫成性,因此,如何让他按时完成作业成了父母、老师都头痛的问题。强制手段只解一时之难,从心入手方可彻底解决。一次聊天,我发现小汤对电脑游戏非常喜爱。一番交谈,我找到了对他进行教育的新方法——代币法。我们制作了一份表格,其中规定:8:20到校后主动交出家庭作业,晚上7:00离校前完成当天各门学科的课堂作业——可得一枚代币;连续两天未达到目标,扣除一枚代币;获得三枚代币,可以玩游戏20分钟。

为了获得理想的效果,我征求了家长的意见,请他们对此事给予关注,及时提醒和鼓励。代币法实施第一天,小汤快速高效地完成了课堂作业,尤其是数学作业。放学前,我把一枚代币交到他手上,告诉他如果明天也能按时上交家庭作业,又能获得一枚代币。终于,代币法实施2天后,小汤获得了第一次游戏奖励。他兴奋而又激动地在辅导员老师的电脑上玩了20分钟游戏。此后的两个星期里,他最多两天就能获得一次游戏奖励。一个月后,我们一起把游戏奖励修改为侦探小说奖励。慢慢地,按时完成作业已成为小汤习惯去做的事了。

自我命令助学习——在一次随意的交谈中,我了解到班级里相当一部分学生在数学学科的学习中出现畏惧、厌恶的情绪。深入了解后,我知道了孩子们现在所用的数学教材对思维灵活性的训练很有帮助,但是孩子们一时没有适应。我觉得从心理上激发孩子的好学、上进,更能有效地帮助他们学习数学。我仔细考虑了心理暗示和小目标等心理原理,精心设计了"自我命令成绩卡"。使用前,我发放了一份"告家长书",提醒请求家长敦促孩子每天回家也能执行"自我命令",关注活动情况,对孩子的进步及时注意和赞扬。在校内,我协同数学老师全力指导和帮助孩子开展活动。一轮结束(一周时间),将活动情况以书面形式反馈给学生和家长。三轮活动结束,学生的学习状态获得显著改善,自我调节学习心理的意识也大大增强,孩子们终于又开开心心地学数学了。

借书"借走"不良影响——有一段时间,很多孩子在谈话和活动中流露出对神鬼的害怕、对黑暗的恐惧。仔细一问,才知这些孩子都阅读了

"鸡皮疙瘩"系列丛书。于是我着手展开心理辅导：一方面，我对这些孩子进行心理疏导；另一方面，我从源头着手——怎样使孩子远离不良书籍呢？如果采用硬性手段，从孩子的心理特点看，这样反而会激起他们强烈的看书欲望，结果适得其反。还是从"心"入手，用朋友的身份向他们借阅这套书，认真看一看，和孩子们交流自己的真实感受。说干就干，我向孩子们借了三本书，约定第二天交流读后感受。当晚，我挑灯夜读。故事曲折生动，很吸引人。但是书中大量的神怪、血淋淋的描写，令成年人都不寒而栗，何况小学阶段心智发展还不完善的孩子呢？第二天，按照约定，我和大家交流了读书感受，被吸引、感到恐惧都说了。在我的引导下，孩子们纷纷说出了这套书给自己带来的负面影响。大家发现这样的书给自己带来的伤害远远超过乐趣，一致决定拒绝它进入视野。

因为"考察孩子的内在精神世界，这是教师最重要的任务之一"。

教师对孩子的尊重、理解、关爱、信任、赞赏、鼓励，犹如赋予鲜花和小草金色的阳光，让孩子稚嫩的心田沐浴着爱的温暖。孩子在教师的启发和诱导下，就会产生一种心理冲动，燃起希望的火花，主动修正和完善自我，并不断发挥自己的潜力。让我们把教育大师的叮咛牢记心中，把握好教师的角色定位，走进孩子的心灵世界，去探索、耕耘、播种、培育、采摘，让每一个孩子的生命都灵动飞扬。

（江苏省苏州工业园区新城花园小学　姚琛）

8. 宽容是金

宽容能触及学生自尊心最敏感的角落。

——苏霍姆林斯基

（摘自《苏霍姆林斯基选集（第1卷）》，第150页，教育科学出版社2001年版）

因为高考要借用考场，学生必须放假5天。考虑到假期较长，因此放假前我发了一份数学试卷，要求学生在家认真完成。返校后第一节数学课，我利用后一部分时间进行试卷检查，先检查一、二、三、四组，个个过目，课堂气氛开始紧张起来。有的学生没带试卷，有的学生没有全部完成，有的学生还是空白。其实我事先就知道会出现这种情况，我一边查看，一边微笑着说："我发试卷时，的确没有讲返校后要检查，今天我就是要看看哪些同学学习自觉性和主动性比较好。"当我查到第四组的女生珠时，发现了问题：这份试卷是第五组女生芳的，居然出现了偷梁换柱。当时我非常生气：怎能欺骗老师呢？这样下去，怎么得了！是当众点破，还是先弄清楚情况呢？冷静后我选择了第二种方案，很平静地问女生珠："这份试卷是你的吗？""是的。"她怯生生地答道。我一声不吭，扫了一眼第五组的女生芳就走开了。刚好查完前4组就下课了。

第二天上午课间操时间，女生珠来到了我的办公室，她先问了同步训练上的几道题目，然后胆怯地拿出一份数学试卷，轻轻地对我说："李老师，这才是我的试卷，已经做好了。"说话时涨红着脸，慢慢低下了头。顿时，我全明白了，立即打破尴尬的局面，亲切地说："昨天你犯了一个错误，今天又主动来承认错误，两者互相抵消，知错改错，你仍然是一名好学生。其实,昨天我在课堂上就看出了破绽,因为我的记性较好,班里每个学生的字迹我基本上都能认得出来,我在等待你来找我啊!"气氛一下子缓和了许多。"这几天放假我一直在生病,试卷未做,由于虚荣心作怪,才在老师检查时借用他人试卷。现在回想起来,真是很后悔……"接着珠说了她的一些情况。我耐心地听着,渐渐地珠的脸上露出了微笑。最后,她高高兴兴地回教室去了。

反思——我与学生珠的故事正好应验了苏霍姆林斯基的"宽容能触及学生自尊心最敏感的角落"的观点。有位教育专家曾说,学生的自尊就像清晨树叶上的一滴露珠,稍不小心就会打落下来而无法还原。心理学研究也表明,高中生尤其是女生自尊心特别强、心理比较脆弱,在大众场合受到老师的呵斥、批评,心理上往往难以接受。试想:如果那天我当众揭穿珠,她会无地自容,不仅自尊心会受到极大的伤害,而且以后难以面对全班同学。珠就有可能因此而毁掉,这绝非危言耸听!而教师平静的话语、和蔼的态度以及扫视的动作,都使忐忑不安的珠为之震动。经过一个晚上的思想斗争,珠终于自悟——老师这不是在宽容我吗?必须鼓足勇气向老师认错。于是,就出现了上述办公室里的一幕。

学校教育就是促使自然人向社会人转化。学生毕竟是受教育者,他们涉世不深,认识水平和辨别是非的能力都有限,犯点错误是非常正常的,何况有的错误还与学生的背景、实际情况和客观环境有很大的关系。有的专家学者就认为,学校就是学生出错的地方,关键的问题是老师对待出错学生的态度。一位虚荣心、好胜心很强的学生在一次数学考试中,因为少写一个小数点而痛失5分。试卷发下来之后,他偷偷地添上这一点,来找老师要分。虽然老师已从添加这一点的墨迹中看出了问题,但他没有当场点破,而是满足了孩子要分的愿望。不过补分之后,他在这一点上画了一个红圈。孩子领会了老师的意图,惭愧不已。以致若干年以后,都难以忘怀。这位老师在尊重学生的个性、维护学生自尊的前提下,巧妙地让学生自省、自悟,并产生强烈的心灵震撼,这是何等高超的教育艺术啊!

受传统教育思想观念的影响,教师往往把学生的点滴错误任意放大,动不动就上升到道德层面,认为学生的道德品质有问题,必须加强教育。

于是暴风骤雨式的说教，毫不留情的批评、谩骂、讽刺，甚至体罚向学生涌来，这些幼嫩的心灵承受得了吗？即使承受得了，也往往没有多大效果，有的甚至产生逆反心理或对抗，我们不是没有这样的沉痛教训！

苏霍姆林斯基"学会宽容学生"的教育思想，与当今的新课改理念一脉相承。宽容学生，就是给学生提供一个思考和自省、自悟的机会；宽容学生，就是充分施行教学民主；宽容学生，更是一种教育观念的转变。宽容学生，体现了老师的教育智慧和宽阔胸怀，它必将对学生的一生产生深远的影响！老师们，学会宽容学生吧，你收获的将是累累硕果！

（安徽省太湖中学　李昭平）

9. 培养"后进生"记忆之"锚"

> 请记住,愈是困难的学生,他在学习中遇到似乎不可克服的困难愈大,他就愈需要阅读。阅读能教会他思考,思考会刺激智力觉醒。如果有充裕的时间,你就让学生要天天读书,专心阅读、深入思考。
>
> ——苏霍姆林斯基
>
> (摘自《苏霍姆林斯基选集(第2卷)》,第574页,教育科学出版社2001年版)

我教的学生中有一个女孩子,她叫孙玉莺(化名),学习基础非常差,写10个汉字,有一半不会写,写出来的一半也是倒笔画。遇到"看拼音,写词语"一项,那真是"全军覆没",就更别提"阅读理解"和"作文"了。每次考试结束,她的成绩在班级里都是倒数,即使在年级组中也是赫赫有名的。对于这样的后进生,我想每天多花一点时间给她辅导,多让她做一些练习题,总会有所提高。于是,我就这样坚持给她辅导了一个学期,可以说真是举步维艰啊!

令我感到气愤和不解的是,在期末考试中,她的成绩依然如故。为何花了那么多时间和精力,却换不来点滴的进步呢?我苦思冥想,真希望立刻能寻求到解决问题的答案。

只要做一个有心人,成功的脚步就会主动向你走近。前不久,我又重新拜读了前苏联著名教育家苏霍姆林斯基的《给教师的建议》和《给儿子的信》,其中有这样两段发人深省的话语:"请记住,愈是困难的学生,他在学习中遇到似乎不可克服的困难愈大,他就愈需要阅读。阅读能教会他思考，思考会刺激智力觉醒。如果有充裕的时间，你就让学生要天天读书，专心阅读、深入思考。""你所读的一切，就可以用以治学的知识底子。底子越雄厚，学习越容易。你每天读的东西越多，你的时间后备就越充足。因为在你阅读的东西之中，有千百个接触点，同你课上所学的材料连接起来，我把这些接触点称之为记忆的'锚'。它们把必须有的知识围绕着人的知识的海洋连在一起了。"读到这里的时候，我似乎在和大教育家苏霍姆林斯基亲切对话。我向他请教如何转化学习有困难的孩子的秘诀，他将阅读的重要性娓娓道来，我从教育大师那里找到了答案，此时心潮澎湃，决定再次尝试。

对于后进生孙玉莺（化名）同学的辅导由一味地做题、讲题，改为阅读课外书与典型题训练相结合。起初，孙玉莺同学不能自主去做，尤其是长时间的阅读，更是难以静下心来。所以我采取循序渐进的方法进行引导阅读。在时间上由 10 分钟到 20 分钟，最后是半小时左右；在阅读的书目上，也先从比较有趣味的书开始，如儿童文学作家杨红樱的"淘气马小跳"系列，然后是儿童文学作家曹文轩的纯美小说"草房子"系列。在辅导过程中，我发现孙玉莺同学对辅导的态度有较大的改变：以前是讨厌课余时间的辅导，恨不得马上就想逃走，现在越来越有兴趣；以前是在做题的时候静不下心来，左顾右盼，现在能静心阅读，沉浸在书香中；以前是几乎每道题都需要我讲解，自己根本做不出来，现在做题的能力越来越强，并且非常自主。功夫不负有心人，期末考试中，从未考及格的孙玉莺同学取得良好的成绩，学习的自信心越来越强。

苏霍姆林斯基在《苏霍姆林斯基选集》中明确指出："教师最重要的教育任务之一，是为学生打开通往知识世界的大门，从小把他们引入这个世界。年轻的朋友，我们借以在学生身上延续自己的最美妙和最敏锐、最聪明和最有力的东西——这就是对书籍的崇尚，对书籍的热爱。"由此，我在班级里开展阅读活动，让每个学生有序地制订阅读计划，定好阅读书目，在阅读时间内认真阅读，做好读书笔记。在班级里定期举行"班级读书会"、"书香家庭评选"、"读书沙龙"等活动，学生每天最快乐的时间就是捧着自己喜爱的图书，静心地阅读。一年下来，班级里有 2/3 的同学养成了良好的阅读习惯，班级里每天都洋溢着浓浓的书香味，而且有许多学生的优秀作文都发表在各级刊物上。这就是读书带来的奇效，读书是一个知识输入的过程，博览群书让孩子的知识面越来越广，文化底蕴越来越雄厚，让许多知识形成"记忆锚"、结成"知识网"，这样，学生的学习能力也就会越来越强。

（浙江省乐清育英学校　郭运动）

教与学

1. "形"与"神"

即使是最好的、最精密的教学法,只有在教师加入了自己的个性,对一般的东西加入了自己的、经过深思熟虑的东西以后,它才能是有效的。

——苏霍姆林斯基

(摘自《给教师的建议》,第411页,教育科学出版社1984年6月第2版)

问题1:我怎么就上不起来呢?

一位青年老师执教了《草虫的村落》之后,垂头丧气地对我说:"俞老师,这么巧的设计,我怎么就上不起来呢?"

我奇怪,反问:"既然是很巧很好的设计,怎么会上不起来呢?你是怎么设计的,说来听听。"

青年教师向我介绍这堂课的处理,大意如下:

第一板块,读通课文之后,让学生从文中找出概括性的句子,利用这些句子的信息来概括文章的主要内容。

第二板块，呈现文章中写自己感受的句子，引导学生质疑。

"今天，我又躺在田野里，在无限的静谧中，忘了世界，也忘了自己。"

"我悠悠忽忽地漫游了一个下午，直至夕阳亲吻着西山的时候，红鸠鸟的歌声才把我的心灵唤回来。我发现了草虫中小虫子的快乐天地。我多么得意啊！"

"我愿意牵着你的手，一起到草虫的村落里去散散步。"

预计会提出这些问题：作者在草虫的村落里悠悠忽忽地漫游了一个下午，他看见了什么奇异的景象呢？草虫的村落到底是什么样子的？为什么他又躺在田野里……

第三板块，利用学生质疑，提炼出问题：在小虫子的世界中究竟蕴藏着什么？然后围绕着这个问题，让学生自学、批注。

第四板块，回扣第二板块句子，感受作者心境的平静、内心的欢愉、思绪的美妙。

听了青年教师的介绍，我明白了，说："是啊，这样的设计不能说不精巧呀！话题建构鲜明，重点内容凸显，板块安排清晰，学习层次递进。挺好的教材处理，那你怎么就上不起来呢？"

"俞老师，也真是，让他们质疑，他们居然都不会，老是提'红鸠鸟是什么鸟？''静谧这个词是什么意思？'都五年级了，还提这样乱七八糟的问题。后来没办法了，我只好自己提出问题，只好自己说'小虫子的村落里到底蕴藏着什么？'谁知道，理解的时候，还是乱七八糟。我都快上不下去了！本来我是很有信心的，没想到这么乱七八糟！"

"我注意到你说了三次'乱七八糟'，不乱的设计呀，怎么就'乱七八糟'了，你想过没有呀？看来照搬别人的方法，自己不消化还是不行的。"我一语道破天机，"这是全国赛课一等奖获得者广东李晓辉老师的设计吧！在武汉赛课的时候我就在台下听呢，上得非常精彩！"

"是呀，我想他的设计我能用起来的，我就照用了！"

"这只是你的'想'，'照用'能'照得全面'吗？譬如你的学生状况，你的语言节奏，你的媒体使用时机，你的体态张力，你的课堂关照，你的上课情绪……"我连珠炮般说道，"不是乱七八糟的设计，而是你没有从学生，从自己的个性、特点出发去教学。没有自己思想的课，怎能有灵魂……"

"俞老师，我知道了，我这是'人在课中'，生搬硬套，自然是画虎不成反类犬！我仿的只是'形'甚至连'形'也没有，何来课的'神'呢？"

"'即使是最好的、最精密的教学法，只有在教师加入了自己的个性，对一般的东西加入了自己的、经过深思熟虑的东西以后，它才能是有效的。'苏霍姆林斯基就曾这样跟青年教师说过，是很有启发意义的。不过你这样敢于尝试那也是好的，只不过要加入自己的思考才是呀！"

青年老师点点头，看得出心绪平静了不少。

问题2：那该怎样处理呢？

"那该如何设计，上出课的'神'呢？"青年老师问道。

"设计的起点在哪儿？自然是学生。"我肯定地说，"这是生本课堂的必然选择！让我们来了解一下'生本'。"于是，我向青年教师简要说起：生本课堂，其出发点和归宿点自然是"学生更好的学"，所以其教学本质是"教源自学，让生命自己行动。"要把握好三个特点：其一，在学习本体性上，让"教"转化为"学"；其二，童年的文化特征是游戏，所以真正的设计要注意学的"游戏性"，也就是要把"学"转化为"趣"，使课堂有情趣、理趣与智趣，学生自然就有兴趣了。其三，课堂设计还要具有反思性，即要让"学"改变"教"。

对青年教师而言，处理教材、选择教学方法时，必须"纲举目张"。"纲举目张"可以更好地帮助我们对教学深思熟虑。

关于"纲举"，厘清教学目标——目标是教学中的主要导向，我们需要"把准目标"。2010年10月在宁夏银川举行的"全国小语会第八届青年教师阅读大赛"提出的十六字方针，"把准目标"列于首位。目标从何而来？首先，我们需要整体观察学段要求以及内在联系。比如理解词句意思，课程标准中对三个年段都有描述，低段这样表述："结合上下文和生活实际了解课文中词句的意思,在阅读中积累词语。"中段:"能联系上下文,理解词句的意思,体会课文中关键词句表达情意的作用。"到了高段则这样写道:"能联系上下文和自己的积累,推想课文中有关词句的意思,辨别词语的感情色彩,体会其表达效果。"我们可以非常明显地看出其存在的"螺旋式"上升的特点。因此,教学需要把准目标,做到目标清晰、合理,不越位、不虚化。

其次,目标还要结合本班学生的学情,要针对学生的实际出发进行安排。一位老师在执教《普罗米修斯》一课时,结合文本特点以及班级学生学习能力薄弱的特点,仅词语的教学就进行了如下教学目标的细化:①读生字"肝脏、双膝",有什么发现?(都是"月字旁",身体的一部分。)哪部分最难写?指导,写字。②读生字"吩咐、动弹",指导读轻声。③读词语"凶恶的鹫鹰、严厉的惩罚、气急败坏、驱寒取暖、挽弓搭箭",要求同时用表情或动作来表达词语的意思。④读人名"太阳神阿波罗、众神领袖宙斯、大力神赫拉克勒斯",归纳此类人名该怎么读,解读过程中结合文本内容研究"惩罚"这两个汉字的构成:"惩",征服人心;"罚",对有罪的人用语言利诱,用刑具折磨。我们可以非常清晰地看到这真是"以学定教",这才叫"深思熟虑"。

关于"目张",明晰教学内容——目前的小学语文教学,尤其是阅读教学这方面存在的问题的确非常严重。语文教学内容的建构应该从学生最需要的教学价值出发来审视,即教学内容要真正实现学生语文素养的发展。因此,"目张"就要"张"在言语的发展上,"张"在思维的提升上,"张"在策略(能力)的形成上。这是设计处理的"三驾马车"。真正要学会学习,不仅仅是"教内容的理解"。所以,我们不妨从表达角度提炼"教学内容",实现教学价值;我们也可以从训练的意识去建构"教学内容",夯实基础。

当然,"目张"还需要重视过程的建构——自主+亲历+完整。当前的阅读课堂,在过程设计方面"构思过度、玄乎作秀"的现象也常常出现。如一位老师在上《月光启蒙》一课时,做了这样的设计:先是呈现课文结尾,让学生朗读:"母亲不识字,却是我的启蒙老师。是母亲用那一双勤劳的手为我打开了民间文学的宝库,给我送来月夜浓郁的诗情。她让明月星光陪伴我的童年,用智慧才华启迪我的想象。她在明快月光下唱的那些流畅、含蓄、风趣的民歌民谣,使我展开了想象的翅膀,飞向诗歌的王国。"随后话语一转,呈现:"然而,我个子高了,母亲的脊背却弯了;我长大了,母亲却老了;当我成为了一名才华横溢的诗人时,而我的母亲呢?母亲患了老年痴呆症,失去了记忆。我赶回老家去看她时,她安详地坐在藤椅里,依然那么和蔼,那么慈祥。但却不知我从哪里来,不知我来干什么,甚至不知我是谁,不再谈她的往事,不再谈我的童年,只是对着我笑,笑得我泪流满面。"悲伤的音乐响起,师生似乎都沉浸在悲哀的氛围中。

这是典型的构思过度,这篇文本的美好情感不需要引导学生理解。但是,我们老师却想当然地将自己的理解灌给学生,且美其名曰"拓展"。看似个性,实则不妥。

生本课堂需要展开自主的学习过程,因此教师要从"强势"走向适当的"弱势",即向学生"示弱",这不仅是一种姿态,更是一种观念的嬗变。只是不能"弱"的是:学生持续性思维的"长度",情感厚度的"高峰体验",有效语言训练的"宽度"。

问题3:怎么有效了?

我让青年教师撇开繁杂的教学参考等,静下心来自己再揣摩揣摩隔壁班级(借另外一个班)学生的实际、年段的目标、文本的特性以及自己平时采用的较为有效的一些方法,综合起来再设计、再琢磨,尽量做到"深思熟虑",在此基础上再上一次。几天之后,她兴冲冲地过来对我说:"俞老师,这次上课,我感觉有效多了!"

"说来听听,怎么有效?"

"最明显的就是学生的参与热情高涨,而且课堂我创设的较为有趣的情境也深深地吸引了学生,学生入情入境了,体会就深刻。另外,我着重于这课的言语特色,将时间用在刀口上,让学生仔细品味其想象的丰富、独特，所以在后面自己想象写'夜晚草虫的村落'时，学生的想象也很独特，我觉得蛮享受的。我似乎摸到了课堂的一点点的'神'了！"

"祝贺你，看来真的是实践出真知啊！你能谈谈从中获得的一些启示吗？"

"主要有三点：一是心中要有学生，千万不能把学生丢在备课路上。备课要'备学生'这回我还真有点感受了。比如我上'寒暄'这个词的时候，第一次我是很干巴地问学生'寒暄'这个词是什么意思，结果学生兴趣不高。这回我改变策略，创设情境和学生对话，这个词的意思学生很快就理解了，而且学生兴致很高啊！二是要教真正有价值的内容。上次听了你的观点后，我就重新解读了文本。真的，这篇文本的语言太好了，这种优质语言的输入、吸收对于学生言语能力的发展何等重要，所以我就将重点从理解内容转向学习品味语言，有效多了。三是简化过程。把臃肿的环节删减掉，我自己也觉得轻松多了。不像上次，拼命地背广东李晓辉老师的语言，哪里是上课啊，简直是'走教案，背台词'。心中装着的是教案，眼里自然也就没有学生了。这一次，我把握大板块、关键句，而且将关键句的学习与整段话结合，给学生时间自主阅读、批注，学生有时间思考了，独特的发现就丰富了，我当时的感觉也就越来越好了！"

"好啊！反思还挺深刻的。看来课例的研究是很有价值的，再次祝贺你！苏霍姆林斯基曾经说过：'即使是最好的、最精密的教学法，只有在教师加入了自己的个性，对一般的东西加入了自己的、经过深思熟虑的东西以后，它才能是有效的。'建议你认真读一读苏霍姆林斯基的《给教师的建议》这本书。"

"好的！"她愉快地答应了。

（浙江省乐清市育英学校　俞国平）

2. 让学生插上创造的"翅膀"

> 教师把事先准备好的种种原理、结论和推理一股脑儿塞进儿童的脑子，往往不让儿童有可能哪怕接触一下思维的活的言语的源泉，这就捆住了他们的幻想、想象力和创造力的翅膀。孩子时常由富有朝气的、积极的、活跃的人变成了仿佛专门用于背诵的机器。
>
> ——苏霍姆林斯基
>
> （摘自《苏霍姆林斯基选集（第3卷）》，第89页，教育科学出版社2001年版）

前苏联著名教育实践家和教育理论家苏霍姆林斯基在论述教学时提出了"教学—发展统一"的理论。他说："教师把事先准备好的种种原理、结论和推理一股脑儿塞进儿童的脑子，往往不让儿童有可能哪怕接触一下思维的活的言语的源泉，这就捆住了他们的幻想、想象力和创造力的翅膀。孩子时常由富有朝气的、积极的、活跃的人变成了仿佛专门用于背诵的机器。"最近一个学期以来，我力求把这一理念应用于自己的教育教学实践中去。

做法1：备课中，以学生为主体

彻底改掉过去教师全讲、学生全听的课堂结构。在备写教案时，除保留以往复习旧知识及课后达标练测让学生上台板演外，还在主体教学部分为学生设计出活动参与内容。比如，在讲了一段知识后，依据已学知识探寻新知识时,让学生与教师依"疑"问"路",利用目标引导法进行教学。在例题教学中,教师讲一两道不同类型的例题后,抛砖引玉,普通类型的简单例题由学生自己上讲台讲解,即使题目中有一个小难点,教师可以统一提示后,仍让学生自己完成。复习课上,学生上台讲解的题目可以达到30%左右。

做法2:上课中,置学生为主角地位

让学生"上台表演",首先为学生展示才能、表现个性提供了舞台,为他们的创造性思维提供了机会,上台"表演者"的注意力处于高度集中、思维极度活跃的状态。在此状态下,很可能会突破常规,提出对问题的新理解,创造出新的解题思路和方法。

上课中,教师当"导演",起"主导"作用。教师的任务就是巧妙地点拨、引导、打通"窄道",搬开"障碍",保证课堂教学沿着有利于发展学生创造力的目标推进。

做法3:让学生主动上台

这时,教师便让不同层次的学生都上台板演,让他们在板演中发挥自己的独特思维,也让他们表露自己的错误或缺陷,以便教师查漏补缺,明白一节课的成功与否。加上全班同学达标率的统计,便会较准确地掌握课堂教学的效果。

做法4:课外教学活动中,教师布置征解题目,学生创新思维

在课外教学活动中,教师每周向全体学生发出两道征解题目,让学生利用已掌握的知识或经验探寻未知,充分调动学生课外时间里的创新思维。

为了激发学生的创新思维,规定每个学生在做出征解题目后,写上完

成的时间,及时交与教师审阅。对每班前三名学生予以表扬,并加上量化积分10分,以资鼓励。

为了充分调动学生创造的积极性,我在拟定征解命题上坚持两条原则:一是"知识超前型",即学生用当时未学的知识,而以后会学到的知识但能够"寻找到"解题思路和方法的题目。二是"技巧发挥型",即利用已学知识加上自己的生活经验和智慧去综合分析、解答的题目。

回顾总结一学期以来对苏霍姆林斯基"教学—发展统一"理论的应用和实践,我们师生都取得了可喜的成绩。

教师方面:

教师观念得到了更新,树立了正确的教师观、学生观、教育观。

教师的科研意识增强,教学水平显著提高。以"教学—发展统一"理论为指引,得出培养学生创新思维的新路子。初步探寻出数学课堂教学中培养学生创新思维的有效模式,得出了相应的教学经验:①课堂教学中为学生创设创新思维的环境,敢于让学生"当老师"是培养学生创新思维的大前提。②在课外教育活动中,向全体学生征解题目,让学生充分发挥个人才能,调动他们思维的积极性,培养学生从多角度解决数学问题的能力。

教师的理论水平有所提高。注意培养学生非智力因素,创造出良好的精神和心理气氛,充分调动学生积极思维、主动参与的自觉性。

针对学生实际,制定教学目标,制定符合客观实际的教学方案。不能好高骛远,也不能信心不足。

要敢于放开手脚,变过去课堂教学上学生"不让说"为"敞开说",各抒己见。充分体现学生的主体地位,充分调动学生的积极性、主动性。给学生创新思维一个广阔的空间。

学生方面:

学生的自觉能力有了显著提高。养成了自学、自我钻研的良好习惯。

学生的主体地位基本确立。有了学习的积极性、主动性,并积极参与课堂活动，极力展现自己的数学才能。

征解题的解答有力地促进了学生创新思维的兴趣。学生在自己的已有知识与经验的基础上，多以初中生的思维解答题目，与常规方法大相径庭，使创新结果一目了然。

学生的成绩多趋于提高趋势与稳定发展状态。

（陕西省彬县紫薇中学　梁长生）

3. 教育研究从小处着眼

> 不研究事实就没有预见，就没有创造，就没有丰富而完美的精神生活，就不会对教师工作产生兴趣。
>
> ——苏霍姆林斯基
>
> （摘自《给教师的建议》中《提倡教师在日常工作中做一些科学研究》，第187页，教育科学出版社2008年版）

思考1：现实性研究

苏霍姆林斯基在给教师的第四十六条建议中说："建议每一位教师都来写教育日记。教育日记并不是什么对它提出某些格式要求的官方文献，而是一种个人的随笔记录，在日常工作中就可以记。这些记录是思考和创造的源泉。那种连续记了十年、二十年甚至三十年的教师日记，是一笔巨大的财富。"

在平时的工作中，如学生的一个意外举动，一次超常表现，一个重大进步，一次有意义的活动或者一次违纪违规行为，我们都可以将其写入日记，同时记录下此时此刻对自己心灵的震撼，自己的处理方法，以及应吸取的教训。闲暇之余，再对其加以整理、加以扩展发挥，一篇教育教学研究的小论文就可以很轻松地写出来了。教师日记对写教育随笔，教育研究都是一笔巨大的财富。

思考2：预见性研究

在《给教师的建议》第九十五条中，苏霍姆林斯基指出："教师在观察、研究和分析事实的基础上去创造教育现象,这正是创造性研究的最重要的因素——预见性之所在。不研究事实就没有预见,就没有创造,就没有丰富而完满的精神生活,就不会对教师工作发生兴趣。不去研究、积累和分析事实,就会产生一种严重的缺点——缺乏热情和因循守旧。"

作为教师,对事情的发展要有一定的预见性,要用超前的、发展的眼光预见学生的未来。这种预见可以是短期的,也可以是稍长一点时间的。有了充分的预见,才能避免意外事件的发生。比如,一个原本成绩优异的学生,突然进入后进生行列;一个遵守纪律的学生,忽然发生了流氓行为。如果教师事先有了足够的预见,这样的事情就不会也不可能发生。尤其在学校安全工作日益重视的今天,教师的预见性研究就显得更为重要、更为紧迫了。

思考3:伟大出自平凡

伟大的教育家总是从点滴做起的。有很多年轻教师,刚工作时激情四溢,无论是教学成绩还是班主任工作都很出色。遗憾的是,教学研究与课题准备几乎是个空白,一些好的教学经验、一些出色的工作方法,还没来得及总结就付之东流。现实与梦想,在自己的简单行为中就此割裂,以致只能永远停留在现实的层面,始终达不到理论的高度。有很多老教师,勤勤恳恳、兢兢业业工作一辈子,带出来的学生遍及全国各地,工作在不同的岗位上,这应该是老师的荣耀。可惜的是,在这些老教师身上,留下的只是口碑,而没有教育教学经验的文字传承。这让我们为之遗憾。

如果我们在教育教学中做个有心人,把握工作中的每一个环节,学会思考,学会笔记,然后将这些日积月累的工作经验简单润色,就会变成一篇篇视角不同的教学论文。不动脑筋地进行机械教学,只是教死书、死教书,后果是极为可怕的。苏霍姆林斯基所写的《给教师的建议》,语言中肯、委婉,每条建议都指导了我们的工作,让我们行为有目标、有方向,更重要的是解决了如何去做的问题。该书中列举了许多案例,是我们教学中的镜子,可以时时激励、鞭策我们的教育教学行为。

要做个好老师，做个伟大的老师，必须善于教学研究，必须从小处着眼，不放过工作中的每一个细微之处，用自己的头脑不断地反思、用自己的笔不断地记录，久而久之，就会形成丰富而有个性的教育教学经验，这些将是我们一生享用不尽的财富。

（江苏省盱眙县马坝初级中学　郑立）

4. 语文教学是科学也是艺术

世界上没有任何东西比人的个性更复杂、更丰富多彩。

——苏霍姆林斯基

（摘自《苏霍姆林斯基选集（第2卷）》，第290页，教育科学出版社2001年版）

观点1：让学生学会朗读

课堂上，老师授课，学生听课，无论老师的讲解多么出色，如果孩子不能专注地倾听，那么效果就是事倍功半的。因此，每一个老师都应格外重视学生的倾听。可是，要想让所有的孩子都做到认真倾听也不是件容易的事。老师往往绞尽脑汁地动用各种教学手段，可收获甚微。

2006年，我教初一年级，第一课是《在山的那边》，感觉第一节课学生可能沉不下心听，所以这节课我只让学生学会朗读。于是，我一边范读一边教学生怎样确定朗读语调、语气，怎样标注重音。可我却意外发现，学生特别投入，读得特别起劲，听得特别认真。另一个意外的收获则是，在朗读过程中，我基本上把该讲的东西不知不觉都融了进去。

直到此时，我才明白"三分文章七分读"绝不是对朗读的讽刺，而是一种赞扬。

另外，不断地朗读教学让我惊喜地发现，不仅学生越来越会倾听了，而且他们会用自己的思维去读，会用自己的情感与理解去读。学生的朗读能力在逐步提高，对语言文字的理解也在逐步加深。可见，朗读是培养学生兴趣，引导学生领略课文蕴含的极佳途径。而学生富有感情的朗读本身就是其对语言文字有敏锐感觉的表现,是在发现美并创造美。

但是朗读不能只做样子,匆匆过场,草草收兵,而应积极指导,使学生读出气势、读出理解、读出感情,真正达到人与文相融的美妙境界。(常见的朗读方法有三种:示范读、点拨读、分析品味读。常见的朗读方式有:自由读、齐读、角色假想读、手势导读、打擂台读、推荐读、联系生活经验迁移读、配乐朗读)

老师们要声情并茂地读、放开读,不要以自己嗓子不好、读不好为借口,因为朗读是以情为主。

"东边日出西边雨,道是无晴却有晴。"我认为用它来概括语文现在的处境是再合适不过的了。所以,语文老师要紧紧抓住这个"情"字大做文章,在朗读中尽量学会"煽情"。

观点2:教学生学会质疑探究

古人云:"学贵有疑,小疑则小进,大疑则大进"。无数事实证明,"问"是培养学生进行探究性学习的切入口。我认为,学习的过程是从"无疑"到"有疑",再从"有疑"到"无疑"的循环过程。只有有了疑问,才会产生探究的兴趣;只有有了更深层次的疑问,才会有更深层次的探究欲望。因此,教师要积极引导学生提出自己的疑问。

每天多问几个"今天你提出了几个有价值的问题"。你会发现,有的聪明学生会提出颇有价值的问题;还有耍小聪明的学生会提出课后作业的问题;还有成绩差的学生会提出不是问题的问题。对于形形色色的问题,有的也许没有探究价值,有的也许是钻牛角尖,正因为如此,有些老师便对这些问题不理不睬,或者干脆"一棍子打死",那样做的结果只能是压制了学生质疑探索的激情和兴趣。其实,老师并不难做,对有价值的问题一定要细讲,而对那些没有什么价值或者钻牛角尖的问题,老师也可从不同角度对学生的探索精神给予积极的评价,抑或在最后几分钟再挑一两个问题稍作点拨,让学生觉得老师不是不讲我的问题,而是没时间了。这样做既保护了学生提问的积极性,又合理安排了讲解的主次问题。

另外，对于学生提出的问题，我们应该把解决问题的钥匙先交到学生手中，让他们站在自己的立场、角度去思考。他们的思维还没有形成固定的思维方式，老化的、不活跃的信息比较少，头脑里没有条条框框，因而敢于说出不同的见解，容易创新。有时学生所想到的，连教师和编者也未必想得到，对于这些新颖的见解，我们应该如同对待初春的新芽一样重视，倍加珍惜，让学生有一种成就感。

苏霍姆林斯基说过："世界上没有任何东西比人的个性更复杂、更丰富多彩。"语文老师要给学生创造一个自主学习的环境、一个自主学习的空间，让学生充分享受阅读的自主权和选择权，经历一个自我选择、自我提问、自我探索、自我发现、自我习得、自我情感体验的过程。引导学生寻找、利用自己所喜欢的方法，去探究自己感兴趣的问题。

观点3："哄"学生读课外书，体会大语文，倾听生命的声音

课外阅读非常重要，那么，怎样让学生高高兴兴地读书呢？我认为，不妨"哄"一下学生。

"东方网记者毛丽君、刘歆、桑怡8月17日报道：钱文忠大谈'读书经'、黄玉峰'哄骗'学生读书"这一报道让我们大感兴趣。

黄玉峰和书迷们分享了怎样"连哄带骗"让学生读书的教学经验，钱文忠顿悟："我现在才发现，原来我就是被哄骗的。"高中时，钱文忠所在的华东师范大学第一附中有红白两榜张贴，公布全校的前十名和后十名，钱文忠在高三前期一直"稳坐"白榜，后来由于一位历史老师的"哄骗"，才以当年高考外语类文科第二名考取了北大。

其实"哄骗"是一种艺术，也是一种学问。那么，我们应该怎样"哄"学生读书呢？

我常常这样"哄"学生读书——读名著中精彩片段。如《汤姆索亚历险记》、《格列佛游记》等容易引起学生兴趣的书，我采用和纪老师一样的方法，读一片段到高潮戛然而止。学生欲罢不能，我便趁机告诉他这是哪一部书。

另外，随课文讲述推荐名著。比如讲到《金色花》时，我会大力宣传泰戈尔，给学生背一些名句，如"鸟从天空中飞过不留下一丝痕迹，但我已飞过。""生如夏花之绚烂，死如秋叶之静美。"等介绍《飞鸟集》。我还会再让学生看几篇如《小大人》、《告别》等较有趣的文章，借此推荐《新月集》。

开读书交流会。比如就老师推荐的图书开个读书交流会，看谁读的书多，能介绍一个情节；看谁读得透彻，能评析一个方面；看谁读得有创造力，能应用写作等。对于学生应用到自己作文中的一句妙语，我会大力表扬。

引导学生写读书笔记。如引导他们抄写喜欢的文章或者片段、写感受、写感悟等，一定要坚持。

语文教学是科学也是艺术。课堂上，只要我们老师做到心中有学生，目中有学情，关注学生的兴趣，关注学生在课堂上的生命成长，再用用我们的"小聪明"，我们的课堂就会充满奔涌的生命气息，成为一个有丰富内涵的个性表演的舞台，成为一方精彩纷呈、智慧飞扬的天地。学生又怎会不热爱语文呢？

（河北省武邑职教中心　朱凤然）

5. 找茬找来的启示

只要学生对自然和社会现象、文化科学知识和生产劳动采取研究的态度，不仅能挖掘出更多的事实材料，而且能从大量的事实中归纳出规律性的知识。

——苏霍姆林斯基

（摘自《给教师的建议》，第239页，教育科学出版社1984年6月第2版）

困惑

在苏霍姆林斯基的教育思想体系中，始终把发展学生的思维能力与创造性放在首位。他说，"教育，这首先是活生生的、寻根究底的、探索性的思维"。没有思考，就没有发现；没有发现，就谈不上教育工作的创造性；发展学生的思维能力与创造性，是"个性全面和谐发展"的核心。为了实践这一科学的教育思想，许多教师也已经从注重"师本"转向关注"生本"，课堂逐步活跃起来。孩子们可以无所顾忌地发表自己的言论了，不用担心老师的责怪。然而由于尊重学生个性化解读，鼓励个性化思考，使得学生的思维更加开阔、更加张扬，课堂上也就"涌现"出了各种纷繁复杂、思路各异的"另类"话语，甚至有"唱对台戏"的，偏离了教师的正常教学程序，打断了备课的"埋伏线"，往往令教师措手不及。

在一节语文课上，学生们正在写一篇关于夏天的小短文，教室里鸦雀无声。一向精灵古怪的曹轶伦同学突然举起了手，我急忙走过去，轻轻抚摸着他的头："我能帮你什么忙吗？"他歪着脑袋说："老师，您说凡与树木有关的字都有木字旁吗?""对呀,像树根的根、树枝的枝呀……"没等我说完,他便迫不及待地插话道:"可是落叶的叶字也同树木有关,为什么是口字旁呢?"我愣住了,不知该怎样回答,而此时的他笑得像只小狐狸似的。我赶紧故作深沉状,说:"学习知识不能生搬硬套,懂吗?"他眼珠滴溜溜一转,不明白"生搬硬套"是什么意思,于是垂头丧气地不作声了。

  学生虽然被我唬住了,但回到办公室后,心里总不是滋味。这些唱"反调"的被无视了、被压制了,但问题并没有真正得到解决。难道一直挂在嘴边的"新理念"到了具体实施时,就真成为换汤不换药了吗?

反思

  我又翻开了苏霍姆林斯基的教育思想论著,看到了这样一个故事:苏霍姆林斯基经常在课堂上观察学生动脑分析教材的情况。例如,有的学生分析语言现象时,进行对比学习,自觉地掌握语法的规律。他特别强调要让学生去研究和分析那些没有明确阐述的、似乎是隐藏着因果联系的事物,就更能发展学生的思维能力。如果学生在概括大量事实的基础上,能够分析现象中的内在联系,并取得规律性的知识,他认为这是极其宝贵的。的确,反思现行教育教学过程,当学生的意见和教师的备课、预设不一致时,老师往往会站出来充当真理的代言人,给出统一的标准答案。表面上热热闹闹的"各抒己见"掩盖不了教师是师生交往过程的控制者、整个教育教学过程的主宰者的实质,不知不觉中我们总是在尽心训导、竭力传授,呈现出权威无边、积极有为的态势。而学生成了客体和附庸,成了被牵着鼻子走的顺从者,或是被压制的逆反者,他们经常体验的是被动、无助和无奈。长此以往,导致的后果必然使教师的教与学生的学形成阻隔乃至对立,教学活动难以高效、顺利地进行,学生的主体意识、主动精神更难以得到培育和发展。他们早就习惯等待,等待老师的标准答案,在等待中渐渐失去了思考的习惯,失去了个性的光芒。

实践

为了让孩子们大胆创新、畅所欲言，我在隔天的作业中设计了四个问题：

（1）你认为上午关于"木字旁"的讨论，老师的做法是否恰当？请说明理由。

（2）曹轶伦同学真的是生搬硬套吗？

（3）假如你是他，你想对老师说些什么？

（4）请结合本文，写出你心目中的老师应该是个什么样子。

作业收上来后，答案精彩纷呈，学生们各抒己见、妙语连珠。有批评老师不负责任、愚弄学生的，有埋怨曹轶伦同学故设迷阵、陷害老师的，有客观分析、评价中肯的，有言辞激烈、慷慨激昂的。

但"麻烦"接踵而至，因大家仁者见仁、智者见智，在面红耳赤、不见分晓的情况下，他们把这个烫脚的皮球踢给了我，让我给出结论，这帮"牛犊"还真不好糊弄！情急之中，我心生一计，暗想：何不以此为诱饵，让他们真正体验一个自主、探究的喜悦呢？至于结果怎样，那倒是次要的，快乐和收获就存在于求索的过程中。

创新

我不动声色，对几个学生面授机宜、委以重任，再对另几个学生旁敲侧击、激发斗志，让更多的学生加入"叶"字偏旁的讨论中，动手动口，真正做一回课堂的主人。不几日，各种信息综合而至，结论水落石出，问题迎刃而解。

叶：读音 xie，和洽，相合。读音 ye，植物的营养器官之一，多呈薄片状。

在古代，"叶"和"葉"是两个字，意义各不相同。上述几项都不写作"叶"，现在"葉"简化为"叶"。

我喜不自禁，由此断言："看来凡是和树有关的字都是木字旁。以后我们面对任何问题,都应该多问几个为什么。"我陶醉在成功的喜悦之中。不料,话音未落,"厄运"便扑面而来。

一向文静的小女生杨亦承悄悄地站起来,小心翼翼地问:"老师,茎干的茎也同树木有关,为什么是草字头呢?"

这细小的声音,如同一个晴天霹雳回荡在我耳旁,我一时语塞,暗暗为自己的武断、草率而感到后悔,却也不想在孩子们面前扮演一个不光彩的角色。短暂的沉默后,我心平气和,十分认真地回答:"好!你提的这个问题很有意义,这个答案由我们共同来寻找。你有信心参与吗?""我想试一试!"

"可以,好样的!"

回到家,我赶紧翻出《说文解字》,一行行清晰的小字,深深印在我心上:"艹"是汉字的一个部首,不独立成字,只作构字部件。部首名称叫"草字头",读作"cao"(草)。"艹"(草的本义是"草本植物",凡以"艹"为构字部件组合的字,其意义大部分与植物名称、植物的组成部分、生长茂盛与衰落有关)。因"草"与"木"同为植物,故"艹"与"木"的意义相通。

噢,原来如此!我如释重负,一种少有的轻松感洋溢在周围,我想把这个好消息告诉给我的学生,但随即一个疑团又涌上心头,辛苦的"苦"、劳动的"劳"也是草字头,那么它们是否也同样与树木有关呢?

启示

今天我们向苏霍姆林斯基学什么并不重要,重要的是怎么学!要研究他哪些思想可以用于今天的教育实践,并在实践中创造性地将苏霍姆林斯基的教育思想中国化。上文对一个部首的教学过程,我自认为就是成功学习苏霍姆林斯基的一例。苏霍姆林斯基提倡的针对学生的"研究性学习",不也同样适用于我们教师对他的学习吗?

苏霍姆林斯基说:"只要学生对自然和社会现象、文化科学知识和生产劳动采取研究的态度,不仅能挖掘出更多的事实材料,而且能从大量的事实中归纳出规律性的知识。"

我要说:"只要教师对学生学习过程中产生的各种现象采取研究的态度,不仅能挖掘出更多的牛顿、瓦特,而且能诞生更多中国式的'苏霍姆林斯基'!"

(江苏省苏州工业园区新城花园小学　石磊)

6. 从记录教学故事开始

> 记日记有助于集中思想，对某一个问题进行深入思考。例如，我在自己的日记里空出几页，专门记载自己关于知识的巩固性的想法。把这些记载加以研究、对比和分析，就能看出知识的巩固性取决于许多先决的前提和条件。日记能教给我们思考。
>
> ——苏霍姆林斯基
>
> （摘自《给教师的建议》，第 125 页，教育科学出版社 2006 年版）

苏霍姆林斯基说："记日记有助于集中思想，对某一个问题进行深入思考。例如，我在自己的日记里空出几页，专门记载自己关于知识的巩固性的想法。把这些记载加以研究、对比和分析，就能看出知识的巩固性取决于许多先决的前提和条件。日记能教给我们思考。"这段话就像一盏明灯，照亮了我的内心。读过之后，我开始做一个有心人。

做法1：记录意外情况

在课堂教学中，随着教学内容的展开，师生的思维发展以及情感交流的融洽，往往会发生一些偶发事件。这些事件不同于我们所谓的课堂生成，而是游离于教学内容之外的一些突发事件。对这些事件的恰当处理，可以看出一位教师的教学理念和教学机智。

比如，学习《鼎湖山听泉》（苏教版第九册）第四小节时，同学们通过品读，都沉醉于鼎湖山那美妙的泉声中。

这时，小旭高高地举起手来，看样子还非常急切。

我说:"好,你给大家说说。"

小旭见我点他,红着脸站了起来,吞吞吐吐地说:"老师,我……我要喝水。"

同学们都拍手大笑,有的同学叫了起来:"学校规定上课不许喝水还要喝水!"还有的则责问:"你原来不是说自己的感受的?"

我也感到有些意外,愣了一下。看着小旭那紧张而又期待的眼神,看着下面同学们那乱哄哄的场景,我镇定了一下,脑海里飞快地闪着:怎么办?给他喝还是不给他喝?因为学校有规定,再说我也曾当众宣布,上课就要像上课的样子,并强调了学校明文规定的"几不",其中就有"不允许喝水"这一条。这时候,大家的目光都集中到了我的身上,等待着我的答案。

我清了清嗓子,笑了笑,说:"真不错,小旭每次举手都能带给大家惊喜!"同学们会意地笑了起来。"学校是规定了一些制度,但是制度是死的,人是活的,必要时我们可以灵活一下嘛。"

我朝小旭点了点头,"你去喝水吧!"小旭也感到很意外,不过还是乐滋滋地喝水去了。其他同学又投入对课文的学习中去了。

我认为,学习是一件快乐的事情。如果学生在课堂上连喝水、小便的机会和权利都没有了,那他们还会潜心学习吗?能享受到学习的乐趣吗?

课后,我以"教育,要让学生享受幸福"为题及时将处理这件突发事件的过程和感想记录了下来,并进行了整理、反思。我觉得,这样有助于提升自己的教学实践智慧。

做法2:留心课堂生成

在教学过程中,学生常常会于不经意间产生出"奇思妙想",生发出创新火花。留心课堂生成故事,及时记载教学生成情况,积累宝贵的第一手资料,认真加以分析、研究,可以使我们的教学设计、教学方法更加易于被学生接受,从而更有效地促进学生发展。

我写的《赞美别人就是拍马屁吗?》就是在教学《练习3》(苏教版第

七册）中的《口语交际：学会赞美别人》时的一个故事。

上课开始，我先在黑板上写下了本节课的教学内容，说："我们每个人都希望得到别人的赞美或表扬。但当我们发现一些好人好事或比我们优秀的人，我们也应该去赞美他们，由衷地表达一下自己的敬佩之情。这时，我们应怎样去赞美别人呢？"

话音刚落，小毅一脸世故地笑着说："什么赞美？不就是拍马屁吗？"

"拍马屁还要学习啊？"小睿又冷不丁地冒出了一句，同学们哄笑起来。

"赞美别人就是拍马屁吗？"我追问了一句。同学们马上都摇了摇头。

我沉思了一下，说："这样，今天我们在学习赞美别人之前，先讨论一下赞美别人与拍马屁之间的不同之处。"

小砚说："我觉得赞美别人是因为别人在学习等方面比较优秀，自己很佩服，想通过自己的赞美表示自己的这种想法。而拍马屁……"

"刘老师，我们其实应该看出，拍马屁是一种不好的行为，而赞美别人是一种有礼貌、讲文明的表现。"小雯一口气把我想说的意思说出来了。

"不错！刚才大家的发言很精彩。我很高兴看到大家能把拍马屁和赞美别人辨别得这么清楚。一句话，赞美别人就是由衷地表达自己对别人的佩服，这是每个小学生都应该具有的一种修养；拍马屁则是一种为人所不齿的行为，它虽然是对别人说好话，但这种好话有时不是一种事实，或者是言不由衷的，这是我们小学生应该要警惕的！"我总结道。

也许，学生对赞美别人和拍马屁的本质认识是不够的，但他们能凭借他们的思维、经验和知识水平认识到这种程度，我觉得已经很不容易了。

在教学中，我临时调整教学设计，由让学生学会赞美别人变为区分赞美别人与拍马屁的不同，引导学生各抒己见，这实际上也是一种口语交际，只不过内容改变了一下而已。这个没有预设的环节，同样生成了精彩。

做法3：关注学生活动

学生是教学活动中的主体，有效的课堂是关照学生的生活世界的课堂。写教学故事，我们更要关注学生的活动，特别要关注特殊者和佼佼者两种学生的故事。

（1）特殊者的故事。所谓特殊者，是指在学习上有困难或者有问题者。对这类学生的学习活动进行观察、研究，积累教者与他们的故事，有助于积累具有实践意义的经验，探求帮助和教育他们的有效方法，从而提高教学效率，真正促进每一个学生的成长。

比如，教学《雪儿》（苏教版第六册）这篇课文时，学生们对雪儿"在蓝天中划出了一道美丽的弧线"这句话产生了兴趣。喜欢这句话的学生认为，这句话告诉我们雪儿伤好了，在空中飞行的姿势很美。大家都认同这个意见。

这时，一只小手举了起来。是一向不怎么发言的被公认为是"差生"的小旭。这孩子平时发言要么前言不搭后语，要么吞吞吐吐、答非所问，经常浪费时间，上课时我一般不愿喊他发言。我示意他将手放下来，可他竟然又把手举得更高了，我有些不情愿地让他站起来，问："你想说什么？"

"我……"他有些兴奋，"我认为这句话还写出了雪儿伤好后高兴的心情。"

我一愣："为什么？"

"因为雪儿伤好了，又可以在天空飞翔了，所以它很高兴，就飞得很美了。"

想不到小旭的理解真有独到之处。我情不自禁地夸了他一句："说得真好！小旭把这句话体会得多好呀！"

顿时，只见小旭两眼发光、小脸通红，似乎兴奋不已。我趁热打铁，让小旭把这句话读一遍，他很用心地读了一遍，同学们给了他热烈的掌声。在接下来的学习中，小旭也更精神了。

课堂教学要面向全体学生，关注每一个学生，可教学时为了在规定的时间内顺利完成教学任务，我们每位教师都做到这一点了吗？小旭的发言，无疑又是一声当头棒喝，再一次鞭策着我：我们教师不可小看每一个学生，因为他们每一个人都有潜力，我们需要做的就是在课堂中真正给他们提供机会,让他们展示自己。我将这则故事整理成《那道美丽的弧线》。

(2)佼佼者的故事。佼佼者这是指在课堂教学中表现比较突出的那一部分学生,这部分学生思维活跃,有创意,思考问题独辟蹊径,对问题有独特的见解,有个性化的学习方法。记载与他们之间的故事,可以展示其教学现场,提炼出其中蕴涵的教学思想、教学方法,给人以启迪、借鉴。

比如《夹竹桃》(苏教版第十二册)一文第六小节,作者由夹竹桃在月光下的叶影参差、花影迷离,产生了许多幻想,幻想成地图、水中荇藻、墨竹。在同学们赏析、品味了文中的语言后,我要求大家根据自己的理解,结合文中的句式,帮助作者想象一下,作者季羡林还可能幻想到了什么?

这时,小溢举手说她觉得文章有一处应改动一下。

大家有些意外。有人轻声嘀咕:"季羡林可是一位语言大师啊!"

我也感到有些突然,不过按照惯例,我还是鼓励她说:"你说说发现了什么问题?"

"刘老师,作者把月光下的夹竹桃幻想得很美。不过我觉得有一点遗憾,如果在这节结尾处作者不用句号,而用省略号,就更好了!"小溢一口气说出了自己的理由。"因为作者对月光下夹竹桃的幻想不可能就这三种,应该还有很多,所以这儿如果用省略号就能给人以更多的想象。"

听了她的解释,鸦雀无声的教室顿时又变得沸腾起来。

"刘老师,我也有这样的想法。用句号好像作者的想象就到此结束了,这不能尽情地体现夹竹桃的美。如果用省略号,则能给我们留下无限的遐想,也能充分地表现出作者对夹竹桃的喜爱之情。"小越也滔滔不绝地说出了自己的想法。

同学们也边听边点着头……

苏霍姆林斯基说过:"人的心灵深处,总有一种把自己当做发现者、研究者、探索者的固有需要。这种需要在小学生精神世界中尤为重要。"是的,我们每个学生都是探究者。这种探究是学生运用自己的认知经验、生活积累,积极地去探索和研究,这个过程也就是学生自主学习、自主创新的过程。

我把这个过程写成教学故事《学生就是发现者》。

做法4：捕捉教学亮点

教学亮点是指教学中出现的精彩场面，如一个成功的教学环节，一个令人回味的师生互动情景等，这些亮点可以是现场生成的未曾预约的精彩之笔，也可以是预设的意料之中的得意之处。将其精彩的过程记录下来，细细品味，或总结提升其背后的理念、思想，或回味陶醉于其中的意外惊喜，在享受成功喜悦的同时鞭策自己再接再厉。

在教学《徐悲鸿励志学画》（苏教版第七册）第六小节时，为了让学生理解徐悲鸿生活的清苦，体会他发奋学习绘画的精神，我让学生默读课文，想一想哪些词句的描写可以看出徐悲鸿的生活十分清苦，画下来，多读几遍。同学们默读思考后，纷纷发表意见。

前面几个同学都是抓住"经常"、"只"、"节省"这些关键词体会的，我肯定了他们的理解，因为我在备课时也是这么预设的。正当我准备结束这个环节时，小睿举起了手，我一看，忙问："你有什么补充的吗？"

"刘老师，我觉得这段话中有三个数量词用得特别好。"他说，"徐悲鸿的生活清苦可以从'一杯'、'一间'、'两片'这三个数量词体现出来，这三个数量词充分说明了徐悲鸿是多么的节俭，他把所有的精力都用在了绘画上。"

我一阵惊喜，不由自主地竖起了大拇指，夸奖了他一句："小睿真会读书！老师还没有想到可以从这三个词中去品味人物的精神呢！"

小睿抓住数量词这个细节理解课文，感悟人物形象，真的是一个意外之喜，是一个完全没有预约的精彩，我在备课时确实没有注意到。这个教学细节使我重新拾起教学中常被忽视的一个话题：我们应抓住细节，引导学生品读文本。文中的细节描写可能不精彩，但它也是作者的精心安排之笔。备课时，我们教师也应走进文本，与文本、与作者展开心灵的对话，把解读文本的过程当作一次学习创造的过程。这样，教学时我们不仅要眼中有文,更要心中有文;不仅要游刃有余,更要有新创意。

我将这个故事写成了《不可忽视的教学细节》。

做法5:反思存在的问题

教学中有亮点,也必然有这样那样的问题。以故事的形式记录自己在教学中的问题,能更直观地反映教学现象,有利于我们对教学行为进行分析、思考、研究,提出解决的措施或就问题的出现谈自己的感想,从而改进教学方法,鞭策自己在以后的教学中引以为戒、扬长避短。

比如,在阅读教学中,我们会发现这样一种现象:当一个学生读课文读错了,朗读依然在进行时,别的同学会马上对其进行纠正,这个同学听了就会返回来,重新把这句话读正确。不仅学生这样纠错,老师也是这样纠错的。

我在教学《在大海中永生》(苏教版第九册)一文时出现了同样的现象,一个同学在朗读"一位以自己的一生带领人民书写中华民族崭新历史的伟人"一句时,将"崭新"的"崭"读成了平舌音,同学们纷纷指出其错误。可意外的是这位同学涨红了脸,竟然站在那里不读了。她不领同学们的这番好心,弄得我们大家都很尴尬。课后追问其原因,她有些恼怒地说:"我也知道自己读错了,我本想读完这句话再改正过来的,可大家的说法让我没心情读下去了,干脆不读了!"

听了她的这番话,我进行了反思,并写成教学故事《纠错,请等一下》,提出课堂中纠错要尊重别人,要注意技巧,因人而行。

……

苏霍姆林斯基说:"记日记有助于集中思想,对某一个问题进行深入思考。例如,我在自己的日记里空出几页,专门记载自己关于知识的巩固性的想法。把这些记载加以研究、对比和分析,就能看出知识的巩固性取决于许多先决的前提和条件。日记能教给我们思考。"确实,记录教学中的故事,使我真正地关注了自己的课堂教学,关注了学生。在讲述故事的过程中,我能不断地发现问题、思考问题、研究问题,及时反思、总结和改进教学行为,不断激活自己的教学智慧,从而不断产生顿悟,提炼新见解、新观点、新思想,更新自己的教学观念。因此,讲述教学故事,是一种真正属于我们一线教师的真实的质的研究。从某种意义上讲,教学故事就是引导教师走向教育科研殿堂的桥梁。

(江苏省如东县马塘小学　刘剑华)

7. 好课在于让学生投入情感

一个无任何特色的教师，他教育的学生不会有任何特色。

——苏霍姆林斯基

（摘自《苏霍姆林斯基选集（第2卷）》，第313页，教育科学出版社2001年版）

记得苏霍姆林斯基曾说："一个无任何特色的教师，他教育的学生不会有任何特色。"实践中我发现，一名优秀的教师，一定在某一方面能够善于观察与发现，总结出与众不同的方法，这些随着时间的积累就会慢慢形成一种特色。

以下我从自己执教的《再见了，母校》一课的导入环节和评价环节，谈谈自己是怎样将情感融入教学的。

案例：

导入环节——"情境引入，激发兴趣"。

师：同学们，这是哪里呢？

师：一齐说。（看到学生们的情况，引导他们采取齐声回答的方式）

生：松和小学。（学生高兴地回答）

师：同学们，想一想你们在松和小学的时间，有的同学已经呆了六年了，后转来的同学可能也有一两年，或者是两三年了，现在还有不到三个月的时间你们就毕业了，在这里老师的一句鼓励的话语、同学的一次帮助，甚至是你自己的一次摔跤，都可能会给你内心带来不同的体验。那么，此时此刻你又是什么心情呢？（语言富有感染力）

师：下面就让我们来看看这三位同学是怎样表达他们的心情的？

(出示三张图片,配有背景音乐,每播放一张就有一位同学朗诵)。

生:课堂上,我们热情的讨论,让我感到学习无比快乐!六年来,在学习的坎坷中,我感恩于老师们的鼓励。

生:六年来,母校给了我太多美好的回忆,一本学习笔记是我成长的足迹,让我看到了我们的快乐、我们的难过、我们的成功、我们的失败!

生:这张奖状,让我想起运动场上我们奋勇拼搏,我们为了班级的荣誉永不言弃!是松和小学让我留下了成长的足迹!

师:那你们还可以通过什么样的方式表达对母校的怀念呢?(调动学生的积极性)

生:我写的一篇作文。

生:美术课堂上我的一幅作品。

生:我的一件手工作品。

……

师:那我们今天就把这些作品用展示设计的形式展览出来,让我们一起来学习《再见了,母校》。

(评价环节——"交流评价 激发潜能")。

师:哪个小组愿意上来介绍一下你们的作品?如果谁最先举手,那么那个小组一定是合作最愉快的!(调动学生的积极性)

女生:(其他同学不由自主地鼓掌)我们小组设计的展示设计是立体的,有我们的美术作品,还有我们的照片,这里都是我们成长的足迹,所以我们把它起名为"成长的足迹"。

师:那你们都采用了哪些方法呢?

生:主要采用了剪、贴、折的方法来设计。

师:你们这种设计形式有点像我们生活中的什么?

生:日历。

师:原来是模仿我们生活中的日历形式设计的,看来你们在生活中很会发现美的形式。

男生:(其他同学不由自主地鼓掌)我们组的作品虽然还没有做完,但我相信如果做好了,一定是最棒的!(充满信心)

师：那你能说一下你们的整体设计吗？

生：我们做的也是一个立体的展示设计，主要有三个面，利用三角形的稳固特点来展示我们自己的照片，这些照片有着我们美好的回忆，我们还会在照片的旁边写上简短的说明，相信同学们看过之后也会很开心的！

师：嗯，想法非常好，很有创意，老师相信你们一定可以做得很好！

师：老师发现我们的同学在制作的过程中都能很好地分工合作，并且带着对母校这份怀念的深情，把你们的智慧都融入到了你们的展示设计中。老师看到觉得很惊喜，你看这个小组就采用了平面展示，这个展示版面插上了一对理想的翅膀，很有趣味性。

师：那么此时此刻，你们想借着这个展示设计对母校说些什么呢？

生：母校，我感谢你对我的培养！

生：母校，我舍不得你！

生：我感谢这里的每一位教师！

……

师：在这里老师也想说，松和小学正是因为有了你们才显得绚丽多彩，你们的母校同样也舍不得你们，毕业以后有时间一定记得常回来看看！

身临其境，互通情感法——小学生心理可塑性强，情感极易于激发，其情感体验是以直观形象性为主并过渡到理性的情感，注意力持久性不强。因而，我们在进行情感教学时，必须注意材料的生动性、形象性和趣味性，才能给予小学生直观感受并产生情感体验。

激发兴趣，注重体验——"兴趣是最好的老师"，教师的课堂形式、思维方式、教学语言一定最贴近儿童的特点。因此我们在教学时，一方面要引导学生多欣赏适合他们的各类优秀的美术作品；另一方面又要有一个宽松的造型限度，将造型限度拉大到自然生动、有童趣的程度，对学生作品的评价不纠缠"像"与"不像"，多肯定、多激励，激发其兴趣，特别应注重学生参与意识的培养。

启发学生，发散思维——教师应当为学生设计更多的自主空间，刺激其多方位地思考，使课堂成为学生与学生、学生与老师情感交流的平台，吸引他们主动参与到其中来。我认为，教师应该用自己的眼睛去观察生活，放开自己的脑子去想，精心设计每一个教学环节，努力寻求情感教育的切入点，充分发挥自己的情感激励工具，以达到开启学生情感体验的目的。

爱心关注，师生平等——教学的成功与否不仅仅取决于教师，也取决于学生。没有学习的积极性和主动性，没有和谐的师生关系，教学很难产生预期的效果。良好的师生关系，不仅吸引了学生，也吸引了教师自身，学生认真听课，能在很短的时间内领会教师的意图。

评价适当，注重过程——教师要注重评价，评价同时也是学生安静倾听的过程，及时给予学生表扬与鼓励，对于有进步的同学要不断激励。也可以把评价的权力交给学生，让学生在评价中学到知识与技能，一句肯定的言语可以给学生带来自信，它是学生进步的阶梯。

（广东省深圳市松和小学　王明姐）

8. 学生思维处于怎样的状态

> 课——首先是具体的儿童。
>
> ——苏霍姆林斯基

（摘自《给教师的建议》，第 214 页，教育科学出版社 1984 年版）

苏霍姆林斯基曾语重心长地指出："课——首先是具体的儿童。"他还提出这样一种现象，他说："在一些课上，教师完全沉浸在自己的思想里，而看不到学生是怎样感知他的讲述的。表面上看来一切都很顺利，学生在听讲、在思考，然而到了这节课结束时才发现，只有几个最有才能的学生对所学的东西有一点似懂非懂的观念，而班上的大多数学生却毫无所得。"显然，这种现象在如今的教育中也是屡见不鲜的。

在课堂上，学生的思维究竟处于怎样的一种状态呢？他们遇到了什么困难呢？那么，教师对此能否做到了然于胸？我想，很多老师都无法给出确切的答复。以下几个案例，是我践行苏霍姆林斯基思想的一些收获。

案例1：恰是因为多问了一句

皮亚杰曾说过这样一句撼动人心的话："你教什么并不重要，学生想什么比这重要一千倍。"这一观点，显然跟苏霍姆林斯基的思想有着高度的一致性。

在教学苏教版五年级下册的"图形覆盖现象中的规律"一课时，学生通过自主探究，得出了这样的简洁规律："总数—不能打头的个数＝拿的种数"。在基本训练之后，我设计了这样一个习题：平平一家想去影城看电影，如果选择第 12 排中间订票，平平一家三口想坐在一起，一共有多少种不同的选择方法？（此题目的是让学生通过找规律，探究中间有障碍、有间断的问题）

在出示影城图片后，我让学生先理解图意，再抽象出第 12 排的直观图式，具体如下：

| 25 | 23 | 21 | 19 | 17 | 15 | 13 | 11 | 9 | ✗ | ✗ | ✗ | ✗ | ✗ | 8 | 10 | 12 | 14 | 16 | 18 | 20 | 22 | 24 | 26 |

我鼓励学生先独立解答。在巡视中，我发现很多学生都得出了"15种"这一正确答案。于是，我指名让一位女生汇报答案。她站起来怯怯地说："17 种。"话声刚落，马上就传来同学们的反对声："不对！不对！应该是 15 种！"这时，我完全可以让其他同学说想法，并顺势揭示正确答案。但我却问："你是怎么想的？"她轻声说："因为共有 19 个数，减去两个不能打头的数，就是 17 种！"原来，她是把这一题看成没有间断的情况考虑的。

课前预设时，我可从没想到学生会有这样的想法。灵机一动中，我说："她的想法很有价值！我觉得她的答案挺对的啊！一共有 19 个数，不能打头的数有两个，19 减 2 等于 17 啊！这明明是对的啊！"我的话音刚落，就有学生站起来反驳："不对！不对！要把左右两部分分开看！"我笑着问："为什么不能用 19 减 2 呢？"一个学生说："因为 9 和后面的 8、10 不能连起来看！"这时，我再转向刚才那位女生，对她说："你的答案虽然是错的，但你还是应用了规律！这一点就很不错！现在，你知道自己错在哪里了吧？"女生点点头，笑得很灿烂。

在以上教学中，正是因为多追问了一句"你是怎么想的？"我了解到了学生更多的想法。仔细想来，这个学生的解法虽出乎我的意料，但却有其存在的价值。在前面练习的导向下，学生很可能依据惯性行事，直接运用规律来解决问题，他们还没关注到"中间有阻隔"这一特殊情况。当时，我故意肯定了这个学生的想法，引起其他学生的反驳，这样既调动了学生学习的积极性，又加深了学生对规律本质的理解！

苏霍姆林斯基说过："在课堂上，教师不仅要想到所教的学科，而且要注意到学生；注意到学生的感知、思维、注意力和脑力劳动的积极性。"的确，在课堂上，我们要经常琢磨：学生究竟在想什么？他们为什么会这么想？只有了解了学生的真实想法，我们才有可能随时改变自己的教学节奏和进程。

案例2：学生处于怎样的困境

近期，我校教师研究了苏教版三年级下册的"两位数乘两位数的笔算"这一内容。备课时，我们将重点放在了结合实际情境理解算理上。但事实上，学生理解算理并不感到困难，倒是在用竖式计算时，出现了很多问题。在算乘法竖式的第二步时，要么是书写的数位不对，要么是计算错误，还有一些莫名其妙的错误。

那么，学生究竟处于怎样的困境？我开始了自己的思考。

为什么会显得那么难？问题究竟出在哪里？评课时，我抛出了这两个问题。从认知起点来分析，学生之前已掌握了两位数乘一位数的笔算和两位数乘整十数的口算。但是两位数乘一位数的笔算是二年级的学习内容，学生对笔算已有些遗忘。有老师曾设想：在课始复习两位数乘一位数的笔算。但为了让学生在尝试解决例题问题时能有不同的思路，而不是单一地想到竖式方式。于是，我们放弃了复习竖式。

算理和算法，孰轻孰重？带着这个问题，我们先来研读教材分析，其内容如下："例题以订牛奶为题材，为了计算订一份牛奶一年要花多少钱列出算式 28×12。例题不急于教学竖式的算法，仍然让学生应用已有的经验解决问题。这样一方面培养学生的探索精神，另一方面为学习笔算积累一些感性材料。学生可以估计，也可以通过已经掌握的计算来解决。在交流时要突出'番茄'的算法，即先算10个月和2个月各要多少钱，再合起来就是12个月要的钱，这种思路和竖式算理是一致的，应该让全体学生都理解这种方法。"

应该说，我们能领会这一精神，课堂上基本按照此思路展开教学。因此，学生对于两位数乘两位数的算理还是能掌握的。但是仅仅掌握了算理,学生的计算还是困难多多。比如,"想想做做"第一题中的第2题62×41,如果按照算理,第一步很简单,但第二步必须要算40乘62,答案是2480,学生能算出来吗?因此,算法的指导也特别重要。

强调了,为什么还出错?第三位执教教师在吸取前两位老师的教训的基础上,对教学过程稍作改变。他出示例题情境后,让学生随意提问,然后重点引导学生解决:订一份牛奶一年要花多少钱?列式(28×12)后,教师先让学生想想该怎么计算。有一个学生这样想:28×10=280,28×2=56,280+56=336。教师说:"这三个算式太麻烦了!有没有更简单的方法?"(教师的意图是让学生提到用竖式的方法计算)但一个学生却说出了另一种方法:28×6×2。教师有点失望,指着上面的计算方法说:"今天,我们主要来学习这种方法。我们要把三个算式合并到一个竖式里!先把28乘2算出来,接下来再算28乘10,最后把它们加起来。"教师没有要求学生尝试写竖式,而是自己边讲解边写出了竖式:

```
    28
 × 12
────
    56
  280
────
  336
```

接着,教师又说:"还可以变简单一点!第二步其实是28乘1个十。"教师板书:28×1个"十"。在教师牵强引导下,得出了这样的结果:28×1个"十"=28个"十"。教师又问:"在计数器上,怎么拨28个十呢?"学生回答后,教师再介绍简单的竖式书写方式。在介绍的过程中,教师再次强调:28表示28个十,因此8要写在十位上。最后,在总结算法时,教师又再次强调了第二步积的定位问题。

经过教师这般强调,按说学生的错误应该减少了吧!但我巡视时发现,学生的错误依然大量存在。为什么会这样呢?我想主要在于这位老师强调算法的时候,没有引导学生主动去思考和建构,效果自然不佳。

苏霍姆林斯基说过:"一些优秀教师对学生的关心首先表现为:让学生先把他们将要克服什么困难弄清楚,并且不仅把注意力,而且把意志力都集中在克服这种困难上去。"显然,在教学中,教师对学生的困难要了然于胸,但引导学生克服困难时,仍然要突出"思"的成分,因为教师单调而机械的强调,对学生解决难题并无裨益。

案例3:如何催开思维之"花"

一次,在听苏教版五年级下册的"公倍数和公因数"这一内容时,我突然联想到了南京大学的郑毓信教授的"当前的教学设计往往更多地关注教师怎么教,而学生的学习状况、思维活动等情况,教师考虑得并不多"的观点。对于怎样求公倍数和公因数,学生会产生哪些想法呢?他们的思维处于怎样的状态?

我巡视了几个班的情况,发现一些有趣的现象:除了常规方法,还有以下几种算法(以求6和9的公倍数为例)。

(1)直接写出了6和9的公倍数:18、36、54、72……

显然,这类学生口算能力较强,他们的思维呈现跳跃性,一下子就写出了两个数的公倍数。

(2)先找到两个数的最小公倍数,然后再写出其他公倍数。

询问中得知,这部分学生已发现了这样的规律:两个数的公倍数都是其最小公倍数的倍数。因此,他们求公倍数时就显得很轻松,简直就是信手拈来。

(3)$9 \times 2 = 18$,$9 \times 4 = 36$,后面写着:54、72、90等数。

我询问了那个学生,她说:"因为一个9不是6的倍数,两个9是6的倍数,后面一个肯定不是6的倍数,再下面一个一定是6的倍数。"于是,她就这样一个间隔一个地写出了公倍数。显然,她深谙大数翻倍法的技巧。

(4)还有一个学生是这么写的:54、108、216……

为什么会出现这种情况呢?显然,这个学生误以为求最小公倍数只要将两个数相乘即可。我突然意识到,学生这么想也是有他的现实基础的。之前就有一个学生在做"练一练"的题目时,曾概括出这样的规律:最小公倍数就是两个数的乘积,其他的公倍数只要再乘2、乘3……当时,教师未置可否，于是学生便有此错误印象。

　　苏霍姆林斯基说过："教师的真正的思维素养，就在于在学习教材的过程中，教师就能找出一些工作方法和形式，使他能够看见学生的思路是怎样发展的。"在课堂上，教师要善于观察学生的思维现状，并及时调整教学思路，这是教师的一项基本功。面对学生独特的、有创意的想法，我们能不能多一点宽容、多一丝惊喜呢？只有在宽容和信任的环境中，学生的思考之花才会越开越盛。

　　关注学生的思维现状，应该贯穿于整个教学之中。苏霍姆林斯基早就说过："教师要善于偏离计划以至完全改变计划，这并不是不尊重计划，而恰恰是出于对计划的尊重。所谓创造性，绝不意味着教育过程是一种不可捉摸的，服从于灵感的，不可预见的东西。恰恰相反。只有精细地预见到并且研究过教育过程的许多事实和规律性的相互依存性，才能使真正的教学能手当机立断地改变计划。"苏霍姆林斯基的理念自然极为正确，但要真正做到，却绝非易事。这需要教师高超的教学艺术和深广的教学智慧，当然也需要长时间的锤炼和打磨。但不管怎样，教师应该始终走在计划和变化之间。只有这样，教师才可能将"课堂教学"转变为"课堂生活"。

（江苏省张家港市云盘小学　赵红婷）

图书在版编目（CIP）数据

教师要学苏霍姆林斯基/雷玲主编. —上海：华东师范大学出版社，2012.10
 ISBN 978-7-5675-0001-3

Ⅰ.①教... Ⅱ.①雷... Ⅲ.①苏霍姆林斯基（1918~1970）—教育思想—研究 Ⅳ.①G40-095.12

中国版本图书馆CIP数据核字（2012）第248584号

大夏书系·与大师同行

教师要学苏霍姆林斯基

主　　编	雷　玲
策划编辑	李永梅
审读编辑	周　莉
封面设计	奇文云海
责任印制	殷艳红

出版发行	华东师范大学出版社
社　　址	上海市中山北路3663号　邮编 200062
网　　址	www.ecnupress.com.cn
电　　话	021-60821666　行政传真 021-62572105
客服电话	021-62865537
邮购电话	021-62869887　地址　上海市中山北路3663号华东师范大学校内先锋路口
网　　店	http://hdsdcbs.tmall.com/

印刷者	北京季蜂印刷有限公司
开　本	700×1000　16开
插　页	1
印　张	17
字　数	250千字
版　次	2013年1月第一版
印　次	2019年2月第五次
印　数	15 101-17 100
书　号	ISBN 978-7-5675-0001-3/G·5958
定　价	29.80元

出版人　王　焰

（如发现本版图书有印订质量问题，请寄回本社市场部调换或电话 021-62865537 联系）